陕西省重点扶持学科渭南师范学院中国语言文学学科建设项目
陕西哲学社会科学重点研究基地秦东历史文化研究中心项目
陕西省"一流专业"建设项目
渭南师范学院第三批特色学科建设项目

秦东民俗调查研究系列丛书

主编◎徐军义　曹　强

临渭民俗调查研究

田晓荣　赵发民◎著

中国社会科学出版社

图书在版编目(CIP)数据

临渭民俗调查研究/田晓荣，赵发民著.—北京：中国社会科学
出版社，2021.5

（秦东民俗调查研究系列丛书）

ISBN 978-7-5203-7998-4

Ⅰ.①临… Ⅱ.①田…②赵… Ⅲ.①风俗习惯—调查研究—渭南
Ⅳ.①K892.441.3

中国版本图书馆 CIP 数据核字（2021）第 038280 号

出 版 人	赵剑英	
责任编辑	任 明	周慧敏
责任校对	赵雪姣	
责任印制	郝美娜	

出 　 版	中国社会科学出版社	
社 　 址	北京鼓楼西大街甲 158 号	
邮 　 编	100720	
网 　 址	http：//www.csspw.cn	
发 行 部	010-84083685	
门 市 部	010-84029450	
经 　 销	新华书店及其他书店	

印刷装订	北京君升印刷有限公司
版 　 次	2021 年 5 月第 1 版
印 　 次	2021 年 5 月第 1 次印刷

开 　 本	710×1000　1/16
印 　 张	19.75
插 　 页	2
字 　 数	334 千字
定 　 价	120.00 元

《秦东民俗调查研究丛书》
编　委　会

前　言

　　文化是民族的血脉，是人民的精神家园。中国民俗是中华文化的重要组成部分，是中华优秀文化传承的重要方式。作为群体的生活文化，民俗包含了人们相互认知、理解和行动的基本文化指令，是人们共享、共建生活常识的重要领域，有群体生活的地方就有民俗，有民俗的地方就有文化创造。人民生活在民俗中就像鱼儿生活在水中，人与民俗须臾不可分离。

　　民俗是文化的生命形式，文化是民俗的生命根基。作为一种历史传统，民俗包含了历代相传的物质实体、精神信仰、人事经验、法律制度，等等，它历久弥新，是人们日常生活的遵循和规范，也是推进社会治理的重要依据。司马光在《资治通鉴》中强调，"教化，国家之急务也，而俗吏慢之；风俗，天下之大事也，而庸君忽之。夫惟明智君子，深识长虑，然后知其为益之大而收功之远也"，所谓"教之以上，俗之以下"。

　　为建设社会主义文化强国，增强国家文化软实力，实现中华民族伟大复兴的中国梦，2017 年 1 月 25 日，中共中央办公厅、国务院办公厅联合印发了《关于实施中华优秀传统文化传承发展工程的意见》（中共中央办公厅、国务院办公厅〔2017〕5 号），对传承发展中华优秀传统文化做了全面部署。《意见》认为，中华文明的发展孕育了中华优秀传统文化，沉淀着中华民族最深沉的精神追求，代表着中华民族独特的精神标识，是中华民族生生不息、发展壮大的丰厚滋养，是中国特色社会主义根植的文化沃土，是当代中国发展的突出优势，对延续和发展中华文化、促进人类文明进步，发挥着重要作用。2018 年 1 月 31 日，中国文学艺术界联合会、中国民间文学大系出版工程领导小组办公室、中国民间文艺家协会联合下发了《中国文联关于实施中国民间文学大系出版工程的通知》（文联发〔2018〕22 号），开展以中国民间文学为主体内容的社会活动等，着力推动中国民间文艺建设发展。为落实相关文件精神，传承秦东优秀传统文化，渭南师范学院人文学院组织开展了秦东民俗调研活动。

渭南有悠久的历史，灿烂的文化，不同时代的人民创造了丰富多彩的民俗生活。本次民俗调查研究以马克思主义为指导，坚持历史唯物主义与辩证唯物主义，实事求是，搜集记述本区域优秀传统民俗生活，整理富有区域特色的民俗事象，研究不同民俗形式的文化意蕴，形成对我市优秀传统民俗的系统调研成果。此次调研对象为渭南市下属10个县市区，即临渭区（含高新区、经开区）、大荔县、潼关县、华州区、华阴市、富平县、蒲城县、合阳县、白水县、澄城县及陕西省计划单列的韩城市，力争既能全面反映渭南市域民俗文化生活，又能发掘不同区域民俗文化特色。

渭南师范学院是秦东地区唯一一所本科院校，在60多年的办学历史中，为地方经济社会发展培养了大量优秀人才，积累了丰富的教学科研经验。秦东历史文化研究中心是陕西（高校）哲学社会科学研究重点基地，致力于秦东地区历史、文学、方言、民俗、文化及其扩展领域的研究和传播，目前已陆续出版"《史记》选本"系列丛书（12册）、《史记论著集成》（20卷）、《史记通解》（9卷）、《〈史记〉人物大辞典》等重大成果。连续出版《秦东历史文化研究》年刊。其中，"《史记》选本"系列图书荣获陕西省社科普及读物奖。渭南师范学院已形成一支热心地方教育事业和服务地方社会的教学科研团队。他们坚持立德树人，积极投身地方文化的研究、传承与保护。在此基础上，人文学院组织了一支调研活动团队，分别对不同县域民俗文化进行调查研究，出版"秦东民俗系列丛书"12册，在提高中国语言文学学科、历史学专业建设的同时，推进秦东历史文化知识的理论研究与社会普及。

本系列丛书涉及调查研究内容庞杂，虽然做了充分准备，难免挂一漏万，不足之处，尚祈海内外方家指正。

秦东民俗调查研究丛书编委会

2020年4月

目　　录

第一章

县 域 概 述

第一节　自然环境

　　临渭区，位于陕西省关中东部，南与蓝田相接，北与蒲城相连，东以赤水河为界与华州区（原华县）相邻，西与临潼区以零河为畔，东北与大荔县相间，西北与富平县接壤。南北长约 60 公里，东西宽 14—32 公里。城区距华州区 30 公里，临潼城区 32 公里，蓝田县城 74 公里，富平县城 63 公里，蒲城县城 58 公里，西距省会西安 62 公里，东距首都北京取道河南 1150 公里，取道山西 1190 公里。

　　临渭区是中共渭南市委、市人民政府所在地，是渭南市政治、经济和文化中心，因临渭河而得名。国土总面积 1221 平方公里，其中耕地 6.97 万公顷。这里是东西交流、南北往来的重要通道，素有"三秦要道，八省通衢"之称，陇海铁路及西（安）潼（关）高速公路横贯东西，108 国道、310 国道、西（安）延（安）高速、西（安）汉（中）高速、西（安）郑（州）高铁、大（同）西（安）高铁和关中环线纵横境内，西（安）南（京）铁路穿境而过，西邻西安连西北，东出中原通沿海，北出榆林达内蒙古，踞西北之要，通全国之利。

　　临渭区地形复杂多样，南部为秦岭山地，中部偏南是黄土台塬，中部和北部为渭河平原。渭河经中部蜿蜒东流，零河、沈河、赤水河自南向北成"川"字形流入渭河。境内高山峻岭，深谷大川，宽阔平原，滔滔河流，构成了山峰起伏，丘陵连绵，河溪交汇，塬面相接的独特地貌。

一　秦岭山地

　　临渭区南部山地，为秦岭北侧太华山西部地区。东起箭峪东梁，西至橡子山嘴，北起山麓，南到主脊，东西长 13 公里，南北宽 7.4 公里，面积 96.4 平方公里，海拔 900—2400 米，占全区总面积的 8%。箭峪岭最高，海拔 2449 米，属桥南镇地域。这部分地域是临渭区的林区和主要药材产地。山势高峻，岭脊狭窄，山峰嶙峋，陡崖峭壁，沟谷纵横，源短流急，岩石裸露，土层剥蚀殆尽，滑坡、崩塌、泥石流和洪积堆等微地貌很普遍。在小峪寺还保留有古冰川地貌遗迹。秦岭山地山岭和山峪共有三十余处，主要有箭峪岭、元象山、塔山、清明山、凤凰山、石鼓山、月圆山、黄狗峪、半截山、大（方言读 tuō）峪山、升子山、马鞍岭、五渠沟、小峪山、黑掌峪、羊峪、寺峪、葫芦峪等。

二　东西台塬

陇海铁路以南至秦岭山麓，为沋河、零河、赤水河中下游河水切割的黄土台塬区，海拔 600—800 米，相对高度 100—300 米，面积 248 平方公里，约占全区总面积的 20%。塬面东南高，西北低，由于受下伏阶梯状断裂及现代山洪冲刷的影响，散布有许多大小不等而大致定向的侵蚀构造洼地。塬面平缓，形态起伏，高低之差 10—70 米，一般向河谷倾斜，但也有塬边向中心倾斜的。土壤有红土和黄绵土，土层深厚，年降雨量 600 毫米左右，一般年份可以满足旱作农业的需要，故是临渭区小麦、油料的主要产区之一。改革开放以前的很长时间里，经济地位仅次于渭河平原地区。

台塬主要有丰原崇凝塬、阳郭塬、铁炉塬、蝎子塬、沋河川。

临渭区西南隅有一片高于黄土台塬、低于秦岭山地的横岭（俗称岭），包括过去的三官庙乡、大王乡全部及阳郭镇南部，现在则全部归阳郭镇管辖。横岭上原有大小村庄 146 个（目前经合并后为 10 个村、140 个组），19539 人，耕地 2019 公顷。海拔 800—1000 米，相对高度 300—500 米，面积 62.4 平方公里，约占全区总面积的 5%。这里沟壑纵横、地貌破碎，属塬梁沟壑形态。植被破坏，水土流失严重。古土壤层乃至基岩外露，土壤主要是红胶土和黄绵土，瘠薄，不耐旱涝，适宜发展林业和畜牧业。

三　渭河平原

临渭区北部的渭河平原是关中平原的一部分，地势自西向东徐徐降

辽阔的渭北平原

低。东西宽 25—32 公里，南北长 34 公里，海拔 330—600 米，面积 814 平方公里，约占全区总面积的 67%。过去是全区粮棉主要产区，也是全省粮棉主要生产基地之一。

改革开放后，渭北平原地区大力发展经济作物，是当地棉花、花生、西瓜等传统经济作物的主要产地。近十几年来，大力发展葡萄产业，现已发展到近 20 万亩，是关中东部主要葡萄生产基地。

（一）渭河漫滩地

由于渭河曲流摆荡，洪水季节，一岸塌陷，一岸涨沙。枯水季节，河水分叉，多在河流内弯处形成暂时固定的半圆形沙洲，个别沙洲一般洪水已不能及，是平原上的最低陆地。较大的滩地有：野家、苍渡、陈滩、得胜滩、南滩、田家、卜涨、朱王、穆屯、白杨等，面积约为 16560 公顷。这里地势平坦，土质疏松，渗漏严重，蓄水保墒性能差，不耐旱涝，常遭洪水淹没，虽大部分可以耕种，但收获无保证。

1966 年，原渭南县委县政府领导人民积极改造河田，修筑渭河防护大堤，堤内的良田村舍得以保证。近年来，渭南市政府将渭河大堤两岸改造成渭河生态公园，作为市民休闲娱乐的好去处。

（二）渭北平原地区

渭北平原地区包括经开区和临渭区部分乡镇。经开区下辖辛市、龙背、阳曲、信义 4 个街道办事处，辖区面积 152 平方公里，人口 11 万人。

渭河漫滩地

临渭区下辖官道镇、下吉镇、官底镇、蔺店镇、官路镇、交斜镇、孝义镇和故市镇 8 个镇，辖区面积约 448 平方公里，人口 26 万余人。是临渭区传统的粮食主产区和经济作物主产区。由于地势低洼，许多地方常常遭受水灾影响。

临渭区境内最大河流——渭河，沿渭北平原南沿自西向东穿流而过，夏季发大水后，河道常常改道，一些村庄被淹。三门峡水库建成后，受回水影响，渭河两岸经常发生坍塌，给当地村民生产生活带来极大的不便。

20 世纪 60 年代末，政府开始修建渭河南北大堤，搬迁了部分村庄，彻底改变了渭河沿岸村庄常遭水灾的历史。

也是在同一时期，随着交口抽渭工程的建成，渭北大部分乡镇改变了靠天吃饭的历史，彻底改善了当地村民的生产生活条件。

渭北平原地势平坦，交通方便，是北接陕北以至内蒙古，东连华北和中原地区，南下商洛、汉中，西进西安、咸阳乃至中国西部地区的重要交通枢纽，地理位置十分重要。

第二节　人文遗址

一　千年古刹慧照寺

在渭北重镇下邽，有一座千年古刹慧照寺。初建于晋，寺内僧人曾多达千余。张仁愿、白居易、寇准，都曾接受过其无量佛光的普照。建筑原为硬山顶、抬梁式构架，砖木结构。北宋重修时，寇准曾为之施银。

慧照寺又名普照寺，也称铜佛寺，因大殿内有五尊铜佛而得名。每尊铜佛高约两米，神态各异，优美雅致，制作精巧，是全国罕见之宝。其中四尊座佛头像被盗，现仅存弥勒佛为真品，底座为三层仰莲。

慧照寺塔

传说晋朝时，从山西五台山来了兄弟五人，他们拉了几大车木料，到下邽时人困马乏。圆木从车上纷纷滚落，装而复落，他们就选定在此修建寺院。所有楼台房屋竣工告成，五座佛台高大巍然，唯独缺少佛像。弟兄五人整日为此伤神。随后人们发现了五尊铜佛，而弟兄五人却浑然不觉。

每年农历四月初八的古庙会规模宏大，历时一月，庙会期间必唱大戏，省内外的善男信女，络绎不绝。香袅云祥，雅乐盈空。庙会一直持续到中华人民共和国成立前。

大炼钢铁时，有人将绳索套在佛像脖子上，突然出来一条大蟒蛇，吓得不敢再打佛像的主意。因此，周边庙宇在"破四旧"中皆被毁，唯有慧照寺幸存保留。

二 庆安寺与耒化塔

庆安寺位于临渭区交斜镇东堡村南，108 国道南侧，建于司马炎咸宁五年，规模较大，曾是秦东有重要影响佛寺之一。庆安寺塔为寺内建筑，又名耒化塔，或镇风宝塔。人们习惯将其叫作雷峰塔。

耒化塔

耒化塔为方形九层楼阁式砖塔，高 9 层 30 余米，有 36 个券形门道。相传，此地原来有个黑风洞，长年刮黑风，天昏地暗，日月无光，百姓苦不堪言。道教祖师张三丰为了镇风祛邪，借用神力，利用周围村子的牛魂，从山西拉到了这里。原塔有 13 层，拉到半路时听到鸡叫，将 4 层丢在黄河岸边，赶天亮前把剩余 9 层拉到此处。从此，这里风和日丽，百姓安居乐业。原有木塔梯可登塔顶，四顾方圆百余里。同治年间，回民起义，塔梯被焚烧，寺内建筑也同时被毁，以后未能重新恢复，唯留孤塔一座。

　　耒化塔建于唐代，北宋天禧年间重修，华州大地震时坍塌，嘉靖三十七年（1558年）又按原来样式重建。塔身南壁铭文记录道："不幸值于我皇上嘉靖三十四年十二月十二日三更三点，地大震焉，前塔崩倒。当斯叶也，震风解龙，飞沙压镇，五尺之童，无不惊骇。"正是此碑文提供了华州大地震重要资料，所以耒化塔因此脱颖而出，成为国家级文物保护单位。

三　闻名遐迩的孝义涝池

　　临渭区孝义镇有一座修于乾隆年间的石涝池，水面近两亩，由花色斑斓的石壁围定。建筑严整纯朴、精美大方，远近闻名。

　　石涝池是由大财东赵家花巨资雇用300多人，历时三年修成。涝池呈长方形，原深5丈，周长37.8丈。池壁下12层是碌砖，上12层是石条。露出地面部分五尺一栏，石栏雕花，一色灰白石料。围栏顶部两侧浮雕动物、花卉、海水、瑞禽、博古等图案。北壁石栏下有通道两个，伸向东西大街，池水洁净，人畜可用，涝可防灾，旱可灌溉。

　　盛夏天旱，涝池成了人们休憩游泳的胜地。水浅池露，妇女漂物其间。每到夜深人静，蛙声阵阵，令人陶醉。多雨季节，街巷雨水汇集，池满水溢，则顺中街、经南巷、过城下水门，流入护城壕。大雨一过，巷无泥泞，街如水洗，即使百日雨涝，亦可无灾。

　　涝池正中原来有口水井，叫作"天泉"，据说连通着江河大海，即使在天大旱时也是水波涟涟。"天泉"里有一个金蛤蟆，夜深人静时便浮上水面，顿时金光万丈，蛙声四起。

四　大唐宰相白敏中神道碑

　　解放初，临渭区龙背乡北程村北的白氏陵园保存完整，且有相当的规模，其后遭受较大破坏，毁损了所有石碑。

　　"文化大革命"前，北程村人在平整土地时，从村东边地下挖出的一块石碑——大唐丞相白敏中的神道碑，现存于白氏陵园之中，这是白氏陵园仅存的一通石碑。该碑刻于唐咸通三年八月，撰者毕减，书者王铎为僖宗时宰相。

　　神道碑高3米，宽1米，厚1尺。碑额为篆书"唐故太傅致仕赠太尉太原白公神道碑"，笔力遒劲，周围九龙缠绕。碑文为王体行书，是少有的书法珍品。石碑挖出来时字迹清晰如新，不缺一字，目前该碑已经从下三分之一处横向折断，字迹漫灭，残缺甚多。

白敏中系大诗人白居易堂弟，进士及第，武宗时迁户部兵部侍郎，他办事干练、政绩显著，五年升迁13次，宣宗、懿宗时两度入相。在任期间，采取怀柔和安抚政策，使十一州归唐，安定了西北和西南。在党项各族中实行"屯保"措施，使各族百姓乐其生业，十余年无党戎之祸。在剑南西川任节度使时，修复关壁，加强防御，繁荣边贸。他减免租税，兴修水利，惠及百姓，在治国、治军上都有不少建树。

牛、李党争之时，白敏中因与李德裕往来密切，因曾受其引荐，被视为同党，白敏中为了保住官位，却恩将仇报，极力诋毁李德裕，因此为后人所嘲。

五　左家村寇准墓

在临渭区官底镇左家村南一里许，有一座古墓冢，南北长15米，东西宽8米，封土高4米，正方形砖墙维护。墓前有一石碑，上刻"宋寇莱公墓"，系清乾隆年间渭南县知事邱估所立，碑文为当时任兵部侍郎、陕西巡抚兼都察院副都御史的毕沅所书。现为省级重点文物保护单位。

寇准，今临渭区下邽镇人，是北宋著名政治家，我国古代忠良贤臣的代表人物。出身进士，四朝为官，刚直不阿，敢于向皇帝犯颜直谏。景德元年（1004年），辽军大举进攻河北地区，朝野震惊。寇准被任命为宰相，坚决反对南迁，力主真宗御驾亲征，稳定军心，后来与辽订立"澶渊之盟"。不久被排挤罢相。晚年再起为相。天禧四年（1020年）又被排挤去位，封莱国公。后被贬逐到雷州（今广东海康）。

天圣元年（1023年）闰九月初七日，寇准死于雷州，终年62岁。其夫人宋氏，是宋太祖开宝皇后的幼妹，入宫启奏，请求朝廷拨款搬运寇准灵柩，结果拨款仅够运到宋氏住地洛阳。寇准去世11年后，仁宗为他昭雪，归葬下邽。

民国时，冯玉祥将军出于敬仰之心，率兵在此栽了不少柏树。"文革"以前，寇准墓冢魏峨高大。"文革"期间，村民挖坟土盖冬麦，将陵墓破坏，唯有墓堆尚存。近年，墓北建有简易门楣，上书："澶渊会盟彰忠肝裂胆；宰相无第见亮节高风。"其千秋功绩、清廉风骨尽在不言。

六　木张村王忠嗣墓

在今临渭区丰原镇木张村东北约两公里处的平坦塬地，埋葬着唐代著名军事将领王忠嗣。其墓葬现存覆斗形封土，底径 15 米，高约 7 米，墓前原有神道碑，《新续渭南县志》录有其文。

王忠嗣本是太原祁县人，家居华州郑县。九岁时因父战死，唐玄宗赐名忠嗣。后来长期担任边防重将，累立战功，兼任河西、陇右、朔方、河东四镇节度使。一身曾佩戴四颗将印，掌握强兵重镇，控制万里疆域。

王忠嗣是著名军事家。在要害地方都设置了坚固城防，使得万里边塞烽火不举。他重用将才，名将李光弼、哥舒翰等都出自其部下。他有一张油漆得很漂亮的弓，重一百五十斤，平常总是装在袋子里，以示不肯轻易动用。

唐玄宗让他率兵攻打吐蕃的石堡城。王忠嗣不愿轻启战端，反对说，石堡城险要坚固，攻取必然死伤几万人马，得不偿失。后来将军董延光领兵攻打，师出无功。哥舒翰虽然攻克石堡城，但损失惨重。

王忠嗣后被李林甫诬为谋反，幸得哥舒翰力陈其冤，被贬为汉阳太守。

七　桐油古道桃花源

三张镇紫阳村的零河河谷，山清水秀，地处古代陕西商帮进出秦岭的必经之路——桐油古道上。近年这里阁楼雄起，会馆林立，曲廊回春，桃花映面，鸟语花香，佛乐悠扬。桃花源民俗文化园就坐落在此。

千年桐油古道早在商周时已有雏形，是蓝武古道的重要支脉，路面宽，坡度缓、车马可行，是当年蓝田、商洛通往渭南塬下和新丰县的唯一道路。据传这条路为官府所修，所以亦称官路。清代和民国时期，山里人担着桐油等山货，到关中换取食盐和洋布，终年就沿着这条古道，跋涉在秦岭丛山之中。

景区有面积约 10 万平方米的紫杨遗址，断面上堆积有厚约 0.3 米的文化层，夹杂大量陶片，可辨器形有钵、罐、尖底瓶、盆等，为新石器仰韶文化庙底沟类型遗存。5000 年前，我们的祖先便在这里生活、繁衍。史学界考证认为，这里是中国较早出现成年女性与其他亲代分开居住的遗址。

　　紫杨遗址内有一土梁，自南向北渐低，通至零河与芋子沟水交汇处。在一狭窄处两侧沟深壁陡，仅可供马车行走，且有一凹，状似马鞍，形如一桥，故名马鞍桥。明时马鞍桥是南北"官路"的咽喉路段。民国以后，两边陡壁渐塌，梁面缩小，20世纪70年代只能单人徒步通行，民国时逐渐废弃。据传，当年刘秀被王莽追赶，途中将马鞍丢失于此。附近曾有一古庙，来往客商在此歇脚卜算。

桃花源景区

八　渭南"小黄埔"：赤水职业学校

　　赤水职业学校，位于临渭区向阳办赤水村西南，是王尚德烈士为了传授职业技能、传播革命理论、培育革命骨干而亲手创办的。目前，这里正在修建集爱国主义教育、国防教育、民兵训练和旅游休闲为一体的渭南军事博览园。

　　1922年8月，王尚德在樊家寺创办"渭南赤水私立职业高等小学堂"。1936年，在此基础上又创办"私立赤水初级农业职业学校"。学校四面环水，风景秀美。校牌和校徽由于右任题写。除开设文化课外，还设有园艺、农作物等课程。抗日战争时期，仿效延安抗大的课程设置、教学内容、教学方法，并派出部分学生进行军事训练。许多师生参加了渭华起义，不少人壮烈牺牲。许多学生都奔向延安，有的后来成为领导骨干。开国上将张宗逊曾在这里就学。解放后，学校更名为"渭南县赤水农业职业学校",现名"渭南赤水职业学校"。

中共赤水地下党组织在此设立秘密活动据点,多次召开会议,印制、传递文件,并掩护、转移地下工作人员。中国社会主义青年团赤水支部、中共赤水特别支部都是在赤水职业学校成立。现存砖木结构两层楼房一栋,坐北向南,是全区现存少有的民国时期建筑。通阔47米,共14间,通深1间,其中主楼进深8米,东西侧楼进深14米,通高约8.4米。平面呈"工"字形。楼内正中置木制楼梯,楼梯宽1米。一层前檐做前廊,深1.2米,并布木柱11根。二层前檐施楞木,铺楼板,做走廊。屋面布灰色仰瓦,青砖墙,砖砌台明。

红色革命的摇篮

九　渭南城隍庙

渭南城隍庙位于临渭区老城街北的文庙东侧,原建筑有大门、献殿、两司和寝殿等,蔚为壮观,曾是三秦东府的一大名胜。

城隍庙始建于隋唐。传说有一年大旱,渭北禾苗快要枯死。汉朝大将军霍光显灵,一夜功夫,开渠引渭河水,灌溉了几千亩良田,解救了这场灾难。人们修筑了城隍庙,铸造了霍光将军的神像供在大殿。

城隍庙历经宋元,至明朝关中大地震时毁坏。太原李葰带头捐资,重建渭南城隍庙。明崇祯年间,渭南知事姚墟、张希夏重修,建筑有大门、献殿、两司和寝殿等。同治元年,在捻军、回民起义中,庙内建筑全毁,渭南县令宋𫖯集捐修建寝殿一楹。光绪元年，张国钧续修献殿并大门、两司房等多间。

旧时渭南城隍庙里，每年都有两次施舍，穷苦人家可获得钱米、衣服、棉被、医药、棺木等救济。庙内另外还有药王祠与五瘟神祠，他们都是庇护渭南的神祇。

中华人民共和国成立后不久，这座小庙不复存在，庙址曾用作工厂。现建筑均为多年前工厂腾退后新建，包括老君殿三间、大殿五间及部分道房。供奉有斗母元君和60位太岁神，近年香火日见兴旺。

渭南城隍庙

十　见证"焚书"的灰堆遗址

渭南城区的湭河东岸，有一个突兀的黄土高台，面积约1800平方米，人们称它为"灰堆"，又称焚书台。在遗址不远处，就有一个叫灰堆的村庄。这里是秦始皇"焚书坑儒"在全国仅存的一处焚书遗址。现在中国历史博物馆陈列的有关焚书遗址的珍贵照片正是来源于此。

据《渭南县志》记载，公元前213年，为了统一六国臣民的思想，秦始皇采纳李斯的建议，颁行焚书令。除去秦国的历史书籍，博士掌管的图书、农书、医书及求神问卜之书外，其他一切书籍全部集中到当地官府烧毁。一时间烟火滚滚，史书及百家言论化为灰烬。灰堆焚书台就是焚书地之一。

大自然奇迹般地为我们留下了这个灰堆，成为历史上有名的"焚书"事件的见证。它是对秦始皇焚书暴虐行径的辛辣嘲讽和无情谴责，让人们牢记这场历史上的文化浩劫。

灰堆曾出土有陶器、人骨，属新石器时代仰韶文化半坡类型遗址。传说这里也曾是汉武帝郊祭的密畤台。近年，这里以焚书台遗址为基础，建成了集文化设施、绿化景观、文物保护融为一体的秦代历史文化主题公园。

灰堆遗址公园一角

以上内容参考《临渭人文揽胜》

附：

赞长寿塬①

赵发民

关中东部，重镇渭南；东南一隅，有一名塬；当地人称，渭南东塬；古时又名，长寿丰原。

南依秦岭，巍峨延绵；中国地理，南北界限；北望渭河，水拍两岸；园林景观，树绿花艳；西有沈河，冲出一川；沈河水库，波光潋滟。东有赤水，临渭东沿；渭华起义，在此发端。三水怀抱，滋润古塬。高山俊秀，佑民福安。如此罕境，世称奇观。

历史悠久，文化灿烂。山清水秀，美如画卷。灌芝瓦窑，自古烧罐②。蔡顺行孝，堪称典范③。阿干村名④，难见经传；皇后赐名，身世不凡。古老传说，断岭难断⑤。斩了周处⑥，天下归安。望岗岭边，仙女下凡⑦。清明山庙⑧，袅袅香烟。民间神话，塔山一砖⑨。凤凰山下，皇后家园⑩。玄象山顶⑪，祥云低旋。天留山美⑫，游客留恋。黄狗峪里，景深沟宽；鸟语花香，水流潺潺；一年四季，风景转换。秀龙山中⑬，刘秀落难；大难不死，成就江山；饮马槽边，蹄印可见；半斤豆腐，形象直观；猫娃鞋景，活灵活现。游客到此，笑语盈天。八仙泉边⑭，水碧天蓝；鱼翔浅底，微风拂面。到此一游，心里舒坦。

出得渭城，要上东塬。必经之地，过十八盘⑮。山道弯弯，曲折盘旋；风景旖旎，扣人心弦；上到塬顶，驻足观看；纵横阡陌，无余一览；城市景观，尽入眼帘；江山如画，宏图大展。

回到塬上，仔细详观。古皂荚树，已逾千年；枝繁叶茂，生机盎然；亲自见证，世道变换；经风历雨，沧海桑田。

航天测控，落户古塬；巡视天线，大如磨盘；静静守候，天空来电；强国富民，默默贡献。

松树庙里，古树参天；塬区一景，存续千年；八十年代，倾倒瞬间；如今古树，已化云烟；美好记忆，留存民间；这里记叙，只为存念。

王忠嗣冢⑯，独特景观；一堆黄土，静卧田间；功高盖世，万民称赞；皇上授官，褒奖忠贤；伫立凭吊，景仰先贤；学习前人，建家保园。

红色传承，再续新篇。渭华起义，血染东塬；苏维埃旗，挂上旗杆⑰；起义失败，退守塔山；浴血奋战，浩气冲天；英雄事迹，辉耀人寰。

地理独特，世人称赞。土地肥沃，优质良田；没水灌溉，靠天吃饭；十年九收，胜水浇田。春暖花开，百花争艳；人间仙境，世外桃源。夏收时节，丰景一片；翻滚麦浪，金光闪闪；看此美景，喜上眉间。秋高气爽，南回归雁；渭南名胜，秋眺丰原。初冬时节，漫山红遍；瓜果飘香，香气满园。深冬时节，地冻天寒；漫天飞雪，舞姿翩翩；银装素裹，妆点家园；欣逢盛世，瑞雪兆年。

民风淳朴，秩序井然；耕读传家，代代承传；勤劳致富，建设家园；乡村振兴，面貌巨变；新的时代，续绘宏篇；古长寿塬，又逢春天；紧跟步伐，快马加鞭；你我同心，中华梦圆。

醉美长寿塬，文化多灿烂。景美人勤奋，处处展新颜。传说故事多，三天讲不完。惟愿家乡好，花红月更圆。

注解：

①渭南东塬，又名"长稔塬""长丰塬"。

②见本人《灌芝村名的来历》。

③见本人《孝村的来历》。

④见田清明《阿干村的来历》。

⑤见本人《断岭的传说》。

⑥⑦见杨志贵《临渭民间故事》。

⑧清明山在桥南镇寺峪口村南，山上曾有庙，香烟缭绕，现已毁。

⑨在东塬民间，有"塔山掉一砖，塬上出一官"之说。

⑩长寿塬历史上曾出过三位皇后，刘秀的阴皇后，隋文帝的独孤皇后，宋仁宗的曹娥皇后，每一个皇后，都留着一个美丽的传说。见杨志贵《临渭民间故事》。

⑪在桥南镇境内。

⑫在桥南镇天留村南。

⑬在原花园乡小峪寺村旁。

⑭在桥南镇曹峪村。

⑮从渭南上东塬的必经之地，又名龙尾坡。

⑯唐大将，官拜四方节度使，战功卓著，这里是其衣冠冢。

⑰1927年5月1日，陕西第一个苏维埃政权在长寿塬崇凝镇诞生。

第二章

物质生产民俗

第一节 农业生产

一 种植结构

本地区土质良好，耕作层深厚，光照充足，气候温和，适宜农作物种植。汉代以后粮食作物逐渐以小麦为主，明代以后经济作物逐渐以棉花为主。1949 年以前，产量不高。民国末年，小麦平均亩产 50—90 公斤，棉花亩产 10 公斤左右。中华人民共和国成立以后，不断改变种植业生产条件，推广应用新技术、新品种，逐步形成了以小麦、玉米、棉花为主的农作物种植格局，单位面积产量有了较大幅度的增长。十一届三中全会以后，种植业进入了由传统农业向现代化农业、由自然经济向商品经济过渡的新阶段。通过政府引导，市场需求带动，种植业结构不断调整优化，具有区域优势的种植业获得了长足发展。

（一）粮食

境内粮食作物在种植业中历来占据主导地位。主要生产小麦，其次为玉米、谷子、糜子、大麦、高粱、荞麦、豌豆、扁豆、小豆、豇豆、白豆（黄豆）、黑豆、绿豆、蚕豆以及薯类等。

1. 小麦

境内蓄水保肥能力强，秋雨较多，冬寒期短，春季升温快，是小麦种植的优生区。自汉代以来，逐渐形成了以冬小麦为主的粮食生产格局，但由于生产水平不高和自然条件限制，产量低而不稳。中华人民共和国成立后，小麦产量稳步提高。1982 年后，随着家庭联产承包责任制的推行，农民生产积极性空前高涨，生产投入不断增加，产量逐年上升。

2. 玉米

玉米自清初引入。由于要有水肥条件保证，所以直到民国时期，还只限于降雨量偏多的秦岭山区和黄土台塬，种植面积不大，秆低，穗小，早熟，亩产仅50多公斤，是山区人民的主食。1960年后，水浇地面积扩大，化肥供应增加，玉米种植由山区向平原发展，产量很快提高。1970年，亩产约158公斤。1990年亩产约232公斤，种植面积约占秋粮播种面积的80%。在玉米种植过程中，为适应市场对鲜食玉米棒的需要，1990年后，沿渭河的龙背、辛市、信义等乡镇的农民，每年种植地膜玉米1000余亩，其中有一半以鲜嫩玉米棒进入市场，最早可提前到5月份上市。有的农户推迟播期，在11月份仍有嫩玉米棒上市，亩均收入1000—1500元。

3. 小宗杂粮

渭南人习惯称小麦为主粮，其他如玉米、谷子、糜子、高粱、荞麦、豆类、薯类等称作杂粮，而把玉米之外的其他杂粮称作小宗杂粮。由于境内水利条件差，谷子、糜子耐旱，所以，在小宗杂粮中，谷子、糜子栽培历史最为悠久，新石器时代谷子已广泛种植。汉时引种荞麦、豌豆、豇豆、蚕豆等，明代引种高粱。直至民国时期，谷子、糜子仍是渭南县的主要杂粮。民国三十一年（1942年），谷子、糜子的种植面积和产量仅次于小麦。中华人民共和国成立后，随着农业生产由旱农作向灌溉农作发展，在作物布局上原来耐旱、低产的谷子、糜子等杂粮逐渐被高产玉米所代替。1949年除玉米外，其他杂粮作物面积占粮食播种面积的29%，到1980年下降为12%，至2005年下降到约10%，并且以豆类、薯类为主，谷子、荞麦、高粱种植面积很少，糜子基本不再种植。薯类以红薯为主，马铃薯次之。红薯在栽培方法上，除两塬旱地有一定纯种面积外，其余多为棉田畦梁套种和少量在麦茬地插蔓栽植。

（二）棉花

境内元代开始种植棉花，先在故市一带，至明代时已遍及渭河北部。品种为茧花，俗称笨花，绒粗芒短，亩产皮棉7.5—10公斤。清末，大批"洋籽棉"引入，亩产提高到20—25公斤，色白绒长。民国初年，上海日信洋行在田市镇和县城大量收购棉花，棉价飞涨，种植面积不断扩大，产量和品质均有所提高，曾出现了短暂的兴盛景象。

中华人民共和国成立后，人民政府十分重视棉花生产，实行计划种植、统一收购、提高价格、引进优良品种等措施，使棉花产量不断提高。1992 年后，由于全国棉纺市场疲软，许多棉花收购优惠政策取消，农民种植积极性降低，面积减少，产量下降。

棉花种植曾是农民收入的重要来源，一般年份，棉花种植收入占种植业收入的 20%—30%。

（三）油料

境内的油料作物主要有油菜、花生、芝麻、蓖麻、向日葵、油葵等。

清时普遍种植油菜、芝麻、花生。自从棉花引入种植以后，棉籽逐步成为人们食用油的主要原料。油料种植一直面积较小，民国时稍有扩大。

中华人民共和国成立后，油料种植因受各个时期政策影响，面积和产量起伏很大。油菜是境内油料的主要作物，农民种植油菜既能食油，又可养地肥田、促进粮食生产、增加收入。花生明末在交斜、孝义一带就开始种植，果实多以销售干果为主。芝麻种植面积较小，1949—1984 年间，年均 100 余公顷，平均亩产 30 公斤左右。向日葵多为零星种植。1990 年引入油葵。

（四）蔬菜

境内的蔬菜共有 12 类，55 种。按季节产出顺序分，春菜主要有菠菜、芹菜、韭菜、蒜苗、莴笋、香菜等；夏菜主要有黄瓜、西红柿、辣子、四季豆、西葫芦等；秋菜主要有萝卜、白菜、莲花白、马铃薯、大葱、莲菜、冬瓜、笋瓜、南瓜等。下面是临渭区颇有名气的几种蔬菜：

1. 一串铃南瓜

一串铃南瓜产于渭河岸张庄子、田庄子等村，清时就很有名气，因其在蔓上排列的好像一串铃而得名。其特点是皮薄籽少，香甜干面，久放不坏。知县张世英曾将其进贡皇帝。后来，这种南瓜一直被当地人喜爱，是南瓜品种的最佳选择。

2. 赤水大葱

赤水大葱的特点是"葱身高大、葱白粗长，肉质嫩，甜而辣少，味浓而香，营养丰富，品质佳，耐贮藏"。因其形似鞭杆，又称"鞭杆葱"；又因其在谷子播种时栽种，亦称为"谷葱"；还因其独立生长（不像有的葱，一根分蘖几支，几棵连在一起），所以，又称为"孤葱"。

赤水大葱，过去主要分布在赤水镇以南，圣山乡以北，东到郭村，西至程家，这片约 10 平方公里的渭华大地上。这里的土壤主要为"淤绵土"

"黄绵土"，其沙粘适中，透气性好。据传从明代隆庆年间开始，"赤水大葱"已成为当地的一宗重要农产品。现今，"赤水大葱"种植的地域已大大增加，与赤水镇相邻的多个乡镇都有种植，其种植面积已达2万余亩。

渭华的人，蒸花卷用葱，烙烧饼用葱，蒸麦饭用葱，烧菜汤也用葱。一年四季都种葱，一年四季都吃葱，一年到头都离不了葱。葱和这方水土、这方人结下了不解之缘。

3. 九孔莲菜

产于渭河沿岸和桥南镇杨魏村的九孔莲菜以外皮光滑、肉质鲜嫩、清香甜脆等特点深受消费者喜爱。九孔莲菜的颜色呈银白色，长得光滑细长，外表长相比较漂亮，水分含量也特别高，吃起来非常爽口，适合清炒，或凉拌，凉拌的九孔莲菜特别清脆爽口。

（五）瓜果

1. 水果

境内水果种类主要有苹果、梨、桃、葡萄、杏、猕猴桃、石榴、柿子、沙果、梅子、草莓、山楂等。

（1）苹果

民国二十五年（1936年），武安乡（今龙背乡）南滩村农民刘忠向，从三原县斗口引进苹果树苗，在当地建立果园二三亩。随后，赤水农校在校园内种植数亩。

中华人民共和国成立初，境内苹果仍以零星栽植为主。1958年，渭南县被列入陕西省秦岭北麓苹果林带，沿秦岭北麓的桥南、花园两个公社栽植苹果树67公顷，每公顷栽植210株到300株。1961年前后因粮食产量下降，社员生活困难，许多生产队毁林种粮。1965年以后，在政府的号召下，苹果栽植遍及全县，一些生产大队和生产队建立了集体果园。1972年全县有苹果园827公顷。1976年发展到1200公顷，其中挂果面积1000公顷，年产4000吨，结束了长期从辽宁、山东调运苹果的历史。苹果优良品种也不断引进，开始栽植的主要品种有国光、红玉、倭锦、青香蕉等，以后增加了红星、红冠、秦冠、黄元帅等新品种。到1992年，苹果栽植面积2106公顷，产量8840吨。1996年栽植面积4720公顷，是历史上栽植面积的最高年份，产量14621吨，主要分布在大王、桥南、花园、丰原、三张、崇凝、阳郭、龙背、辛市、蔺店等乡镇。此后苹果品种、品质结构也逐年调整优化。相继引进了皇家嘎啦、美国八号、腾牧、早熟富士、新世纪等早、中熟优质品种。2000 年，苹果面积 4060 公顷，总产 28339 吨。自 2002 年起，广大果农大力实施苹果优果的"大改形、强拉枝、巧施肥、无公害"四大关键技术，使苹果的产量、质量明显提高，果品远销全国各省、市，并进入香港、泰国等地市场。

（2）梨

渭南境内的梨在历史上多为农户在庭院隙地零星栽植，产量极低。据 1965 年统计，渭南县梨产量仅为 3.8 吨。1976 年梨园面积发展到 20 公顷，产量约 53 吨。1992 年以后，政府号召在渭河以北乡镇发展酥梨生产，建立商品梨基地。1995 年，梨园面积 980 公顷，产量 1517 吨。1998 年梨园面积 2206 公顷。临渭区农技部门的干部深入农户梨园进行技术承包，指导梨农实施无公害、标准化管理技术、引进新优品种，调整早、中、晚熟品种结构，使梨园整体管理水平、产量、质量都有了明显提高，品种结构趋于合理。梨品种有早酥、绿宝石、红香酥、黄金梨、圆黄梨、水晶梨、雪花梨、砀山酥等。果实以皮薄、味甜、核小、肉酥、汁多、耐贮藏等优点曾于 1992 年荣获陕西省优质农产品奖。1995 年荣获"中国首届后稷金像奖"。2004 年，孝义、龙背两乡镇的万亩酥梨荣获国家绿色食品发展办公室绿色食品认证。产品远销兰州、西宁、武汉、长沙、重庆、广州、深圳等大中城市，并打入越南、泰国、俄罗斯等国外市场。

（3）桃

境内桃的栽植历史悠久。唐代诗人白居易在其故里所作的《下邽庄南桃花》一诗中写道："村南无限桃花发，唯我多情独自来。日暮风吹红满地，无人解惜为谁开。"描写当时故里（今龙背镇，原信义乡境内）的桃园景象，说明此地种桃至少已有千年历史。

桃树栽植在境内比较普遍，以孝义东部沙苑地带所产孝义甜桃质量最佳。孝义甜桃果型呈椭圆，顶平尖凹，成熟后阴面淡黄，阳面有红色状斑，肉质柔软，浆液较多，皮易离核，食之味鲜肉嫩，为桃中上品，曾被陕西省命名为"渭南甜桃"，是陕西地道名产。1997 年后引进了耐贮运的"仓方""沙红"等硬肉桃新品种。1999 年，辛市镇布王村的农民引进"思敏 1 号"油桃新品种，在当地建 60 余棚进行栽植，所产油桃 5 月份上市，每公斤售价 5.2 元，棚均收入 5200 元。在其带动下，信义、官底等乡镇发展到 100 多棚。2000 年临渭区桃园面积发展到 140 公顷，产量 1854 吨。2005 年，全区共有桃园 465 公顷，产量 5316 吨。栽植面积较大的有交斜、孝义、南师、故市、三张、下吉、官道、龙背、辛市、信义等乡镇。主要品种有砂子早生、春蕾、沙红、秦光系列油桃、仓方、白凤、北京 8 号、思敏 1 号、布目早生、中华寿桃等。

（4）杏

临渭区的杏树主要分布于东西两塬，两塬土壤和地理条件特别适宜杏树生长。自明末至今，杏树栽植已有数百年历史。每年早春，杏花如云似海，漫山遍野，沟坡、村庄春意盎然，令人赏心悦目。

临渭区的土特产中，"负曲手指杏"格外引人注目。因其个小如手指蛋而得名，俗称"指头蛋杏"，麦收前即成熟，又名"麦熟杏"。色呈米黄，核小，肉质蜜软，最大者比大拇指大一点，食之酸甜清香，生津可口，为杏中之珍品。主产在负曲（今阳郭镇境内）之康坡到湾渠一带。

在有关杏的民间谚语中，最著名的莫过于"桃养人，杏伤人，李子树下埋死人"，形象地指出了过量食杏对人体是有害的。然而，与其他接杏相比，"负曲手指杏"口味绵甜，且有食后不伤人之说。

由于杏不易存储，加上产地范围极小，产量不大，"负曲手指杏"更显得弥足珍贵。

（5）冬枣

冬枣为鲜食水果。1999 年，陕西省黄河生态农业开发有限公司在官道乡武赵村建起了 133 公顷的黄河生态园，从山东沾化引进冬枣品种进行栽植。次年秋季所产冬枣上市后即被抢购一空。当地农民看到其经济效益可观，便开始大面积栽植。2001 年临渭区栽植冬枣 160 公顷。所产冬枣以其色泽光亮、皮薄肉脆、细嫩多汁、甘甜清香，在当年 11 月第八届中国·杨凌农业高科技成果博览会上获"后稷金像奖"。2002 年在陕西省冬枣展示会上获"陕西省优质水果奖"。同年，官道乡武赵村村民赵灵福栽植的 3.2 亩冬枣，亩产 800 公斤，总收入 5.8 万元。此后，冬枣的种植面积不断扩大，年总产 7000 吨以上。

（6）葡萄

临渭区地处关中平原东部，年平均气温 13.6℃，年平均日照 2277 小时，年降雨量接近 600 毫米，土壤灌溉方便，优越的自然条件为葡萄生长提供了得天独厚的条件，属多种葡萄优生区。

1998 年，下吉镇见庄村原党支部书记袁水龙带领几户村民去辽宁引进红提葡萄新品种，当年发展 18 亩。

为了支持葡萄产业发展，从 2002 年开始到 2004 年止，临渭区移民开发局连续三年以每发展一亩葡萄补助 500 元现金的方式，支持农民发展红提葡萄种植，极大地调动了农民种植的积极性。至 2006 年，见庄村的 1860 亩耕地全部种上了红提葡萄。使红提葡萄种植成为该村农民致富的重要手段。历史上每亩最高收入可达 2.2 万元，单户最高年收入有的可达 20 余万元。

红提葡萄产业的发展，彻底改变了见庄村及周围农村的面貌。

2009 年，临渭区委、区政府提出了以传统葡萄栽植区下吉镇为中心，建设现代葡萄产业园——渭北葡萄产业园的构想，规划以下吉镇为中心，沿双官路、渭阳路形成"十"字形绿色葡萄长廊，通过 3—5 年的努力，建设 20 万亩优质葡萄生产基地，其中核心区占地 5000 亩，包括产业生产示范园、加工贮藏商贸园以及三贤文化观光园三大功能区。目前，园区已流转土地 3000 亩，引进栽植新品种葡萄 1011 亩，千亩优质葡萄示范园已具规模，建成 6 公里"四纵三横"园区路网、万米观光葡萄长廊、现代化设施观光连栋温室、万吨果品贮藏库、葡萄交易中心及葡萄美食一条街。在渭北葡萄产业园的示范带动下，全区葡萄栽植面积已达 16 万亩，年产优质鲜果 24 万吨，远销上海、广州、成都等 16 个大中城市，产值 8.8 亿元，葡萄种植已成为当地农民增收致富的一大支柱。

（7）猕猴桃

陕西秦岭北麓、渭河以南地区为猕猴桃优生区。陕西省政府近年决定把这里建成北半球猕猴桃生产、销售和加工重要基地。2009 年，陕西省政府以及猕猴桃主产市、县出台了一系列优惠扶持政策，促进猕猴桃产业发展，省级财政对每亩新建园补贴 200 元，市、县配套补贴不低于 100 元，这一惠农政策对扩大优生区面积，推进猕猴桃优势产业快速发展发挥了重要作用。

（8）柿子

临渭区东西两塬的柿子较多，品种皮薄易破，肉质细软，纤维少，汁特多，味甜无核。但不耐贮运，宜软食或干制，干制率稍低。东西两塬的人保存柿子的最有特点的方法是冬储柿子。柿子是不怕冻的，人们在院子里用椽檩搭个柿子棚，上面铺上芦席，把柿子放到上面，再盖上一些玉米秆之类的东西，柿子就可以安全越冬了。

成熟的柿子可直接食用，生的柿子可以温熟食用。柿子还可以做柿子炒面、烙柿面饼。柿子由于含糖量极高，是做柿子醋的极好原料。柿子醋以其醋香浓郁、口感上佳而深得当地人民喜爱，是理想的馈赠亲友的礼品，也是市场上的紧俏商品。

2. 瓜类

境内瓜类有西瓜、甜瓜（脆瓜）和打瓜，以西瓜为多。民国时期农民种瓜为倒茬地，种植面积较小，多在渭河以北地区。中华人民共和国成立后，面积有所扩大。1952年种植840公顷。1960年后，由于大抓粮食、棉花生产，瓜类种植面积减少。"文化大革命"中，曾将种植瓜类视为"自由种植"和"资本主义倾向"进行批判，瓜类种植面积又有所减少，至1976年渭南县瓜类种植313公顷。1980年以后，农村普遍实行了家庭联产承包责任制，农民有了种植自主权，瓜类种植面积随之扩大，全县每年种植面积均在1300公顷以上。加之普遍采用了育苗移栽、地膜覆盖、弓棚和温室栽培技术，引进新澄、新红宝、西农8号、兰州P2、金钟冠龙等一代杂交种替代了传统的农家品种，品质改善、产量提高、上市提前、效益明显。至2005年，临渭区瓜类种植面积共1547公顷，产量70999吨，平均亩产3057公斤。以官路、凭信、交斜、蔺店、官底、下吉等乡镇的种植面积为多，所产西瓜远销全国20多个省、市、自治区。

二　种植制度

（一）作物熟制

境内作物有一年一熟、两年三熟或一年两熟制。其轮作倒茬方式一年一熟为夏粮（小麦为主）收获后休闲养地，秋季又种下茬小麦；两年三熟制为夏粮收获后种植糜子、谷子或豆类等，冬季休闲养地，来年春季种植棉花或早秋（春玉米）；一年两熟为夏粮收获后种小秋作物，小秋作物收获后种植回茬麦。20世纪50年代，基本上实行的是四年五熟制，其轮作倒茬的主要方式是：豌豆（或豌豆麦）—小麦—小麦—小麦+晚秋（糜谷），或早秋—夏杂—小麦—小麦+晚秋。也有七年八熟的棉、豆、麦轮作倒茬，即棉花—棉花—棉花—豆类—小麦—小麦—小麦+晚秋。还有九年十熟的麦与苜蓿轮作倒茬，即：苜蓿—苜蓿—苜蓿—苜蓿—早秋—小麦—小麦—小麦—小麦+苜蓿。60年代以后，随着灌溉面积的增加、化肥的施用，渭河沿岸水浇地的熟制开始向夏粮收获后种植玉米的一年两熟制转变。80 年代以后，一年两熟制面积进一步扩大。1993 年后，除台塬部分水利条件差的地区外，基本上无夏休地。

（二）间作套种

民国时期，渭南县境内作物种植就有间作、混种的习惯。如小麦与豌豆、扁豆混种，油菜与荞麦混种，玉米、谷子地里带豆子，地边埂带南瓜等。1949 年后，随着一年两熟面积的逐年扩大，引起了夏秋作物争时的矛盾，粮食生产曾出现迟收、迟种的恶性循环。于是，间作套种的新模式开始探索并进行推广。1959 年以后，水肥条件较好、人多地少、讲究精耕细作的双王公社率先创造出了间作套种的新模式和新经验，形式有粮粮套、粮棉套、粮肥（绿肥）套、粮菜套、粮油套、粮瓜套以及农（农作物）桐（树）间作套种等。1974 年，又在全县推广了麦垄点播玉米技术。1984 年以后，随着种植业结构的调整和设施农业的发展，各种类型的间作套种技术得到了广泛推广。1990 年以后，渭河以北地区以官路、蔺店、下吉等乡镇为主，在塑料大棚所种植的西瓜内套种棉花或秋延辣椒，使传统的西瓜一年一熟变为一年两熟。至 2005 年底，全区间作套种面积基本稳定在 3.67 万公顷以上，间作套种的主要形式有粮粮套、麦油套、麦棉套、麦辣套、麦葱套、粮瓜套、棉瓜套、棉菜套等。

三 传统农具

（一）耕种工具

1. 犁

中国是一个有着数千年农耕史的伟大民族。在长期的生产劳作过程中，先民们对翻挖土地的工具进行了长期的探索和改进。直到 20 世纪五六十年代，临渭区境内的农民们仍沿袭用简陋的农耕器具耕作的方式，他们用简单的铁铧木制犁，靠牲畜牵拉耕地。

犁是一种耕地的农具，由犁尖、犁镜、犁床、犁托、犁柱等多部件组成，再配上一个横 S 形的犁辕，无论是入土角度，还是翻土曲线牵引点的选择，完全符合力学原理。通常系在牵引它的牲畜或机动车上，也有用人力来驱动的，用来破碎土块并耕出槽沟从而为播种做好准备。

现在农民大部分使用旋耕机，除个别农户偶尔使用铁铧犁外，这种农具几乎弃而不用了。

2. 耙

耙是农户用于碎土、整地的工具，多为长方形双排顺齿耙，由畜力牵引，人双脚踩于耙体踏板上，在耕过的土地上来回耙磨，起碎土、踏实、平整的作用。

3. 耱

用手指粗细的树枝条编在长方形木框上的一种农具，用来平整翻耕后的土地，使土粒更酥碎些，有时也用来保墒。使用时把耱平放在翻耕过的田地上，由牲畜拉着前进，操作者站立其上，或者用石块放在上面，以增大对土面的压力，提高耱地效果。

4. 锄头

锄头是农人最常用的工具之一，主要功能是用于中耕、培土、松土、间苗和除草等，有大锄、小锄之分。

不管种哪一种农作物，都一定要先用锄头来松土才能除草保墒，使作物更好地生长。所以锄头对农人来讲是很重要的。旧时种植豆类作物，习惯是麦后三遍锄，即对豆类作物夏季要锄三遍才能长好。其他作物如小麦等，春季里也要适时中耕除草，才能使麦田保墒。总之，锄头是农人最重要的农作工具之一。

5. 耩子

一种农用播种工具，由牲畜牵引，后面有人扶着，为下种开沟。后面跟着下种的人，在耩子开好的沟渠中放入种子。耩子的主体结构跟犁相同，木制，只是前部用来开沟的部分形状为尖形，铁制。

6. 耧

用来播种用的一种农具，可以同时开沟、下种并自行覆土。使用方式与耩子相同，由牲畜牵引，后面有人扶着。比耩子结构复杂，功能齐全。下籽数量多少，可调节耧斗中的籽眼，籽眼上方挂一叫作"打籽蛋蛋"的木球状物，耧摇动时让其左右甩摆使种子不至于直泻而下，摇耧的人须有一定的技术，坡地地势狭窄，容纳不了多少人，往往是一人操作，讲究"三摇三不摇"，开垅耧未行先摇动，到地头耧停止摇动，出苗均匀与否全在摇耧人掌握，太稀则苗不足，太稠则浪费种子，还会给下一道工序间苗带来困难，所以摇耧者必须是经验丰富的老农。现在临渭区的播种已全用机播，耧已淘汰。

除以上几种农具外，用于耕作的还有铁锨、镢头、铁铲等。

20 世纪 30 年代，渭南县开始引进现代化耕作农具。1936 年，农业改进所引进试用"畜力五齿中耕除草培土器"，俗称拉锄机，分无轮和有轮两种，两人一畜每天可完成棉花除草培土 1.67 公顷。同时，还引进了棉花条播机、单管人力喷雾器、手锄机等。中华人民共和国成立后至 1953 年，人民政府组织引进马拉摇臂收割机双轮双铧犁，1954 年，推广到渭河沿岸少数地方。同时，推广了五寸、七寸步型和小麦条播机等半机械化农具，耕作效率显著提高，很受群众欢迎。后来，又相继使用各种类型的拖拉机、旋耕机、播种机、秸秆粉碎机等，现在农田耕作基本实现机械化。

（二）收获工具

传统的收获农具主要有镰刀、碌碡、杈、笆笆、扫帚、木锨、筛子、簸箕等。

1. 镰刀

镰刀是农村收割庄稼和割草的农具，由刀片和木把构成。临渭区人将镰刀简称"镰"，主要有笨镰和麦镰两种。笨镰刀架和刀刃比较厚重，主要用于割草。麦镰也叫麦镰子，木把长且稍曲，刀架薄且宽，刀片锋利。随着农业现代化，现在收麦多用收割机，只是小片的坡地偶尔使用镰刀。

2. 碌碡

石制圆辊，直径四五十厘米，长六七十厘米，辊面有棱槽，用木框架承其轴，由牲口牵引碾场。夏收时节，场把式手拉撇绳，一头系在牲口的笼套上，拉着碌碡在铺满麦子的场面上反复碾压。随着社会的进步，这种情景已逐渐淡出了人们的视线。

3. 杈

临渭区农用杈常见的有木杈和铁杈两种。木杈有四股杈、六股杈、十股等。有时还用杈齿更多的。构造为将长 150 厘米左右的木棒一端，钉一根或两根长约 22 厘米、宽 4 厘米的叉头横杆，在横杆上有等距离的 6 根齿（六股杈）或 4 根齿（四股杈），齿为竹制，长 26 厘米左右。它的主要功能就是翻场和收场。翻场即在打麦场上，把经过碌碡碾压的小麦用杈翻起，以便日头晒透。收场就是小麦经过暴晒、碾压后，用杈将麦秸挑起来归拢到一起，最后用杈挑着垛成圆圆的麦秸堆。四股杈轻便，多用于翻场；六股杈齿密，一般用于收场。铁杈的杈头是铁制的，一般三个杈齿，杆为木制，主要用于将散晒的柴草收拢在一起。可以说，杈对于农家是不可或缺的一件重要农具。当然，随着脱粒机、收割机的使用，杈的用途越来越小了。

4. 撒杈

值得一提的是，打麦场上还有一件农具是必不可少的，这就是"撒杈"。撒杈是在一根长长的木把上装两根平行的 50 厘米长的横木梁，木梁上安装十三根竹质杈齿。小麦碾压后，先用木杈将麦秸挑去，接下来还要用撒杈"撒"去木杈挑不走的碎屑杂质，然后才能用扬场锨归拢成堆。打麦场上，用撒杈这道工序也很关键，可以节省许多劳力，充分体现了劳动人民生产实践中的聪明才智。

5. 笓笓

将竹竿的一头劈成一指宽的竹篾，用炭火熏烤使其弯曲呈钩状，再用荆条编制，使钩子均匀排列成一排，这样，一把连有长竿的笓笓就做成了。用它可以搂取分散的麦秸、柴草等。也可以在树下收聚掉下的干树叶（做燃料）。每年麦收季节，渭南农村的农民家家户户都会用笓笓搂取割倒但没有拾净的带麦穗的麦秸，以便做到颗粒归仓。到了秋末季节，人们则又用竹笓笓搂取干树叶、干草等，以备冬天烧火用。

6. 扫帚

扫帚是乡间使用最多的生活用具，在打麦场上，它又是一件使用率最高的农具。门前屋后和庭院内，人们打扫卫生离不开它，"黎明即起，洒扫庭除，内外整洁"，就离不开扫帚。收完麦子在场院晾晒，扬场清扫更离不开它。扬场时，扬场的人在上风头扬起刚被脱粒下来的小麦，这时还要有一人在侧风口用扫帚轻轻在麦子堆上来回清扫，除去没有被风吹走的麦糠。

7. 木锨

木锨既是打麦场上用来扬场、装袋的扬场锨，又是殷实人家粮食仓库、粮行等使用的铲粮工具。打麦场上，用扬场锨把脱粒后的麦子铲成堆，用扫帚清扫，接下来就是扬场了。扬场前，老农把式要先看风向和风速，再确定扬场的方向位置。扬场人要站在上风头的一侧，用扬场锨铲起含有杂质的麦子逆风扬到空中，麦粒和麦糠、碎草便随着风势各自下落到不同的位置，碎草和麦粒就基本分开了。在扬场的同时，还要有一人在旁边用扫帚轻轻扫小麦堆的表面，把和麦粒重量差不多没有分开的麦余子等杂质清扫掉。最后，还要用木锨往口袋里装填，运进仓库贮存。

扬场锨是用长 35 厘米、宽 30 厘米的薄木板（后用胶合板）固定在一根长长的圆形木杆上加工而成，扬场锨面板稍有一些弧度，既薄又宽大；木把则是用较轻且不易变形的木头旋刨而成。扬场锨使用起来得心应手，既轻又盛贷。在农村，除了麦场和秋收时节黄豆、谷子、玉米等脱粒时用得着外，平时一般不用。

中华人民共和国成立后，农作物的收割碾打仍沿用这些农具，费时费工，效率低下，收割一般需要一个月左右的时间。1970 年起，随着农村电力的普及，农民开始使用电动碌碡和机动脱粒机。1976 年，开始引进以手扶拖拉机为动力，一次完成小麦收割并将其秆束成条状铺放在割茬上以便晾晒的小麦割晒机；到 1980 年，引进机动脱粒机；1985 年，引进背负式小麦联合收割机；1992 年，官道乡贾家村农民购进了当地第一台小麦联合收割机，到 1995 年时，全村已发展到 11 台，在进行本地机收的同时，开始了跨县跨省机收作业。收获机械的迅速发展和机收面积的扩大，使大部分地区的夏收缩短到 10 天左右，一个家庭夏收缩短到两三天。

（三）运输工具

明清时期，农业运输基本上靠人力肩挑和牲口驮运，手推车和大车很少。民国时期，小推车和大车有所发展。据民国档案资料记载，民国三十一年（1942 年），渭南县有木制独轮小推车 12000 辆，铁轮大车 3001 辆，胶轮大车极少。中华人民共和国成立后至 1952 年，铁轮大车发展到 6840 辆，胶轮大车发展到 181 辆，小推车发展到 17296 辆。随着胶轮车的发展，铁轮大车渐被淘汰，架子车也逐步代替了木轮小推车。20 世纪 60 年代中期，开始使用轮式拖拉机，以人畜力为主的运输工具逐渐转向机械动力运输工具。

（四）加工工具

境内历代粮、棉、油等加工主要靠人、畜力；粮食加工以石碾，牛拉石磨为主。到明清时期，入渭支流两旁的少数地方，已有利用水流落差，修建以水力代替人畜力的磨面房、榨油坊等，进行磨面、榨油、轧花等农副产品加工。民国时期，多数地方仍沿用传统的石磨、畜力榨油机、人力轧花车等，生产效率很低。一合（台）磨，日磨面粉 50 余公斤，一辆轧花车，日轧花 15—25 公斤。

中华人民共和国成立后，加工机械开始发展。1953 年开始使用柴油机，1957 年使用锅驼机、电动机，机械动力逐渐代替了人力畜力。1960 年后，小型机动磨面机、粉碎机、轧花机、打浆机、轧油机等逐步普及。随着农村电力的发展，电动机又代替了机动机。到 1979 年前后，渭南县基本实现了农副产品加工机械化。1980 年以后，加工机械向中型发展，出现了自动化系列磨粉机。机械加工项目向多种类再加工发展，出现了以棉秆皮为原料的纤维板厂，以麦草为原料的造纸厂，以面粉为主要原料的食品加工厂等。农村世代流传下来的人畜力加工工具已不复存在。

第二节　养殖民俗

湋河流域的北刘、史家村遗址表明，仰韶文化时期，先民已开始饲养家畜。阳郭遗址发现，商代已用牛耕田。先秦时期就有了"六畜"的说法。此后，畜牧业与种植业结合在一起，互为条件，相互影响，历经兴衰，不断发展。

一　饲草、饲料

（一）饲草

1. 天然草地

主要为草山草坡和河滩草地。

草山草坡主要分布在秦岭北麓的桥南、大王等乡镇。据 1980 年调查共有 3606 公顷，可利用面积 2826 公顷。1999 年后，实施退耕还草政策，退耕面积 1093 公顷，截至 2005 年，共有可利用草山草坡面积 2146 公顷，主要牧草有 17 种，以白羊草、黄白草为主，白蒿、地榆、柴胡、艾蒿等次之。

河滩草地主要分布在沿渭河一带的孝义、龙背、信义、辛市、田市、向阳办、双王办等 7 个乡镇（办）的渭河防洪堤内，共有河滩地饲草面积 1800 公顷，以禾本科草类为主。因洪水冲刷河床不固定，加之农民逐年开垦种粮，可利用面积 586 公顷。

2. 人工种草

人工种草分布在境内各地，其主要品种为苜蓿、草木犀、沙打旺、桎麻、毛苕子、紫穗槐和少量的三叶草、红豆草等，尤以始于汉代种植的苜蓿为佳。1949 年，全县种植苜蓿 1160 公顷，1959 年发展到 2713 公顷，1961—1974 年间，苜蓿种植一直在 1300—2000 公顷。1975 年后逐渐下降，至 1980 年种植面积为 860 公顷。草木犀等人工种植面积从 1954 年的 27 公顷发展到 1980 年的 4560 公顷。农村实行家庭联产承包责任制前，人工种草由集体统一安排。土地承包到户后，种草面积下降。

3. 农作物秸秆

农作物秸秆主要有小麦、玉米、糜子、谷子、豆秸、棉花叶、红薯蔓、花生蔓等。其饲草资源量随农作物丰歉而增减。据县畜牧兽医站调查，1981 年渭南县麦草、玉米秆、谷秆等禾本科作物产草量约为 364030吨，棉花叶、花生叶、红薯叶等叶蔓作物产草约 3645 吨，豆科作物产草约 505 吨，草木犀、柽麻、毛苕子等绿肥作物产草 32700 吨，共计 40 万吨，折合青干草 28 万吨。

（二）饲料

饲料主要有精料、配合饲料。精料有玉米、大麦、豌豆、黄豆、黑豆、高粱及麸皮、棉籽饼、菜籽饼、粉渣、酒渣等农副产品，以玉米为主。农业合作化后，大家畜、生猪饲料按国家规定标准由集体预留，农业推行生产责任制后由饲养户自备。1980 年后，饲料逐步由单一的粮食及粮油副产品，发展到根据饲养标准，将多种粮食及粮油副产品和骨粉、血粉、肉骨粉及添加剂按一定比例加工而成的配合饲料。

二　家畜养殖

大家畜（亦称耕畜）主要有牛、马、驴、骡。民国时期，除富户及少数专营运输的农户饲养骡马外，多数农户以养牛为主。由于耕畜价格昂贵，农民当作"半片家当"精心喂养。1957 年，农业合作化后，大家畜归集体饲养。由于管理不善，使役过重，牲口缺草少料，存栏量不断下降。1984 年后，随着农村家庭联产承包责任制的推行，家畜养殖逐年回升。

（一）牛

境内商代就用牛耕田。春秋战国时"阉其雄作乘"，逐渐成为农业耕作的主要役畜和运输工具。经过劳动人民长期培育改良和品种变异逐步形成秦川牛的优良品种。1949 年，渭南县共有耕牛 26266 头，其中多数为秦川牛。秦川牛分布于境内各地，以辛市、田市、下吉、官底等地最为集中，其特点是：体格高大，结构匀称，毛色深红，使役力大，适应性强，肉质好，屠宰率高。农民赞曰："口如升，鼻如罐，眼如盅，耳如扇，角如锥，身如担，尻如筛，尾如鞭，腿如柱，蹄如碗。"

随着农业机械化程度的提高，农户逐渐将秦川牛作为肉牛饲养。同时，随着在渭河北部临潼相桥镇和渭南下吉镇建成的西安银桥乳品企业和渭南康乐乳品厂对奶源需求的增加，境内农户的奶牛养殖也发展起来。

（二）驴

境内主要有关中驴、凉州驴、杂种驴等，以关中驴最为著名。关中驴体形高大，体质健壮结实，蹄小而坚实，抗病力强，遗传性能良好，持久力强。据渭南县畜牧兽医工作站测定，一头 5 岁母驴，平均体高 1.29 米，体重 256 公斤，同龄种公驴体高 1.34 米，体重 275 公斤。其毛色以黑色为主，但眼圈、鼻嘴及下腹多呈白色或灰白色，故有"粉鼻、亮眼、白肚皮"之说，是农村耕作、拉车、驮运多用途的动力。与马杂交繁殖的骡子，体力、力量、寿命等方面均优于驴。

（三）猪

民国时期，猪的饲养量很少。一般都在粉坊、豆腐坊附带喂养。中华人民共和国成立后，养猪事业有了大的发展。1958 年后，一度贯彻"公养为主，私养为辅"的养猪方针，全县各公社、大队大办集体猪场。"文革"开始后，由于限制社员家庭养猪，猪饲养量开始下降。1970 年，北方农业会议之后，各级广泛宣传毛泽东《关于养猪的一封信》，在积极发展集体养猪的同时，采取奖给饲料、布票、肉票等措施鼓励社员家庭养猪，养猪业迅速发展，至 1972 年，创历史最高纪录。此后，由于饲料紧缺，农民"卖猪难"及价格不稳定等问题，饲养量逐年下降。1988 年渭南市（县级）被陕西省农牧厅列为商品猪基地之后，市政府通过下拨养猪专业户贴息贷款，收购生猪时奖售化肥等措施，调动了农户养猪的积极性，出现了一批养猪专业户。

（四）羊

民国时期，农民养羊很少。据《陕行汇刊》载：民国三十一年（1942 年），渭南县养羊 113 只。1949 年全县养羊 732 只。中华人民共和国成立后，养羊尤其是养奶山羊，成为农民的一项重要的家庭副业。1986

年后，市政府投放有偿资金鼓励农民养羊，同时，将发展养羊列入沿山乡镇年度目标责任制考核内容之一，对养羊专业户采取奖励措施，使养羊业持续平稳发展，多年一直保持在 6 万只以上。

三　家禽养殖

家禽养殖是境内传统的家庭副业，农户多以养鸡、卖鸡蛋补贴家用。鸭、鹅养得很少。养鸡业在临渭区有着非常悠久的历史，可以说是我国养鸡业的最早开发地区之一。

1949 年，渭南县养鸡 2.4 万只，1959 年发展到约 25 万只，1960 年降到 10 万只左右，1961 年开始回升。改革开放后，随着市场经济的发展，规模养鸡被引进过来，出现了许多养鸡作坊，经营状况很不稳定。1981年以后，群众把养鸡作为一门致富途径，陆续出现了一些养鸡重点户、专业户、专业村和养鸡基地，一家一户的传统养鸡方式向规模养殖发展，土杂鸡种向良种化发展，单一饲料喂养走向配合饲料喂养。

鸭、鹅养殖一直发展不大。1959—1961 年，酒河水库建立养鸭场，最多养到 3700 只，鸭蛋曾远销新疆、甘肃及陕西各地。因饲料短缺，1963 年停办。1983 年全县养鸭、鹅共 450 只，2005 年养鸭 2300 只，鹅1000 只。

四　其他养殖

（一）鱼

渭河属黄河水系，历史上曾盛产中外驰名的"黄河鲤鱼"。唐代白居易所作的《渭上偶钓》中就有"渭河如镜色，中有鲤与鲂"的诗句。酒（沈）、零、赤水三条河仅产个小、商品率低的餐条鱼，一般只有 1—2 两重。据陕西省农业厅统计资料记载，民国十九年（1930 年），渭南县产鲫鱼 142 公斤。中华人民共和国建立之初，在渭河捕捞鱼的鞋儿船有 50 多只，小网 200 余片。

1962 年，酒（沈）河水库建成，新增养鱼水面 800 公顷，首次在水库投放鱼苗 20 万尾，主要鱼种为引进长江水系的草鱼、鲢鱼、鲂鱼、鳙鱼、银鲫鱼。1965 年建成人工鱼池 5.3 公顷，开始池养。1977 年，县革命委员会动员机关干部在城郊酒河滩开挖鱼池 20 公顷，白杨公社在渭河滩建成鱼池 7.3 公顷。同年酒（沈）河水库开始引进非洲鲫鱼，一次捕捞成鱼 6.5 吨。1986 年，由于水库、陂塘数减少，集体经营的渔业向个人承包转变。当年，阳郭镇牛家村五组的郭长兴，开始在承包集体芋子沟内建鱼池养鱼，1987 年修成鱼池 0.66 公顷，投放鱼苗 6000 尾，次年亩均产成鱼 150 公斤，纯收入 1.5 万元。在其影响下，西塬各乡镇群众养鱼积极性大增，不到一年时间，已发展养鱼水面 6.7 公顷，养鱼专业户增加了 10 户，全市养鱼专业户发展到 49 户。截至 2005 年底，临渭区养鱼水面 191 公顷，其中水库养殖 64 公顷，池塘养殖 127 公顷。养殖产量 220 吨，捕捞产量 23 吨。养殖品种主要是草鱼、花鲢、白鲢搭配以鲤鱼（黄河鲤、红鲤、杂交鲤）、鲫鱼、武昌鱼、尼罗罗非鱼等。

由于临渭区水面较小，属缺水地区，养鱼业属于临渭区养殖业的非主流产业。

（二）蜂

民国时期，农户私养少量性暴易跑的土蜂，繁殖慢，产蜜少。1950年，渭南县养蜂量 85 箱。1956 年后，社队经营养蜂。1957 年增至 5042箱。1963 年降至 1626 箱。1965 年，一度出现养蜂热潮，品种多系意大利蜂，产蜜量较大。1974 年全县养蜂量 3587 箱。1979 年以后，养蜂农户不断增多。1981 年全县养蜂量 7237 箱。1985 年受蜂蜜价格等因素的影响，养蜂量下降至 2464 箱。1987—1991 年又回升至 4100—5500 箱。1992 年以后逐年下降。

（三）兔子

临渭区民间有养兔子的传统，主要以肉兔为主，过去规模都不大，交易量也不多。改革开放后的 80 年代后期，曾经有一段时期引进了安哥拉兔，但持续的时间都不长，产生的效益也不人。

养兔业始终是临渭区养殖业的非主流产业。

（四）鸽子

临渭区民间养殖鸽子的历史很悠久。改革开放前主要以养信鸽为主，规模、交易都不大。

近年，随着市场的发育，兴起了肉鸽养殖，主要为酒店提供乳鸽，有的效益还不错，但总体规模不大。

第三章

物质生活民俗

第一节　饮食习惯民俗

一　主食类

（一）馍

祖祖辈辈的渭南人以小麦为主食，麦子面当然也被关中人做得花样百出，最有特点的是数不清的馍。生产大忙时，方便快捷的馍就成了主要的食物。早上下地，带到田间地头，一天之内不用回家做饭，既方便又省时。如果说馍仅用于充饥，那就太低估了馍的作用了。当地的红白喜事，婚丧嫁娶，走亲访友，都要带上馍。馍成了渭南人生活的一个重要组成部分。记得小时候，物质匮乏，家家户户逢年过节走亲戚，都是带上几个馍做礼品，但这礼馍可不是我们平时吃的那个样子，这些馍用白面蒸成，做成不同的形状。礼馍的来往，是一种重要的交流方式。在那个物质贫乏、衣食堪忧的年代，馍给缺吃少穿的农人带来了幸福，带来了欢乐。试想一下，天天黑面馍粗粮馍的生活中，来了几个又白又暄又香的白面馍馍，该是一种怎样的享受啊！另外，礼馍中那丰富的意蕴是任何礼品都难以代替的。即使这礼品多么值钱，总也不如精心制作的礼馍庄重，具有仪式感，直指人心，令人心生感动。

1. 蒸馍

蒸馍（"馍"读轻声），在其他地方叫馒头，是临渭区人旧时最主要的快餐食品，即使现在的日常生活也离不开。尤其是在农村，不管走到哪里，蒸馍是必备的。下地干活，孩子上学，连续几天出门赶路，都要带上蒸馍，以备急用或当主食。因此，蒸馍是每个家庭的必备品。

蒸馍的食用方法很简单。可以直接食之，也可以就上大葱、咸菜、辣椒等。条件好的家庭也可以夹　些条子肉、牛肉或火腿肠一类的，吃起来又香又富含营养。

蒸馍的做法：先取适量的酵面，用清水泡开，加适量面粉发酵。待面团发酵好后（夏季需两三个小时，冬季则需十个小时左右），续适量面粉，放到案板上揉匀，再将面团揉成小胳膊粗的长条，用刀切成约 3 厘米厚的面块，再在案板上撒些面粉或玉米面，用双手揉，直到表面光滑圆润即可。

其实，塬上人所说的蒸馍有其特定的含义，与一般的馍不同，区别在于蒸馍用料更精、做工更细、个体小一点，味道更好。现在，在人们的心目中，馍和蒸馍已经没有严格的区别了，蒸的馒头都叫蒸馍。

2. 花卷

将揉好的面在案板上摊开擀薄，再在表面上撒一些油、盐，放一些葱丝、韭菜等，再将面卷成筒状，用刀横切成五厘米左右的面卷，用筷子纵向沿中间一压，面卷两端翘起，两只手各执面卷两侧翘起部分，将面卷拧开对接至花纹展开即可。

3. 旋旋馍

旋旋馍是一种常用的礼馍，走亲戚时，平辈之间相互留用。从形状上讲有莲花旋旋、马蹄旋旋等多种样式。做法和花卷相似，只不过是将卷好的面团切成 10—15 厘米的面卷，用刀沿面卷中线顺长切开，切到一半即可，用筷子沿中间一压，花型就出来了，然后再用手将两端拧到一起。

4. 油桃

油（寿）桃是晚辈为长辈祝寿时所做的一种馍品，因其形似桃子而得名。

做法：拿一块适量的揉好的面用双手在案板上滚动成上小卜大的锥形状，然后再两手合起来边转边捏，两个大拇指将大的一头捏成窝状，将清油拌面放入，再将底部封好揉圆即可。

5. 油角角

油角角主要的用途是走亲戚时送长辈的，是一种礼馍。比如，女儿回娘家给自己父母，外甥送舅舅等。每年麦收之后，女儿家打了新麦，磨下新面，都要去娘家看麦（忙）罢，一则看望爹娘，二则分享丰收的成果，回娘家时又白又大的油角角是必不可少的。

做法：拿一块揉好的面团对折两端和缝，中间留一小部分放馅，馅子一般是清油拌面粉，困难时期也有拌玉米面的，面粉的口感要好一些。

特点：面劲道，口感好，油馅子香而不腻。

6. 花馍

花馍的主要用途是出门走亲戚的。逢年过节，长辈生日，小孩满月，结婚喜庆，都要用到花馍。

花馍的样子很多，除了出门的大花馍以外，还有很多的小花馍，用途讲究也很多，一般都是放食箩时上层放大花馍，下层放小花馍。

花馍在关中各地的讲究大同小异。

做花馍时有专用的工具，主要是笼梳和剪刀，做工都很精致。

结婚用的花馍叫插花馍；过年给小孩蒸的叫追巴馍；丧事蒸的叫献恭馍。

临渭区的花馍很讲究，做工也很有章法，有兴趣者可参看相关视频。

大花馍主要做成老虎和鱼的样子，寓意虎虎生威和吉庆有余之意，大小有 30 厘米左右，老虎的眼睛用大枣，胡须用干净的梳子压花即可。鱼的尾巴也是这种方法压花，眼睛是用红纸剪成圆形，中间用墨水染黑即可。

7. 献恭

长辈去世后，晚辈要送献恭。

献恭的做法：将面团揉成底部直径约 15 厘米大小的半球状即可，顶部有一对饰纹。也有的人为了面团好熟，在生面团的中间塞一个馒头，这样就可以保证里面的面都能蒸熟。

8. 锅盔

将揉好的面在案板上摊成直径约 30 厘米（主要由锅的尺寸定）、厚 2—3 厘米的面团，放到平底锅里烧并不断翻转。火候很重要。火太小，不易熟且面容易发；火太大，外面容易焦，里面不易熟。

有些人为了好吃，会在面团里加一些油、盐、花椒叶、茴香等。

特点：外焦里劲，嚼起来劲道，麦香味浓郁，口感好。

锅盔不仅是当地人自己常吃的一种主食，还经常用来作为礼馍。谁家媳妇生小孩后，媳妇娘家就送来锅盔，这锅盔烙得又厚又大，婆家收到锅盔后，切成小块，散给乡亲邻里，什么也不用说，左邻右舍收到锅盔就知道这家添丁进口了，就会陆陆续续地来看小娃，表示祝贺。

9. 饦饦馍

做法与锅盔同,只是个小。直径约十二三厘米,厚度约 2.5 厘米。用途:居家自用,出外自带,送亲戚,市场交易均可。

饦饦馍

10. 曲连馍

曲连馍("曲连馍"名称的来历见本书第九章)是外公、外婆送给外孙、外孙女的。从小孩降生那年一直送到 12 周岁。

曲连馍

每年麦收前后,外婆家都要做两个曲连馍,做法与锅盔相同,只是更讲究,做工更细。临渭区一般做两个,一大一小,中间都用同一小号搪瓷碗挖一个窟窿，面部用麦辫压一些花纹。

女儿收到曲连馍后，要将小的曲连馍沿直径线切成块，送给东邻西舍，一是告诉邻里，娘家人给孩子送曲连馍来了，让邻里分享；二是图个吉祥。有讲究说，人是吃百家饭长大的，把娘家人送来的曲连馍送人，是为了感谢邻里相帮，有利于孩子成长。

11. 油馍

塬上叫油馍，渭北有的地方叫油桶底，分死面和烫面两种。面粉用水和好直接油炸出来的油馍，口感较硬，因此叫死面油馍。面粉用开水烫了后和好，然后油炸出来的油馍叫烫面油馍。烫面油馍光滑细腻，油而不腻，口感很好，是招呼亲友和家里人改善伙食的良品。一般油馍里面加一些葱盐之类的，用来调味。也有在里面加红、白萝卜丝的。这样做出来的油馍叫萝卜丝油馍，既有传统油馍的香软可口，又有油炸萝卜丝的特殊香味，非常可口。

（二）面条类

陕西人爱吃面是出了名的，尤其爱吃油泼辣子面。位于关中东部的临渭区人是其典型代表。"八百里秦川尘土飞扬，三千万老陕爱吼秦腔；吃一碗干面喜气洋洋，没有辣子嘟嘟囔囔"是其真实写照。面食有手擀面、刀削面、拉面、扯面、裤带面、蘸水面、麻食等几十种。

1. 手擀面

手擀面是临渭区人最主要的一种面食，是最普通的家常便饭，家家户户都会做。

做法：用清水和面，软硬适度，反复压揉，直到面团筋道光滑不粘手为宜。再放到案板上，用擀杖擀薄擀均匀，再根据自己的喜好切成宽窄不同的细条即可。很细的叫龙须面，稍宽的叫韭叶面，1厘米宽的叫指宽面，2厘米以上宽的叫宽面片。

面条切好后，将锅里的水烧开，待水滚后下到锅里，水滚之后，倒适量凉水，盖上锅盖，水再滚后即可食用。

配料：不带汤的叫干面，可以调一些辅料。调葱花的叫葱花面；调臊子的叫臊子面；调炸酱的叫炸酱面；上面放一些葱丝，然后用烧熟的清油一泼，叫油泼面。

以上这些面食还可以根据个人的喜好再调些酱、醋、辣子、香油、蒜泥等调味品，会有另一番滋味。

将面条从锅里捞出来放到适量的汤里，再配上相应的辅料，叫汤面。

先将开水晾一会儿，直到不烫为止，再将面条放到清水中，放适量葱花，叫清汤面。这种面食一般在夏季食用。

烧水时锅里煮一些提前泡好的红小豆，然后下面条，再调些葱花做成的面食叫红豆面。

2. 燣菜面（烩面）

切适量不同品种的蔬菜，南瓜、冬瓜、红薯甚至大肉等，在锅里炒到八成熟，加适量水，煮上短面条或面片，做成的面食叫烩面。

面片切成斜四边形的叫旗花面。

冬季，有些人在烩面里加一些小米或大米，叫米面。做这道饭时，一是要将调料放充分，油不能少；二是火候要到位，缺一不可。不然，影响口感。

3. 𰻝𰻝面

𰻝𰻝面是临渭区人最喜欢的一道面食。因为在擀面和扯面时会在案板上弹出 biāngbiāng 的声音，故得此名。

特点：吃了口感舒适又耐饥，感觉十分过瘾，人们常说："油泼辣子𰻝𰻝面，越吃越美赛神仙。"

𰻝字是中国最复杂的汉字之一，人们为了便于记忆书写，编了一些关于𰻝字的顺口溜，基本内容大同小异。其中有代表性的说法是："一点飞上天，黄河两头弯，八字大张口，言字往进走，左一纽，右一纽，东一长，西一长，中间夹个马大王，月字边，心字底，挂个钩担挂麻糖，坐个车车逛咸阳。"

𰻝𰻝面因其面宽、筋道，口感舒适，耐饥饿且制作方便而深受人民群众的喜爱。

做法：与扯面基本相同，只是宽窄与配料有区别。

4. 扯面

扯面在临渭区叫撕面，也有人叫手撕面。因其制作独特口感好，深受当地人民喜爱。

做法：用清水将面粉和匀揉好，和手工面做法同，只不过要加适量的盐，制作时先将面粉用盐水和好，在揉好的面团表面涂一层清油，以防水分走失。用湿布盖好放置 1 小时左右，这叫饧面。面饧好后，劲道柔软有韧劲，较容易用手拉开，因此才叫扯面。

把饧好的面擀成较厚较宽的面片，然后手拿两端，扯成薄而未断的面片，入沸水锅煮熟捞出，加调料和辣子粉，用烧热的油泼后搅拌，也可加一些葱花等其他辅料，根据个人爱好定。

特点：光滑柔软，劲道爽口。

5. 蘸水面

蘸水面发源于关中西部，改革开放后传入渭南，很快融入当地人民生活中，并得到当地人的认可与喜欢，成为临渭区人民的主食之一。

蘸水面的做法与扯面同，只不过面饧的时间更长，更柔软，拉得更宽一些。另外，要单独配汁子。蘸水面的汁子一般是用西红柿汤加一点炒鸡蛋，煮面时放一些菠菜或小青菜。吃时，汁子里放一些葱花。

食用方法：将煮好的面条盛于一个带汤的盆子，用筷子将面条拉到汁子中浸一会儿即可食用。

特点：汁子直接附着在面条的表面，食者既能感受汁子的美味，又能感受面食的光滑劲道爽口，十分惬意。

6. 臊子碱面

擀面时加一点盐和食用碱，面劲且呈浅绿色状，可以擀得很薄，切得很细。

臊子的制作，可以根据个人喜好做成西红柿鸡蛋、韭菜豆腐、大肉炸酱等。

臊子碱面口感舒适、营养丰富。民间有"薄如纸、细如线，下到锅里莲花转，饱了也要加三碗"的说法，由此可见其深受群众喜爱的程度。

7. 卤面

将细面条在锅里蒸10分钟左右，用清油一拌，这样面条比较疏散，再将大肉、蔬菜若干，加盐、调料等在锅里燋到半熟，拌匀，摊在箅子上在锅里蒸，汽圆后十几分钟即可。也有人在箅子上放荷叶，称为荷叶卤面。

特点：面劲肉（菜）烂，口感舒适，营养丰富，制作简单。

8. 炒面

先将细面在锅里蒸熟，再将适量的大肉、蔬菜（根据自己喜好）加调料在锅里炒七八成熟后，将蒸好的面条倒进锅里炒。炒到混合均匀、菜味入面即可，软硬可用加适量水的办法调节。

特点：面、菜、调料混合均匀，融为一体，营养均衡，搭配合理，工艺简单，口感舒适。

9. 拌面

在手工面或扯面中拌入清油或炒好的菜，爱吃辣子的忘不了再加些油泼辣子。

用清油拌的面也叫油拌面。夏季，人们经常将油拌面摊开放到案板上，待面凉后再食用。

也可以将面饧好，扯成长面或拉成条子后，再炒一份带适当汤水的炒菜，拌在一起食用。一年四季均可。

特点：油香面劲，菜品丰富，搭配合理，工艺简单。

10. 菠菜面

将新鲜菠菜在水中焯一下，捞出拧掉水，与面粉完美融合，经手工揉面、擀面、切面几步工序后水滚下锅，捞起后加入特制臊子，就成了一碗口感筋韧，面香浓郁，营养健康的纯手工菠菜面。

菠菜面不仅在色泽上很有特色，更是以其较高的营养价值受到人们青睐。尤其是现代社会，大家对于食物的营养和健康要求更高，菠菜面被越来越多的人喜欢。

特点：色香味俱佳，口感好，营养丰富。

11. 南瓜盖被子

把面提前和好，用湿毛巾盖上先饧着，要稍微软点。南瓜去皮切块，干辣椒可放可不放，新鲜花椒不能少。锅内放油炒香干辣椒，放入南瓜块翻炒，炒到半熟捞出，留一部分放在锅里。面饧好后擀成圆形，不要太薄，划开但不要划断，盖在南瓜上，一层南瓜一层面，最上面覆南瓜，然后加入适量的清水，以高出最上层的南瓜（面）一到两厘米为宜，盖好锅盖继续炖煮，等加入的水沸了后转小火继续烧。烧 20 分钟左右就熟了，用锅铲拌匀后，就可以出锅了。

二 小吃类

（一）渭南一绝豆腐泡

在渭南各地异彩纷呈的风味小吃中，最独特的要数豆腐泡了。其他各县、市几乎没有，只有在渭南城区才能吃得到，所以堪称渭南（现临渭区）一绝。

近几年来，豆腐泡在渭南市临渭区之所以十分盛行，有两个原因：一是渭南市临渭区自古出产黄豆，生产豆腐工艺上乘；二是近年来，随着生活水平的提高，患糖尿病的人口数量不断上涨，传说豆制品有利于糖尿病的康复治疗。因此，商家抓住了这个机会，创造发展了豆腐泡这种特色小吃。

豆腐泡其实就是豆腐泡馍。渭南豆腐泡的历史至少可以追溯到 20 世纪初。1929 年时，渭南城区最繁华的地段粮食集（现在的民生北街）汇集了渭南当时所有的名优小吃。赵家铺子的豆腐泡是其中一家。每天天没亮，店里把做好的热豆腐用布包着，抬到粮食集赵家铺子里去卖。布包一打开，浓浓的豆香就随着热气四下里飘散，所以在当时被称为"开包豆腐"。铺子往往人满为患。

"文化大革命"时期，豆腐泡被当作"资本主义尾巴"被割掉了。直到 1979 年，才逐渐恢复了制作和经营。20 世纪 80 年代，渭南地区举办了"文化大革命"后首届规模宏大的物资交流会，豆腐泡被推荐参展，与其他各县的名优特小吃一起争奇斗艳，各展风采，一直延续至今。

现在，这种特色小吃在渭南有上百家之多。

做法：按照做豆腐的工艺做好豆腐，只是少了加压去水成型这道工序。顾客将特制的小饼掰成碎块（一般大拇指头大小，顾客可以根据自己的喜好自己决定馍块的大小），放进大老碗里，店主用锅内滚烫的浆水把馍烫过几遍，然后舀上豆腐花，最后放些干香椿末、煮熟的白豆，浇上辣椒油。辣椒油、香椿浮在软豆腐上，红绿白之色相映成趣，苦辣咸之味相得益彰，既软滑又有韧劲儿，令人垂涎欲滴，回味无穷。

当然，也可以直接往碗里舀上豆腐花，就着烙饼吃，类似于羊肉泡的"单舀"吃法。此外，用来佐餐的豆浆和老浆的美味也不容小觑。老浆是点过豆腐后渗出来的清浆，色泽橙黄清亮，故被称为"老浆"，虽然口感略微发涩，但它比补虚润燥、清肺化痰的豆浆还有营养。开胃、败火、清热、祛毒，是一大批"铁杆粉丝"老吃家的最爱。"吃龄"短的人，一般常常会选择喝豆浆。吃罢豆腐泡，再喝上一碗老浆或豆浆，酣畅淋漓，妙不可言。如此这般的美味，使得豆腐泡这一绿色健康食品越来越受到食客的青睐。

顾客食用时就一些大蒜可提味。

豆腐泡是渭南市临渭区乡亲们非常喜爱的一种小吃，深受市民欢迎。外地客人来了，主人也常常拿此招待客人，是招待客人的上佳早点之一。

豆腐泡

2012 年，豆腐泡成为临渭区非物质文化遗产。

（二）丰原包子远名扬

丰原包子是渭南城乡居民最喜欢的早点食品，在渭南城乡影响很大，制作工艺较为传统，包子皮为起面（加酵母的面），包子馅有荤素两种。

素包子馅主要有韭菜豆腐、韭菜豆腐加粉条、韭菜豆腐冬瓜加粉条、萝卜蒜苗等多种组合。

特点：面皮柔软，口感舒适；豆腐软硬适中，豆香浓郁，浆（水）香醇厚；韭菜味鲜，粉条润滑，营养丰富。

荤包子面皮同上，包子馅主要是大葱加大肉、大油（或适当肥肉）和白面粉、韭菜豆腐粉条加大肉、韭菜豆腐粉条冬瓜加大肉、萝卜蒜苗加大肉等。

特点：面皮柔软，口感舒适，油而不腻，香气扑鼻，营养丰富。

丰原包子初创时间可以上溯数百年前，具体时间无资料可考。成名于 20 世纪 80 年代初。

丰原包子原来只在丰原镇流行。改革开放初期，有人在渭南开店，以原产地为名，称"丰原包子"。现在的渭南市境内有"丰原包子"店上百家之多。

（三）时辰包子十里香

驰名天下的渭南时辰包子，其前身为丰原包子，主要原料是小麦精粉、猪板油、赤水大葱、菜油炒面、八种调料。

光绪二十九年（1903 年），渭南城南村出了一位张儒坤，他家的包子继承丰原包子制作工艺，味道香醇，远近闻名，经常供不应求，每天争尝的食客络绎不绝，排成长龙，常常一过午时，就买不到包子了。因此人们就给这种包子加上"时辰"两字，后来约定俗成，流传至今。

20世纪三四十年代，王德本、王德合兄弟继承和发扬了传统配方，做出的包子状如僧帽，小巧玲珑，周边洁白，底色金黄，肥而不腻，香味悠长，声誉超过了张儒坤。

渭南县解放前后，时辰包子已传播省内各地。吃一顿包子走十里路，还口齿留香，所以又被叫作"十里香包子"。1980年后，原渭南县饮食服务公司在东风街设有时辰包子专店。后来，各宾馆、饭店、个体经营户均有广泛经营。

（四）独占鳌头水晶饼

水晶饼是陕西渭南传统贵重糕点，相传起源于宋代下邽县，是当地民众为赞美寇准而制作的糕点。因其馅晶透明亮如水晶石，故此得名。现今健民食品厂生产的"石灰窑"水晶饼，最受当地人喜爱，成为临渭区一个著名的地方糕点品牌。

水晶饼通过制皮、制馅、制酥、包酥、成型等烹饪步骤完成。因其面色金黄，四周雪白，素有"金底银帮鼓鼓腔，红色印章盖中央"的赞誉。元代已远销京、津等大城市，在古都长安商行名誉很高。在商行门前的广告中，与燕窝、银耳、金华火腿齐名。

清代末年，经渭南同义栈张采风技师改进精制，水晶饼以其具有"金面银帮，起皮飞酥，凉舌渗齿，清香爽口"的特点而名声大震。其制作方法与众不同，做馅时，要将红白糖、冰糖渣子、青红丝子加猪油掺和一起放入大瓮内，腌泡一年后才可使用。皮面是用上好的白麦面加大油来包馅，经木模压成圆形饼，放入烘烤炉内烤熟后，出炉晾凉。卖时用油纸包装，十个为一斤一包装，贴上本号标签远销省内外，是馈赠亲友的上等礼品。

后来，水晶饼工艺流传到西安，各糕点坊纷纷仿制生产，以西安德懋恭生产的最为有名。中华人民共和国成立后，水晶饼多次被国家商业部、陕西省商业厅授予优质产品称号。

（五）南七饸饹遍三秦

名品出产地：原南七公社南七村（现下邽镇南七村）。

制作原料：荞麦面。

制作工艺：将荞麦面搋（方言读 cāi）好，用饸饹床子压成饸饹，烧熟即可。

吃法：凉调、热吃均可。

凉调一般加蒜泥、酱油、盐、醋、辣子、香菜等。

热吃一般加特制的汤或者特制的臊子即可。

南七饸饹的这种做法遍布整个临渭区。改革开放初，提倡大兴县办（社办）企业，当时的县上领导下乡到原南七公社，吃了南七饸饹，觉得很好，就建议在渭南城区以南七公社的名义，开一家"南七饸饹"店，这是渭南城内最早的一家规模化运营的社办企业，声名鹊起，轰动一时。"南七饸饹"从此成为渭南的一个名牌小吃。

改革开放后，社办企业解散，个体经营兴起，以"南七饸饹"为名的小吃店如雨后春笋般，在渭南甚至整个关中道兴起。

用荞面做的饸饹，筋、柔、光、鲜、辣、香，软硬适度、口感舒适、制作方便、营养丰富，弥补了麦面营养单一的不足，深受当地人民和中外宾客的欢迎。

（六）油而不腻笼笼肉

笼笼肉亦称碗碗肉，也有叫蒸碗肉的。最合乎当地人的礼俗和口味，最早由渭南豫顺楼饭庄经营。

笼笼肉以带骨肉、大米、黄面酱为主要原料，再配适量辣酱、料酒、五香面、酱油、食油等调料。制作时，先将备好的带骨肉切成长 1.5 寸、宽 0.5 寸、厚 0.1 寸的肉片（带皮），肉面朝下摆于碗底，涂抹酱油，上面撒层大米，浇注料酒、黄面酱、辣酱，再加入味料，在锅里浮火蒸至八成熟，用时再复蒸片刻即可。

笼笼肉的特点是油而不腻，香润可口，营养丰富，很受食客喜爱。即使今日，笼笼肉都是临渭区宴席上不可或缺的名牌菜品。

（七）小桥醪糟老少宜

渭南老城醪糟，是渭南著名的地方风味小吃，因地处老城街小桥而又名"小桥醪糟"。相传至今已经历数代人，有近百年历史。

老城醪糟精选东北上等糯米经秘方发酵而成，热量、蛋白质含量高，富含多种维生素及矿物质，营养丰富。其主要特点是"酒香浓郁、酸甜适度、口味独特"。

醪糟有补气生血、润肺养胃的功效，深受各年龄段人们的喜爱，还是产妇催乳进补佳品，人称"渭南一绝"。

渭南老城醪糟重在做粕，将江米泡入净水缸内，水量以淹没米为宜，夏泡约8小时，冬泡约12小时。米心泡软，水控干，笼蒸半小时，以凉水反复冲浇，温度降至3摄氏度以下，控水，散置案上拌糯粉，装入缸内，上面拍平，用木棍在中间由上到下戳一个直径约半寸的洞。然后，盖草垫，围草圈，三天三夜后即成。

老城醪糟卖主多老翁，有特制小灶，特制铜锅。拉动风箱，扑哧作响，一头灰屑，声声叫卖。来客在灶前的条凳上一坐，说声："一碗醪糟，一颗蛋。"卖主便长声重复："一碗醪糟，一颗蛋!"铜锅里添碗清水，放了糖精，很快烧开，迅速在锅沿敲碎鸡蛋打入锅中，放适量的醪糟粕，再烧开，舀去浮沫，加黄桂，迅速起锅倒入碗中。其特点是酸甜味醇，可止渴、健胃、活血。

（八）民间最爱羊肉泡

羊肉泡馍，有人也叫水盆羊肉、羊肉泡，是渭南市临渭区人民十分喜爱的一种特色小吃，在全国都很有名。以至于有人说："到渭南不吃羊肉泡馍就等于没去。"

做法：先将去掉内脏的上好羊肉放到大铁锅里烧，先大火，水烧开后再加适当的调料，如葱、姜、花椒、八角、茴香、桂皮等佐料煮烂，后文火慢炖，从每天晚上开始烧数小时再焐到次日凌晨，待羊肉烂透后，将羊肉捞出来，按肥瘦分为瘦肉、肥肉、肥瘦两搅，以满足不同顾客的要求。

炖羊肉的汤是原汁汤，比较油腻，要用适量的开水稀释。带油的叫肥汤，不带油的叫清汤。

顾客可以根据自己的喜好、口感选择不同的搭配。每份羊肉汤里放适量的羊肉，配两个烧饼，加一些花椒水提味。

由于羊肉膻味大，好多顾客都喜欢就上大蒜，这样吃更有味道。

每天清早6点多钟到9点，是吃羊肉泡馍的最佳时间，经营得好的羊肉泡馍店经常是要排好长的队才能吃到。

由于羊肉泡馍油而不腻，香味醇厚，后味无穷，营养丰富，深得大家喜欢，是男女老少都喜欢的特色小吃。

（九）玉米搅团农家乐

搅团在临渭区是一个家喻户晓的农家饭。

人常说："搅团要好，七十二搅。"做搅团时，一手端面粉，一手拿擀杖，把玉米面粉均匀地倒入开水锅里，边烧边不停地搅拌，搅至没有干面粉为止，然后再注入一定量的开水，用擀面杖划成一团一团的，待烧开冒泡时，用力搅拌，直至均匀，没有小面疙瘩为止，然后第二次注入适量开水再烧，待熟后，最后一次搅匀，一锅搅团就做成了。

搅团的吃法：可以凉调，也可以加臊子吃热的。

凉调搅团加醋水、酱油、香油、辣椒、蒜泥、姜末、芝麻等。

主要原料是玉米面。现在的人觉得搅团是一种风味小吃，但在困难时期，是把搅团当主食吃的，因为当时的人们身体普遍不好，又缺少调料，加之玉米面含糖高，餐后胃里会发酸，因此，在那一代人的记忆中，搅团算是杂粮食品了，印象并不佳。现在，随着生活水平的提高，搅团以其独特的风味已成为餐桌上的香饽饽。

（十）盛夏穰皮凉又香

穰皮，有的人也叫凉皮，是临渭区人最喜欢的小吃之一，是夏季待客的主要饭食，因其制作容易，口感好而备受青睐，是老少皆宜的佳品。

做法：先将面粉用清水和匀，稀稠以筷子蘸取其面糊能吊起为宜。里面加一些花椒叶更好。在大铁锅里把水烧开，将和好的面糊倒入穰皮笟中，再放入烧开水的锅里，加锅盖数分钟面皮起泡即可。取出后，置凉水缸，待温度降下来后取出。

吃法较多，最多的是凉调，把穰皮切成一指宽（也有喜欢宽的切两三厘米宽）调上酱油、醋、蒜泥、香油等就行了。也有加芝麻酱的，叫麻酱面皮，是面皮中的上品。

也有做臊子热调的。还有什么都不调直接吃的。

（十一）大铁锅里摊煎饼

煎饼是临渭区民间一种很独特的小吃。原料是小麦精粉。

做法：取适量小麦精粉放到盆里，加适量清水和稀和匀，稀稠以比蒸穰皮稍稀为宜。为了增加口感，也可加入一些碎椒叶。在大铁锅里涂层清油，以不粘锅为宜。用麦秸火烧锅，待锅热后，用铁勺将和好的面稀顺半锅边沿一个方向均匀地倒入面稀，面稀在重力作用下，顺锅内壁流下，做饭的人再用锅铲将面稀摊匀，盖好锅盖，一两分钟后揭起取出即可。

吃法：砸些蒜泥，加些香油、酱醋、芝麻等蘸着吃；也可以炒几个菜就着吃或者卷上吃都行。

特点：劲道醇香，口感上佳，后味悠长。

（十二）清凉爽口面鱼鱼

面鱼鱼从用料上一般可分为麦面鱼鱼和苞谷面鱼鱼两种。近多年来，也有用红薯粉等做的。

做法：像打搅团一样先把面粉熬成糊状，再用漏鱼盆（瓦盆底部有很多排列整体的窟窿）将面糊漏到凉开水中。捞出来后加一些酱、油、醋、辣子等辅料即可。一般在夏季食用最适宜，清凉可口。

（十三）早点油茶泡麻花

做法：将麦面粉在锅里蒸40分钟，用面箩过一遍，取出面疙瘩，在锅里将清油加热融入适量大油，再将芝麻、花生、核桃炒熟捣碎和蒸好的面粉搅拌均匀即可。

油茶可以单独喝，也可以泡麻花或蒸馍。

特点：香润可口，营养丰富。

（十四）又甜又黏热甑糕

做甑糕的主要原料为糯米和大枣。

做法：先将糯米放到水里浸泡，直到米心泡开为止，再往锅里倒适量水，再在蒸笼里按一层米一层枣装好，一般两到三层。先大火烧，汽圆后，再文火烧几十分钟即可。烧熟的甑糕不要急于取出，再捂一段时间最好。"糯米黏，大枣甜，吃到肚里耐半年"是乡下人对甑糕的形象化描述。

甑糕

此外，临渭区的小吃还有豆浆、油条、包子、稀饭、油馍、胡辣汤、荷叶饼、水煎包、馄饨、豆腐脑、煎饼、蒸饺、水饺、油桶底、小笼包子等几十种。

包子在临渭区民间不管是城市还是乡村都是非常受欢迎的一种小吃。以其面穰、馅香、营养丰富、易速食、方便携带而受到大家的欢迎。包子馅有韭菜鸡蛋、韭菜豆腐或韭菜大肉，冬季也做红白萝卜馅，有荤素两种。做萝卜馅时，有的先将萝卜炒到六七成熟再包，有的直接把生萝卜和其他的用料做成的馅子直接包，味道各有千秋。

物质匮乏时期，没肉少盐，加一点鸡蛋就算沾腥了。有时也做适量的糖包子。

到了现代，随着物质的极大丰富，南北交流的扩大，包子馅也发生了根本性的改变，什么大肉的、虾肉的、莲菜的、茴香肉、荠荠菜……真是五花八门，应有尽有。

在临渭区的早点中，包子、稀饭可是一对好搭档。稀饭是临渭区城乡自古以来流传久远的一种小吃，原料来源容易，制作工艺简单，吃了口感舒适，深受人们喜爱。

过去，基本上是苞谷糁子稀饭居多，其次是小米稀饭，能吃大米稀饭算是稀罕了。困难时期，只有逢年过节才能吃上，或者家里有挣钱的（有人在外工作）才可以隔三岔五地吃一顿。最困难的时候，人们也吃过高粱做的稀饭，虽然难吃，但也没法。

做稀饭时，里面放些绿豆、红小豆、豇豆、扁豆、花生、大枣、南瓜、红薯等也很好吃，加什么辅料就叫什么稀饭，比如，小米加了绿豆的稀饭就叫绿豆小米稀饭，反过来叫也行。

三　菜品

（一）主要蔬菜

渭南由于处于温带气候带，四季分明，冬季寒冷，不适合果蔬生长，因此，冬春季节以冬储的蔬菜为主。夏秋季节，高温酷暑，加之适量的降水，很适合果蔬生长，是一年中果蔬最为丰盛的季节。

春末夏初，主要出产菠菜、蒜苗、青笋等。农谚曰："清明前后，种瓜种豆。"此时，农民开始在地里种上一些南瓜、西瓜、西葫芦、笋瓜等。

夏季，陆续就有青笋、辣子、茄子、洋芋、洋葱、西红柿、芹菜、莲花白、豇豆、四季豆等；到了秋季，白菜、萝卜等蔬菜就上市了，红苕

（薯）也成熟了。

（二）冬储的蔬菜

1. 冬储红薯

秋末冬初，人们开始冬储越冬的果蔬。红薯挖回来后，一部分放到地窖（红薯窖）里，以备整个冬季食用。储存好的可以一直放到来年的麦熟时节。一部分洗净后用粉碎机打碎，提取淀粉。渣可以做成窝窝头，也可以做猪饲料。

2. 冬储白菜

在院子挖一深约五六十厘米的深坑，大小根据白菜的多少确定。把白菜整齐地排放在一起，上面覆盖细土，以不冻伤白菜为宜，随用随取，十分方便。

3. 冬储大葱

在院落的墙根下，挖一道沟渠，将大葱栽到里面（这样可以防止水分流失），盖上细土或玉米秆即可。

4. 腌制红白萝卜

将萝卜用清水洗净晾干后放到大瓷缸中，一层萝卜撒一层盐，密封储藏两三个月即可。

（三）传统特色菜品及其制作

1. 油泼辣子

临渭区人十分喜欢吃辣椒。"油泼辣子一道菜"被称为"关中八大怪"之一。因其原料易得，制作简单，吃了香辣可口，深受临渭区人民喜爱。物质短缺年代，土地刚下户之时，忍受了多年饥饿的临渭区人民最喜欢吃的面食是"油泼辣子𰻝𰻝面"。民间有"油泼辣子𰻝𰻝面，给个县长也不干"这样的说法。由此可见人们对辣子的喜好程度。

2. 面辣子

做面辣子时，一般是在蒸馍时顺便做。取适量面粉，用清水调和成糊状，再加适量开水一烫，然后在面糊中加适量粉条、黄花菜等蔬菜，少许豆腐，再加适量干辣子面（也有用青椒的）、花椒粉、盐等调料，最后拌适量清油即可。辣子面的多少可根据本人喜好添加，蒸熟即可。

面辣子既有辣子的辣香，又有清油的清香，加上蔬菜的菜香，非常好吃，加之原料易取，制作简单，因而很受人们喜爱。

3. 呛菜

将芥菜（芥疙瘩）洗净后切成丝蒸熟，密封月余即可食用。

一个地方的菜品结构、特色、制作工艺是和当地的产出分不开的。千百年来，临渭区人民的菜品以当地出产的果蔬为主料，以当地出产的调料品为辅料，形成了有鲜明特色的地方菜品体系、菜品风味，家常菜基本上采用焯、炒、蒸、烩、煮等手法进行加工，手法细腻，方法简单，调料也以当地产品为主，较为清淡，口感纯正。

近年来，随着社会发展融合，南方菜系的调料品陆续进入，菜品风格发生了很大变化，但民间风格依然未变。

除了以上大众化的蔬菜外，有几种野菜也很受人民喜爱。

（四）野菜佳肴

野菜，采天地之灵气，吸日月之精华，是大自然给我们最好的礼物之一。野菜因其富含人体所需的蛋白质、脂肪、碳水化合物、维生素、矿物质等营养成分且食用简单而受到大家青睐。临渭区人民有悠久的采食野菜的习惯。从《关雎》"参差荇菜，左右流之"的描述中可以看到古代少女采集野菜的情景。由于地理位置优越，临渭区可食的野菜不下几十种。下面介绍几种常见的野菜。

1. 荠荠菜

荠荠菜是人们非常喜爱的一种野菜，在世界各地分布很广。具有补虚健脾，清热利水、止血明目等多种功能。它采集方便，制作简单，可以凉拌、蘸酱、凉调、炒食，可以包饺子、做馄饨，是春天不可或缺的一道美味。除家庭食用外，酒店也把荠荠菜当作招牌菜吸引顾客。

2. 蒲公英

蒲公英又叫婆婆丁。花粉中含有维生素、亚油酸，枝叶中则含有胆碱、氨基酸和微量元素。有清热解毒、消肿利尿等多种功效，能激起人体免疫功能，达到利胆和保肝的作用。生吃、炒食或做汤均可。

蒲公英因其茎叶肥厚，蒸出来口感软糯，清香适口。

3. 面条条

面条条是草本植物石竹科麦瓶草，属麦瓶草的幼苗。一年生草本植物，为麦田常见杂草，以蒸食为主，主要是拌面粉做麦饭，也可做成饺子，也可焯后凉调，加蒜泥、清油或香油，口味极佳，也可炒食、做汤。全草嫩茎均可入药，有润肺止咳，凉血止血功效。

4. 蚂蚱菜

蚂蚱菜学名叫马齿苋，一年生草本植物，夏秋季节田地里到处可见，叶片肥厚，呈倒卵形，富含蛋白质、硫酸铵、核黄素、抗坏血酸等多种成分。有清热解毒、凉血止血功效，对糖尿病有一定的辅助治疗效果。

吃法很多，焯过之后凉调、炒食均可。在这里，人们最喜欢的吃法是蚂蚱菜拌面粉，蒸菜团子或馍，蘸蒜泥吃，口感劲道滑润，很好吃。

5. 扫帚菜

扫帚菜学名地肤，一年生草本植物，株丛紧密，株形呈卵圆至圆球形、倒卵形或椭圆形，分枝多而细，茎基部半木质化。茎分支很多，叶子线状披针形，单叶互生，叶线形或条形。开红褐色小花，花极小，无观赏价值，胞果扁球形。植株为嫩绿，秋季叶色变红。果实扁球形，可入药，叫地肤子。利小便，清湿热，治小便不利、淋病、带下、疝气、风疹、疮毒、疥癣、阴部湿痒。地肤嫩苗富含钾元素和胡萝卜素，嫩茎叶可以吃，是一种含高胡萝卜素和高钾、铜的半野生蔬菜，一般沸水焯后炒食、凉拌或做馅。地肤炒肉丝色泽鲜艳，味鲜爽口，可制糕点。老株可用来作扫帚。

扫帚菜

6. 灰条

灰条学名叫灰绿藜，一年生草本植物，叶片厚，带肉质，椭圆状，长2—4厘米，宽5—20毫米，顶端极尖或钝，边缘有波状齿，基部渐狭，表面绿色，背面灰白色、密布粉粒，中脉明显，叶柄短。全草入中、蒙药，味、性、功能同藜。

食用方法：用沸水焯后换清水浸泡、炒食、凉拌、做汤均可。

7. 水芹菜

多年生草本植物。水芹喜湿润、肥沃土壤，耐涝及耐寒性强。适宜生长温度15℃—20℃，能耐0℃以下低温。一般生于低湿地、浅水沼泽、河流岸边，或生于水田中。全草民间也作药用，其味甘辛、性凉，有清热解毒、润肺利湿的功效，对发热感冒、呕吐腹泻、尿路感染、崩漏、水肿、高血压等有辅助疗效，具有较高的药用价值。

食用方法以焯后凉调为主。

8. 刺蓟

泛称大蓟、小蓟。因叶皆有刺，故称。宋晁补之《收麦呈王松龄秀才》诗："东山刺蓟深一尺，负郭家近饶盘餐。"明李时珍《本草纲目·草四·大蓟小蓟》〔附方〕："心热吐血，口乾。用刺蓟叶及根，捣绞取汁，每顿服二小盏（《圣惠方》）。"

如在野外遇到刀割手或其他部位出现流血时，取刺蓟叶片揉烂以汁水滴于伤口并敷于其上，镇疼止血，效果良好。

刺蓟嫩叶可吃，在这里，一般人主要做绿面吃。

9. 苜蓿

多年生草本植物，似三叶草，耐干旱，耐冷热，产量高而质优，又能改良土壤，因而为人所知。紫苜蓿分布很广，我国大部分地区均有栽培；南苜蓿分布于我国中、南部，长江下游。夏、秋季采收，洗净鲜用，或晒干用。味甘淡，性微寒。能清胃热，利尿除湿。用于胃热烦闷、不欲饮食、湿热所致的小便不利，石淋，湿热发黄。

食用方法：可以焯后凉调，可以炒食，可以包饺子，也可以做麦饭。

10. 白蒿

白蒿是菊科植物大籽蒿的全草，中药名叫茵陈，二年生草本，茎、枝被类白色微柔毛，多年生轴根小半灌木。春季返青早，生长快，3月中旬至4月开始生长，嫩芽可食。临渭区民间主要做麦饭吃。

白蒿有清热利湿，凉血止血的功效，还可治疗风湿寒热邪气、热结黄疸等疾病。治通身发黄、小便不利、降低头热，去伏瘕、通关节，去滞热、伤寒等。

11. 槐花

野生槐花属纯天然绿色保健食品，香甜可口，富含多种营养成分。槐花高含花粉，花粉是植物的精子，是植物中最好的东西。槐花具有养颜美容，维持体型，保护肠胃的功能，有"肠道警察"之称谓，有抗炎、消水肿、抗溃疡、降血压、防止动脉硬化、抗菌等作用。中医认为其味苦，性凉，可清热、凉血、止血，并可预防中风。营养成分有糖类、维生素、槐花二醇、芳香甙等。

食用方法：清水漂洗后凉拌、炒肉、炒蛋，与面粉搅匀挂糊，然后油炸食。临渭区民间主要做麦饭吃。

12. 榆钱

榆钱又名榆实、榆子、榆仁、榆荚仁，为榆科植物榆树的翅果。形状似钱币，色白成串，因其形圆薄如钱币，故而得名。由于它是"余钱"的谐音，因而就有吃了榆钱可以有"余钱"的说法。

榆钱虽不起眼，却含有丰富的营养物质，不仅好吃，而且也可防病保健。在饥荒之年，是一种救人性命的充饥食粮。

当春风吹来第一缕绿色，金黄的榆钱就一串串地缀满了枝头，人们会趁鲜嫩采摘下来，做成各种美味佳肴。

榆钱具有通淋、消除湿热等功效，主治妇女白带多、小儿疳积羸瘦；外用可治疗疮癣等顽症。中医认为，多食榆钱可助消化、防便秘。

榆钱的吃法多种多样：一是生吃。将刚采下来的榆钱洗净，加入白糖，味道鲜嫩脆甜，别具风味。若喜吃咸食，可放入盐、酱油、香醋、辣椒油、葱花、芫荽等佐料。二是煮粥。将葱花或蒜苗炒后加水烧开，用大米或小米煮粥，米将熟时放入洗净的榆钱继续煮5—8分钟，加适量调料即成。榆钱粥吃起来滑润喷香，味美无穷。宋代大文学家欧阳修吃罢榆钱粥后，就留下了"杯盘粉粥春光冷，池馆榆钱夜雨新"的诗句。三是笼蒸。先将榆钱洗净，拌以玉米面或白面做成窝头，然后上笼蒸半小时即可起锅。或将洗净的榆钱拌上面粉，搅拌均匀，直接上笼蒸熟，再放入调料做成麦饭。四是做馅。将榆钱洗净、切碎，加虾仁、肉或鸡蛋调匀后，包水饺，蒸包子，卷煎饼都可以，味道清鲜爽口。

在这里，人们最多的食用方法是做麦饭。

（五）特色商品蔬菜

1. 黄花菜

黄花菜又名金针菜、柠檬萱草、忘忧草，属百合目，百合科多年生草本植物，根近肉质，中下部常有纺锤状膨大。花葶长短不一，花梗较短，花多朵，花被淡黄色、橘红色、黑紫色；蒴果钝三棱状椭圆形，花果期5—9月。

黄花菜性味甘凉，有止血、消炎、清热、利湿、消食、明目、安神等功效，对吐血、大便带血、小便不通、失眠、乳汁不下等有疗效，可作为病后或产后的调补品。

当地渭北一带孝义、官底等沙土地区多有种植，规模很大，基本晒干后外销。

食用办法：焯后凉调或晒干后作为配料入菜，以其色艳、药用价值大而受欢迎。

黄花菜鲜花中含有秋水仙碱，在人体内转化为二氧秋水仙碱而使人中毒，应将鲜黄花菜经60℃以上高温处理，或用凉水浸泡，吃时用沸水焯的时间稍长一些，以免中毒。长时间干制也可破坏秋水仙碱。

2. 芦笋

芦笋是天门冬科，天门冬属多年生草本植物石刁柏的幼苗，可供蔬食。

未出土的呈白色称为白笋，出土后呈绿色称为绿笋。即使生产地域不同，但不管是哪款芦笋品种，只要照到阳光就会变成绿芦笋，埋在土中或遮蔽阳光，就会让芦笋色泽偏白。

芦笋对温度的适应性很强，既耐寒，又耐热，从亚寒带至亚热带均能栽培。但最适于四季分明、气候宜人的温带栽培。芦笋含有丰富的维生素B、维生素A以及叶酸、硒、铁、锰、锌等微量元素。芦笋具有人体所必需的各种氨基酸，含硒量高于一般蔬菜，与蘑菇接近，甚至可与海鱼、海虾等的含硒量媲美。总之，从白笋、绿笋中氨基酸和锌、铜、铁、锰、硒元素的分析结果看出，除白笋含天冬氨酸高于绿笋外，其他无论氨基酸还是上述微量元素含量，绿笋均高于白笋。

当地渭北孝义一带多有种植。除炒食之外，还是制作罐头的绝好原料。

3. 秋延辣椒

辣椒属茄科，辣椒属植物，喜温暖光照，耐弱光，不喜强光，对土壤水分要求较高，不耐干旱和水涝。由于辣椒深受人们喜爱，销路广，销量大，季节性种植已不能满足人民群众需求，因此，有关部门根据辣椒的生物学特点，研究出一套完整的春提早和秋延后的辣椒栽培技术，其中采用秋延后种植辣椒是目前常用的一种办法。

当地官路镇 1998 年引进秋延辣椒栽植技术，目前已栽植 25000 余亩，亩均收入 6000—8000 元，销路广，效益好。

四　饮食习惯

（一）饮食习俗

临渭区人的饮食习惯主要以小麦制品为主，玉米都算杂粮了。过去粮食短缺时期，只要一说到主粮，那肯定指的是小麦，杂粮主要指的是玉米，谷子、糜子是杂粮中的杂粮，黑豆主要用作牲口的饲料。

大米在 20 世纪 80 年代以前的农村算是奢侈品，即使到了今天，农村人还是不喜欢、不习惯食用大米。农村人不喜欢食用大米还有一个原因，就是大米"不耐饥"，农村人形象地把米饭称为"哄上坡"，意思是，上一道坡就消耗完了。

从饭制上讲，城乡有很大的差距。

城里人生活很有规律，吃饭也很定时，一般一日三餐，早上 7：30 左右，中午 12 点左右，晚上 6 点左右。

早餐品种非常丰富。一般为包子、稀饭，豆浆、油条，小笼包子，水煎包，胡辣汤，烧饼夹菜，蒸馍夹菜；有的吃羊肉泡馍、豆腐泡；有的人不喜欢在外边吃，就在家里做一些小菜，熬些稀饭，炒个鸡蛋，切些牛肉、酱菜之类的就行了。

中午饭是一日里最重要的一顿饭，比较讲究。面条和米饭是最主要的主食。吃面条简单一些，炒些葱花，炒几个菜，捣些蒜泥，弄些油泼辣子就可以了。吃米饭肯定要多炒几个菜。

晚餐一般比较简单，以稀饭、蒸馍、炒菜为主。爱吃面条的还会继续吃，也有些人会选择去户外吃"农家乐"、烧烤一类的。

农村由于特殊的生活环境，工作又在野外，这就决定了农村人不可能每天都按部就班地去吃。他们每天吃两顿饭。上午 11 点左右（冬季早一点，10 点半左右），下午 3 点左右。

由于要早早下地干活，每家都会蒸好多馍放到馍笼或瓦罐中（现在条件好了，就放冰箱了）。起床后，洗漱完毕，抓几个馍，夹些油泼辣子或咸菜之类，就出门去了，边走边吃，到地里就吃完了，吃饭走路兼而得之。11 点前后回来吃早饭。一般为苞谷糁子饭，用大铁锅熬，做时加适量的食用碱，先大火烧开，后小火续烧（农村人称"游一会"），熬较长时间，直至口感很好为止。再炒几个菜，热几个馍，放些油泼辣子、咸菜丝就行了。也有下面条的，很少有人蒸米饭，只有逢年过节才做。下午饭是一天最主要的一顿饭，主妇会变着法子做各种可口的饭菜，临渭人叫"变样饭"，如扯面、碱面、臊子面、煮馍（饺子）、搅团、鱼鱼、煎饼、饸饹等。晚上回来，劳累了一下午，肯定饿了，一般不再做饭，吃些馍夹辣子即可。也有一些勤快人会做些想吃的饭菜，但是比较少。

（二）讲究及戒忌

临渭人在家里吃饭很讲究礼节。比如：长者坐上位，女人、小孩不上桌等。

若饭桌在房间内，以正对进户门的位置为上位；若饭桌在门厅内，以靠墙的一边为上位。坐北面南的庄子靠东墙者为上，坐南面北的庄子以靠西墙者为上。若桌子放置在厅的正中，则面向正门的一方为上。主人在放桌椅时，一般会在主位上放椅子，其他的地方放长凳。这样主位就很好辨认了。现在，随着旧式家具的淘汰，主位放椅子，其他位置放长凳的基本没有了，全部变成了椅子。但主位的讲究仍然没有变化。

主位人不落座，其他的人先坐了会被认为失礼。

家里来了客人，为了表示对客人的尊重，会让客人坐主位，请客人先坐，否则，会被客人认为主人傲慢无理。因此，谁先坐，宾主一般会互相推让，往往是谦让一番后，宾主同时就座。

女人、小孩不上桌。在过去很长的时间里，女人地位低下，说话不能大声，微笑不能露齿，吃饭不能上桌。小孩子则因年幼不懂事，旧时讲究长幼有序，小孩子只能端着饭碗坐到小凳子上。家庭主妇待饭菜上齐后，会不停地巡视，看谁碗里的饭吃完了会按时加饭，哪个菜吃完了会随时补充。

但这里还有一个例外，就是家中最年长的妇女一定是要坐主位的。比如：四代同堂家庭，曾祖母坐主位，其他女人不上桌。三代同堂家庭祖母坐主位，其他女人不上桌。这样的讲究一是表示对老人的尊重；二是表示感恩老人一生对家庭所做的贡献；三是对小孩起示范作用。

"文化大革命"后"破四旧"，传统文化遭到极大破坏，这些讲究也逐渐退出了历史舞台。现在吃饭，不分长幼，围坐一起，气氛和谐，其乐融融，特别是家有小孩的，小孩子成了中心，一家人围着小孩转，也是一种乐趣。

去别人家吃饭忌吃半个馍，吃不完一个整馍可以与别人分着吃，但不能吃半个留半个。吃馍时必须先掰开再吃，不能拿到馍就直接咬。这种讲究，让吃饭多了点雅气，少了点贪婪相。

在物质匮乏时期，有些人爱占小便宜，只要是吃别人的，都会吃得很多，有些人已经吃饱了，但还要再多吃一个，以至有些人一个馍吃不完，状态很窘，常让人笑话。因此，有教养的人看到此现象后，害怕自己的孩子出去丢人，就会告诉自己的孩子，在别人家里不能吃半个馍。

出门赴宴或在别人家里"坐席"，忌用筷子把饭碗敲得叮当响。民间认为，只有喂牲口时才那样做；忌用筷子把一盘菜翻来翻去，那样会被认为是失礼行为，招来同桌人的反感；如果要吃哪个菜，应该眼睛看准，筷子下稳，切忌夹了菜觉得不喜欢又放回盘子里。

"出息"本是褒义词，表扬或赞扬一个人有成就、有出息。但在临渭区，要是大人训斥小孩子："你出息了！"就成了贬义词了。这还得从"坐席"的讲究说起。"坐席"时，即使你桌子上的馍吃完了，邻桌还有，你也不能去拿别人桌子上的馍，这样做会被认为失礼，会被认为"出席了"。因为同音不同字，久而久之就和"出息"混起来了。这就是临渭区大人训斥小孩"出息了"的来历和讲究。

现在，随着物质的丰富，人们不愁吃，再加上饭桌上的人性化、精细化管理，吃多少拿多少，即使吃半个馍，谁也不会笑话谁。

五　待客习俗

中国是礼仪之邦，临渭区所在的关中又是京畿之地，自然十分重视礼仪。

家里来了客人之后，特别是来了长辈或者来了重要人上，主人会尽自己最大的努力招呼客人，用好烟好酒好茶招待，炒菜、擀面、烙油馍。

（一）待客桌椅

旧时，富有一点的家庭用八仙桌，配太师椅。八仙桌和太师椅的做工十分考究，一般选用上好的楠木、黄花梨木，次一点的用当地出产的硬杂木——中槐、枣树、香椿树等为原料，以中槐居多。桌子正面做一对抽屉，抽屉面部雕刻有花式图案，中间镶拉手，配铜质拉环，十分精美。

新中国成立后，随着旧式家具的淘汰，逐渐被简易的方桌所取代。一般家庭主位上放椅子，其他地方放长凳。

现在更为普及的是圆桌。圆桌的好处是坐人多，没高下，易放置，好安排。

待客桌椅

（二）座次安排

临渭区民间以靠墙为上或以正对房门为上。客人来后，都要让客人坐上座。客人客套一番后先坐下，或者和主陪同时落座。待客人落座之后，其他的人才能按辈分高低、职务大小，依次落座。

（三）上菜讲究

临渭区民间待客讲究"四盘子"。

"四"的寓意是"事事如意"的意思，也有平衡四方之意。宴席先上四个干果盘子；看望亲人时带四样礼物；定亲时男方要给女方"四色礼"。

四盘子上齐后，根据喝酒进程逐渐加菜，一般对等加四个。

菜上多少，还要根据宾客人数多少来定。有四凉四热、八凉八热、六凉四热、八凉四热、八凉六热等多种组合，还有讲究"九碗十三花"的，没有定法。

（四）喝酒讲究

1. 酒具

旧时，由于经济不发达，酒算奢侈品，一般家庭只有很少的酒具。一般喝酒的酒具就是一个带盖的铜壶或锡壶、一个开口的小酒壶、一个酒杯。

2. 酒品

酒是当地出产的粮食散酒，一般用高粱、玉米做原料。酒品纯正，香味扑鼻，口感舒适，喝后神清气爽，酣畅淋漓，宾主同欢。

3. 酒礼

若是请长辈喝酒，酒壶自然放在主宾位。主陪先起身讲明酒局来意，说一些欢迎感谢的客套话，然后斟满酒，双手递给主客。主客可以站起来，也可以坐着不动。双手接过主人递过来的酒杯与胸平，然后对大家说："感谢主人热情招待，我先喝了。"说完一饮而尽。若有平辈在，也可以按顺序依次让酒，以表达客人对主人的感谢之情。

每当主客让酒时，大家都会双手抱拳，自然放置下巴下方与胸平的位置，说"请！"表示礼让或回礼。仪式完后，一饮而尽。有的人喝酒时还会发出"吱吱"的喝酒声，连声说："好酒！好酒！"随后把酒杯放到酒壶上，小心而有礼貌地移到右手邻座的位置。主陪先站起来，斟好酒，双手握酒杯先敬客人。客人双手抱拳回敬致谢。对方一饮而尽，然后落座。以此类推。

随着社会的进步，物质的丰富，现代人请客喝酒一般用圆桌。一桌坐10—12个人，也有更多的。面向房门为上。酒具也比从前增加了，每人面前置酒杯一只。先由服务生加满酒（讲究酒七茶八，即酒倒杯子的七成为宜），称为门杯。凉菜上齐后，主位致酒词，基本是讲一下本次饭局的缘由，说一些祝福祝愿的话语，然后提议喝酒。

酒过三巡之后，开始敬酒。大家先依次给主位人敬酒，然后，主位人答谢。最后同桌人相互敬酒。

临渭区敬酒传统源于旧时。也许是当时物质不够丰富，酒品不是每个家庭都能喝得起。因此，在临渭区，酒是用来招呼尊敬的客人的，讲究"端一杯"。也就是敬酒人不喝，只让客人喝。敬酒人双手端杯递到被敬人的面前，被敬人说一些感激的话语一饮而尽。

4. 猜拳

（1）原则性讲究

临渭区民间喝酒，讲究划拳猜令。若有长辈在，长辈不提议，是不能划拳的，那样就会被人认为是对长辈的不尊重，显得在长辈面前没教养。只有长辈想划拳了、提议了才能进行。平辈之间不讲究。

（2）起拳行令讲究

不同辈分之间或者年长者们在一起猜拳时，以"高升"开拳，取"步步高升"之意。平辈之间可以用"高升"起拳，也可用"俩好"起拳，寓意"哥俩好"。

不同辈分之间旧时是不能划拳的，以示晚辈对长辈的尊敬。后来，随着人们思想观念的进步变化，加之爱喝酒的人多数性格较为豪爽，不同辈分之间也划拳行令，但应该由辈分高的先提议为宜，并以"高升"起拳。忌用"俩好"开局。

"高升""俩好"的起拳令，也叫"戴帽"。喊一次的叫"一个帽"，喊两次的叫"两个帽"。至于一个帽或两个帽由划拳双方协商约定。

渭北地区的行拳令更复杂一些。往往要戴好几个帽，典型的叫法是："俩好，哥俩好，十年好，全家好！"

双方这些帽戴完后拳就有输赢了。

划拳双方每人出一个拳头，叫着号子，谁猜对谁胜，猜输的喝酒。比如：甲出了两个手指头，喊了六的口令，而乙出了四个手指头，喊了八的口令，则甲赢乙输，乙喝酒。至于喝多少双方议或同桌酒友共同协商，一般以一次一杯居多。

（3）划拳号子

临渭区的划拳号子十分丰富且富有诗意，每句都要有一至十的数字表述。比如，二字令的有：一心，二喜，三星，四季，五魁，六顺，七巧，八仙，好酒（九），十满等；三字令的有：一点梅，二红喜，三星照，四季财，五魁手，六六顺，七个巧，八福寿（也有人叫八个鸟的），酒（九）儿端，十全美；四字令的有：一心敬你，二郎担山（或二红有喜，取双喜临门之意），三个桃园（取桃园三结义之意），四季发财，五魁手啊，六六大顺，七星高照，八抬大轿（或八大仙啊），九九长寿（酒是好酒），十全十美等；也有一字令的，叫"一字清"，宝（宝拳之意，代表零)，点（一），二，三，四，魁（五），六，七（巧），八，酒（九），满（十）等。

（4）划拳讲究

一是大旗不倒。就是说除了叫"宝拳（寓意不出或是表示本方出拳数是零）"外，大拇指必须出，不管你出不出大拇指，只要出任何一个指头，都要算上大拇指。

二是不能单独出中指。

三是一般"五、十、零，都不赢。"也就是说，限制这三个概率大的数字，增加猜拳的难度。

四是先酒后拳。也就是先倒酒，后划拳。这样做的好处是避免输拳后为倒酒的多少发生争执。

五是人多时有酒官，负责倒酒和裁判。划拳开始了，酒官忘了倒酒，自罚一杯。有了纠纷，由酒官裁决。

六是划拳局数。一般以半打（六个酒）为一个单元。也有以一打为一个单元的。还有讲究"十五贯（划十五个）"的。拳高量大的讲究单边六或单边十二。就是说，只要一方达到喝六个或十二个酒，本局算结束。

七是打关。从主位开始，沿逆时针方向，不管人多少，逢人过关，每人六个酒，三拳两胜，以此类推，打完为止。

（5）摇骰子

骰子，渭南人叫"色子"，过去主要用于打麻将确定个人位置及抓牌顺序或拿骰子赌博。

近年来，酒桌上常用"摇骰子"或叫"掷色子"的方式斗酒。

这种方式因为声音较小，不会影响了邻桌而逐渐盛行起来，为大家所喜爱。

六　饮茶习俗

20世纪80年代以前，物资短缺，茶在临渭区算是稀罕物。茶的主要来源，一是商店里出售的砖茶；二是安徽、四川或陕西汉中、安康一带的茶农担着担子来卖的茶叶。他们主要带些老叶茶。所谓老叶茶，顾名思义，就是在茶树的嫩芽先采摘后制作成上等茶，再采摘比较老的叶片制作的茶叶。这种茶叶因其制作简单，产量高，成本低，售价便宜而深受广大农民欢迎，一般几毛钱一斤，用很少的钱就能买到好多茶，群众戏称为"一毛钱一木锨"。只要谁说道"一毛钱一木锨"的话语，大家就知道指的是老叶茶。

家里来了客人后，要泡茶招待。过去临渭区农村家庭用的茶具就是一个茶缸，即搪瓷缸。在搪瓷缸子放些茶叶，用开水冲开，再分别倒入小茶杯即可，非常简单。

茶出产于南方，喝茶的讲究比较多。北方人虽也喜欢饮茶，但没有过多的讲究，即使有也是以引进南方的讲究为主。

临渭区人热情好客，来了客人，讲究烟茶招待，吃饭讲究四个盘子，有酒喝就很好了。

七 节日食品

千百年来，我国民间形成了比较固定的节日，每个节日都有相对应的食品结构，各地大同小异。

临渭区的讲究是：每年二月二，龙抬头这天炒棋子豆；端午节吃粽子；中秋节吃包子；腊月初五吃"五豆饭"；腊月初八喝"腊八粥"；除夕吃煮馍（饺子）；正月初一吃蒸饺；正月十五吃汤圆；正月二十吃饼子等。

第二节 服饰美容习俗

自古以来，人生最基本的需求就是"吃穿住行"。穿衣是仅次于吃饭之外的一项最重要的生活需求。由此可见，穿衣在人们的生活中占有非常重要的地位。

服饰最早的功能是遮羞保暖、防晒、护肤等。随着社会的发展，物质的丰富，穿衣逐渐赋予了美化装饰的作用。

一个地方的服饰习惯和特征是人们千百年来在生活实践中逐渐形成的。无不受出产、气候、生产方式的影响，无不带有鲜明的地方特色。在某种意义上讲，只要一看到某人的穿着打扮，就基本可以判定此人的民族、地域。

临渭区的传统服饰，主要是手工制作的粗布衣和布鞋。

一　粗布衣

临渭区出产棉花。棉花是临渭区人民制作衣服的最基本原料。因此，千百年来，临渭区人不管男女，都是用自制的粗棉布缝制衣服。只是男女长幼有别罢了。自制的粗棉布当地人叫粗布。下面简单介绍一下粗布的制作工艺：

1. 扎（剥）棉花

有些地方也叫拧棉花。棉花花瓣晒干后，人工手剥或用轧花机轧棉花，以使棉绒和棉籽分离。棉绒可纺线，棉籽可榨油。接着是弹棉花，主要作用是"开松除杂"。棉花晒干后，会用弹花机或者用人工的办法，找一个细竹条将棉花弹蓬松。后来人工的做法有改进，人们用弹棉花的弹弓弹棉花，功效大为提高，这种做法，至今还能在城乡找到。

2. 搓捻子

用人工的方法，将弹好的棉花搓成直径约 2 厘米、长约 30 厘米的捻子，为纺线备原料。

3. 纺线

农村家家户户都有纺车。妇女会利用空闲时间或晚上把捻子纺成线，成品称为线穗子。

纺线

4. 拐线

线拐子大约 40 厘米长，工字型，一般会用木质较硬且不变形的枣木制作，也有用槐木或桦木的。将线穗子缠到线拐子上，用线头固定好。

线拐子

5. 浆线

浆线的目的是棉线不易纠缠，更为结实。做法是锅里滗些糨子，稀稠合适加热至半生即可。一般是一斤棉线用 12 两（旧时用 18 两秤）面粉，先把面筋捞出来，澄出淀粉，滗成糨子，后将拐好的线放到糨子中浸泡到糨子将棉线浸透，捞出来穿在光滑的木棍上用力盘扭，展开再盘扭，连做三遍，之后挂起米风十，均匀即可。

6. 晾线

在院子里支一根椽，把浆好的线在太阳底下晾晒，直至晾干。

7. 染线

买一些染料，把浆好的棉线染成红、蓝、绿等各种颜色，为做花布作准备。

8. 缠线

把浆好的棉线缠成芦穗核（纺锤形）形状。可以一个人缠，也可以两个人合作。一个人的缠法是：妇女坐小凳上，将棉线搭在曲着的两腿上，双手缠线。两个人的缠法是：两人相对而坐，一个人将棉线扞在小臂上，一个人缠线。缠线的人为主，扞线的人为辅。

9. 经布

经布离不开经线板。经线板一般 2 米多长，20—30 厘米宽，中间约每隔 25 厘米钻一个小孔。经布时，先将筷子插入孔中，底部置一铜钱，然后在筷子上放线穗子，按织布的要求将线拉成一排，缠到柱（音剩）子上。

10. 织布

临渭区农村部分家庭有织布机，个别家庭还是祖上留下来的做工精美的织机。每年秋收后到次年麦收前是织布的黄金时期，妇女们都会利用空闲时间或晚上织布。有的织成白粗布，主要做衣服；有的做成抹布，用来抹洗锅灶或苫盖馍、麦饭、凉面等食品；花布主要用来做床单或给女孩子们做上衣。

织布

二　布鞋

布鞋的制作一般有以下几个程序：

1. 打袼褙

先潩些糨子，准备些布料、芦席。然后在芦席上均匀涂抹糨子，铺上棉布，再在棉布上涂抹糨子，再铺一层布料，最多铺五层，太厚了不好穿针。

2. 做鞋底

妇女做鞋有鞋样，鞋底也有样。可根据家庭成员脚的大小选择适当的鞋样制作相对应的布鞋。做鞋底时要用头号针，用洋线绳子，手上要带顶针，密密麻麻纳完即可。家庭主妇一有闲空就会打袼褙，纳鞋底，做工精细的会纳千层底。

3. 缝鞋面

鞋面一般用条绒料或呢子料。条绒因其结实美观而受到人们的喜爱，是做布鞋的绝好材料。先用糨子将准备做鞋面的布料糊在单层袼褙上，再加里子，裁剪，边子上用白洋布或灰色呢子沿好即可。

4. 上鞋帮

将鞋帮和鞋底缝合到一起就行了。如果鞋有些紧，可以用鞋楦子扩鞋，直到穿上舒服即可。

5. 纳鞋垫

临渭区人有纳鞋垫的习惯。母亲为孩子做，媳妇为丈夫做，未过门的准媳妇为未婚夫做。一般像纳鞋底一样用密针缝好即可。心细的人或要送别人，一般都会选上等料，用彩色丝线，挑一些精美的图案，花卉虫鱼都有。未过门的准媳妇做得最认真，做得最好看。

三　男装

临渭区男性的着装基本上是上衫下裤。

旧时的有钱人、教书先生或账房先生着长袍，戴礼帽，架金丝镜，拄文明杖，这是身份的象征。

中华人民共和国成立后，这种长袍在临渭区基本绝迹。

旧时传统服装中，男性衫子有黑有白，裤子黑色，极少白色。夏季穿单衣，有时穿背心，春秋穿夹衣，冬季穿棉衣。白色为棉布本色，黑色为白布加褚青（一种染料）印染而成，然后手工缝制，对襟，布襻扣，一般左边缝纽环，右边缝纽扣，采用左上右下搭配。大人一般配7个扣子，小孩配5个扣子。男子服装的纽扣配奇数不配偶数，因为奇数为阳，偶数为阴。

裤子不管单衣、棉衣，均为大裆裤。特别是棉裤，有的腰很大，要对折一下再用裤带扎好。裤带一般为从商店买的两三厘米宽的布料裤带、军用捆扎带或者较粗的红绳子。旧时男性一般不穿内裤。

夏季，一般男性穿自制的或购买的背心。自制的背心除了没袖子和领子外，其余的和长衫子相同，且以白色为主。改革开放后，就以购买为主了。

初冬春末，穿单衣太冷，穿棉衣太热，人们就会在内衣和外套间穿上毛衣或毡衣。这样搭配十分合适，又很方便。

袜子为手工自制的单布袜子或夹袜子。还有的家里条件好些的穿羊毛袜子。由于羊毛价值高，羊毛袜子又不耐穿，因此，有的人就做成布底毛腰腰，把两个特点结合起来，既结实又显得上档次。

冬季有戴帽子、戴手套、围围巾的习惯。由于临渭区的冬季比较冷，最冷可达零下 15 摄氏度，因此，冬季男性往往要戴帽子、手套，脖子上围围巾。手套可以购买，也可以自制。帽子则以购买为主，有棉有单，戴时根据气温自定。单帽先后流行过鸭舌帽、学生帽、军帽等。年长者喜欢瓜皮帽。棉帽带双耳，天气过冷时可把双耳绑起来保护脸面。除自制外，20 世纪 50—80 年代还流行过火车头帽。

围巾有布料和毛料两种，以购买为主。适婚青年订婚后，女方往往会买毛线亲自织围巾送给对象，以表示爱意。围巾制作的精细程度往往会成为人们议论的对象。20 世纪 80 年代的拉毛围巾因其色泽好看，拉毛长而柔软，围上舒适暖和而受到年轻人的青睐。

夏季穿凉鞋，可以购买或自制。每个家庭情况不同，因人而异。

下雨后，男人们会穿雨鞋、雨靴。更早时，人们穿"木屐"，虽然避免湿了鞋子，但是行走不大方便，现在早已绝迹。

冬季穿棉鞋。棉鞋在临渭区叫"窝窝"，一般自制，底子与布鞋相同，两层布料中间加棉花或羊毛均可。

冬季男装，家庭条件好的，有大氅或二毛子羊皮袄，好多人以有这两样为荣。

"文革"中，流行穿军装，戴军帽，男性以能有一顶军帽而自豪。这时的流行装束是军装、军帽、军鞋。出门佩戴一只军用水壶，肩上斜挎一个印有毛体的"红军不怕远征难"的军用挎包。

20 世纪 80 年代，改革开放初期，流行过一段中山装，呢子料，四个兜，显得很挺括，主要流行在干部、教师、职工中。与中山装一起流行起来的还有西装，主要在干部、教师、职工中流行。西装可以配领带，以其笔挺的装束、西化、思想开放等新的观念而深受青年人的欢迎。随西装一起流行的还有牛仔裤，主要是在城市青年和农村知识青年中流行。与牛仔裤同一时间一起流行的还有筒裤、老板裤、运动裤、夹克、风衣、T恤衫等。

90 年代以后，随着化纤工业的发展，粗布衫已经不占主流。这时占主流的服装款式逐渐向西装、夹克等发展，布料向化纤方向发展。

随着现代化、信息化、城镇化的发展，传统服饰基本退出了历史舞台。临渭区人民的着装也和其他城市的着装逐渐趋同，差异不大，即使老年人，也很少见到大裆裤了。现在的服装可谓五花八门，应有尽有，从一个侧面反映了社会的进步。

四　女装

女人在任何社会都是一道亮丽的风景。这道亮丽的风景主要体现在着装上。

和男性着装以蓝黑灰白为主不同，女性着装还是以红、花为主。红色喜庆，中国人基本偏爱红色。花布显得活泼、耐看。

中华人民共和国成立前，姑娘和媳妇的着装不同。姑娘留单长辫，不着裙子。媳妇则绾发髻、戴头饰、穿长裙。不能穿着马夹（方言称夹夹）串门，若穿马夹串门都会受到外人指责，过去有"夹夹不算衣，小婆不算妻"的说法。

媳妇出门走亲戚，则根据年龄穿红短衫、绿百褶扫脚长裙或翠绿（槐绿）短衫或浅蓝百褶绣花长裙。

妇女偶有穿旗袍者，但在临渭区农村并不普遍流行。

新中国成立后的妇女服饰，则是根据年龄大小有别。年轻者以花哔叽或花平布做日常服。中、老年妇女则以淡蓝、深蓝、黑色为日常服。平绒、条绒出现后，新媳妇的日常服则是以枣红平绒、条绒布做成衫子或夹袄，款式都是右衽掏襟布结扣（前胸、后背无中缝的大襟式），黑条绒西裤，方口布鞋，留双长辫，就像现代戏中梁秋燕的打扮。走亲戚出门才有穿绸缎衣裳的现象，再没人穿裙子、刺绣服装了，衣裳色彩也不艳丽，显得很朴实。

"文革"中，全社会盛行穿军装。男青年头戴军帽、腰扎皮带、左胳膊佩戴"红卫兵"臂章、脚穿军用胶鞋；女学生扎两个小辫、身穿军装、腰扎皮带、戴"红卫兵"臂章。

20世纪70年代，年长女性主要穿大襟衣服，大裆裤子，不管单棉，自制为主，颜色以灰黑为主。中青年女性一般穿对襟袄。除了对襟袄外，中青年女性还穿学生装或者西装。

80年代后，改革开放，消除"文革"影响，随着观念的更新，人们的穿着也发生了极大的变化。这时，市场逐渐发展起来，南方纺织工业大发展，全国石化工业突飞猛进，国外的许多新款式被引进国内，掀起了一轮新的服装革命，颜色多元了，款式多样了，促进了人们观念的更新，社会的发展。这个时期女性着装以化纤产品或毛线制品为主。款式上也以西装或毛衣为主。颜色上也一改过去的蓝灰黑和军绿色而丰富起来。那个年代时兴"流行色"，全国有"流行色委员会"，每年年初都要推出当年的流行色，以指导当年的颜色潮流。纺织行业也会根据这个指导推出相应的流行色。一时间，满街都是一种颜色的服饰。流行色只流行了几年就不再推出了，取而代之的是新潮服装，如健美裤、紧身裤、七分裤、裙装等。此时，随着人们观念的更新，农村女青年穿裙装的逐渐多了起来。后来更是朝个性化方向发展，人们不再追求服饰上的统一，而是根据自己的爱好选择自己喜欢的服饰。

过去的临渭区，人们在穿衣上，讲究上压下、大压小、外压里、左压右。也就是说，外面衣服的长度一定要盖住里面的衣服，不然会被人笑话，说穿衣"七长八短"的。可是，到了20世纪90年代以后，时兴过一段"三层楼"，即女孩子的上衣搭配中，最里边的最长，最外边的最短，一下子颠覆了人们的观念。

近年来，随着网购的兴起，思想观念的再开放，临渭区女性着装始终和全国各地的流行趋势保持一致。

五　童装

自古以来，临渭区孩童的服装及装扮一直较为讲究。男孩子的发型多有刘海、信眉，后脑留"一撮毛"，这样的孩子往往被称为"值钱娃"；女孩子喜欢扎羊角辫，还有些家长给孩子扎满头的辫子，长辫子一般会用红头绳扎住。一般有条件的家庭都会给孩子佩戴银质的长命锁、戴裹肚。帽子为老虎帽、兔子帽，鞋为老虎鞋、猫娃鞋。上身穿花衣裳，下身穿开裆裤。衣服上都会点缀一些简单的图案，非常美观。男孩子稍大一点，家长就会给孩子穿纯色的衣服，以示和女孩子的区别。

孩子出生后，大人都会给孩子缝上围嘴，以防孩子吃的东西吐出来后把衣服弄脏了。围嘴一般用花洋布制作。花洋布美观又绵软，是做围嘴的好材料。

六　首饰与美容

（一）男性佩饰

自古以来就有"女戴翡翠男戴玉，男戴观音女戴佛"的说法。古人讲究以佩玉为美，认为"黄金有价玉无价"。玉埋藏地下几千年或上亿年，含有大量矿物元素，所以人们常说"人养玉，玉养人"。如果人的身体好长期佩玉可以滋润玉，玉的水头也就是折光度会越来越好，越来越亮。如果人的身体不好长期佩玉，玉中的矿物元素会慢慢让人体吸收达到保健作用。家境好的或地位高的男子往往会在脖子上系块玉。有的人会戴玉戒指。

中华人民共和国成立后直至改革开放前，这些都被认为是资产阶级生活方式而受到批判，再加上物质生活水平的限制，很少有人再戴。这个时期，男性佩饰基本上是以手表为主。家境好一点的城镇职工戴 120 元钱一块的上海表，一般的戴 65 元一块的熊猫表。多数人不戴表。

20 世纪 80 年代以后，时兴过一段时间的电子表。90 年代以后时兴过石英表，即使现在也有许多人喜欢石英表。

随着手机的兴起，曾经一度很少有人戴手表了。这几年，随着观念的变化，戴腕表成为一种时尚，又兴盛起来了。现在的腕表多为装饰品，讲究牌子，是身份的象征。

前几年，在临渭区有一种说法："男人三大宝：皮鞋、皮带和手表。"皮鞋、皮带和手表成为男人新的佩饰，受到许多男士的青睐。这种影响至今还在。

改革开放后，随着物质生活的改善，观念的复古或更新，佩戴玉石或戒指又成了男性装饰的首选。特别是 90 年代后，随着市场经济的发展，古玩市场活跃起来，戴玉成为一种时尚，但也只限于部分人。

（二）女性佩饰

过去，女性的配饰主要有项链、手镯、戒指、耳环和翡翠。项链以黄金为主，手镯以白银为主。20 世纪 50—80 年代以戴手表（坤表）为主。

90 年代以来，"三金（金戒指、金项链、金耳环）"已成年轻女性的标配，也是一般青年男女结婚的必备品。也有些人佩戴金手链、金手镯。后来，铂金地位上升，好多人喜欢戴铂金首饰。至于钻石等高档消费品不是普通人的选择。

除金属首饰外，女性的发卡、丝巾和挎包也是女性非常重要的装饰品。这些讲究和其他城市汉族女青年的讲究基本相同，属于时尚了。由于市场的高度发达、流通的便利、信息的传播，全国各地的讲究大同小异。

（三）儿童佩饰

最典型的佩饰，就是穿肚兜、带项圈和长命锁。

项圈和长命锁均为银质。长命锁上会雕刻"长命百岁"四个字。

（四）美容化妆

20 世纪 50 年代以前，男性多剃光头，一般不留胡须，只有上了年纪的部分人才留胡须。

60—70 年代，男性多留平头、分头。因为当时电影中汉奸的化妆多为留分头，因此，分头又被称为"汉奸头"。

80 年代以后，又多了寸头、一边倒。现在城乡的中老年人多为平头、一边倒或光头。年轻人则追求时尚。

70 年代以前，老年女性多留发髻，绾在脑后戴线络子或用簪子别住。这种习俗在现在的农村还有。

年轻女性则主要留马尾辫或两个小辫。两个小辫俗称叟子尾巴（渭南塬上人称麻雀为叟子）。小孩子则留羊角辫或叟子尾巴。

"文化大革命"时期流行齐耳短发，是与电影中的女英雄形象有关。

80 年代后，开始有烫发的，被一些人称为卷毛，以黑色为主，其他的颜色极少。

日本电视连续剧《血疑》上映后，流行过一段"幸子头"、披肩发等。

同一时期，女子发卡也开始流行起来。

现在有各种流行发型，与全国汉族女性讲究相同且同步。

80 年代中期以前，农村女孩子时兴用指甲花染指甲，有时也给年幼的男孩子染，方法是先将指甲花的茎叶捣碎，然后用枸桃树叶将捣碎的指甲花花泥贴在指甲上固定好，经过一个晚上就好了。

90 年代以后就用指甲油染指甲了。

七　讲究与禁忌

（一）正月不剃头

临渭区有"正月不剃头，剃头死舅舅"的说法（见本书第七章之五）。现在已极为淡化。

（二）晚上不剪指甲

有些老年人认为被剪的指甲像月牙，晚上剪指甲相当于把月亮剪掉了，晚上走路看不见东西，会导致行动不便，因此，晚上不能剪指甲。现在，这种习俗基本绝迹。

第三节　居住民俗

一　村落选择

自古以来，临渭区村民在村落选择上已经形成了一些固定的惯例。比如：村落一般尽可能东西走向，有利采光；村子建在地势较高的位置，防被水淹；出行要方便等。

在不少地方都有堡子的名称，也有"先有堡子后有村"的说法。堡子一般建在地势高或一面面坡（临水）的地方，或在堡子四周修高大的城墙，晚上有人敲更值守，以防盗贼。

二　庄基特点

（一）南北取向

庄基（临渭区人称庄基为庄了）正南正北，有利采光和晾晒衣物，有利通风；形成的院子为长方形，有利于合理利用且较为整齐；大门开在正中位置，符合中庸之道，不偏不倚，符合中国人讲究对称的审美心理。

（二）界墙共用

过去都是用夹板或打墙椽就地取材将黄土夯垒而成。先打的人将墙打好后，邻家已没办法另打墙，只好共用了，久而久之就形成了惯例。优点是节约用地和建造成本，缺点是易发生纠纷。

最好的庄子为坐北朝南向，也有部分庄子因地势原因采东西走向或其他走向的。本书叙述房屋部分一般采用坐北朝南向这种结构。

（三）选择禁忌

1. 庄子不能建在乱葬坟上或庙宇的底子上，这样不吉利。

2. 大门不能正对大道。

三 房屋类型

（一）上房（大房）

临渭区庄基的特点是窄长形的，旧时的房子大多数是厦（方言读 sɑ）房，厦房多在庄子的两侧盖。经济条件好的家庭盖人字形大房，有大房的家庭，再盖厦房就做厢房了。

临渭民居（上房式样）

由于人字形大房要用大木料，一般家庭难以达到，故只能是少数家庭才能盖得起，所以称为大房。又由于这种房子一般盖在庄子的上位，形体又高大，因此也叫上房。一般结构为 8 柱 3 间，插一边坡缩的为 12 柱 3 间，插两边坡缩的为 16 柱 3 间。主要构件有大梁（担子）、托扶（大梁上边的小担子）、小件（连接坡缩下檐柱与大梁之间的小担子）、柱子、椽檩、砖瓦等。墙体为夯土胡基或烧砖。正门开中间。

上房优点是宽敞舒适好布置，房屋气派高大上，通风透光皆上乘。缺点是材料需求大且贵重，人工钱财花费多，一般家庭置不起。

（二）厦房

"房子半边盖"是关中（渭南）八景之一。"半边盖"的房子在临渭区叫厦房或厦子房，正好是人字形大房（上房）的一半。一般盖在庄基的侧方正中或稍偏前（后）的位置，一边盖叫单边厦子，两边相对盖叫对峙檐厦子，对峙檐厦子两端用房子连起来叫"窝角"，这样就形成了一个"四合院"。

厦房

厦房优点是取材容易，盖房简单，"窝角"后形成的四合院布局紧凑，可以遮阳，春秋还能防风沙，冬季又极具保温性。房子多采用黄土，保暖性和透气性好，既节省能源，又经济实用。在一定程度上可以和邻居共用一面墙，俗称"伙墙"或者"借墙"，不仅可以节约土地和建材，又能将邻居的外墙变成内墙，提高房屋的保温性和舒适性。厦子房高大的背墙以及相对封闭的环境，可以起到防御的作用。缺点是通风不畅。

厦房符合风水原理。临渭区有句老话叫"肥水不流外人田"。旧时，人们比较讲究风水，因临渭区地处内陆，属于典型的大陆性干燥气候，天气干旱降水较少，雨水珍贵，下雨要流到自家院子。而"房子半边盖"的设计能把屋顶流下的雨水收集到窖里，需要的时候就用水桶把水从窖里打起来，再存放在瓮里。这样财气不会外泄，就是所谓的"肥水不流外人田"，符合风水原理。

临渭区厦房居多与此地的自然环境有关。关中地区作为中华文明的摇篮，历史上不少朝代建都于此，虽然文明进步了，但生态却遭到了破坏，黄土地少了绿装。虽然南有秦岭资源，但还是无法满足当地居民的建房需求，人们便就地取材，利用黄土垒起三面土墙，用木料、篾子和瓦片搭起顶棚，朝开口留门窗。这样就能节约大量的木材，也少用了砖瓦和人工。二是两家共用界墙，屋檐水不能流到别人家去。

四　房屋布局

房屋布局受地形影响极大。由于临渭区的地形分为山区（沟里、沟坡）、台塬、平原三种类型，因此，临渭区的民房居住也呈现出几种不同的类型。

（一）山区（沟里、沟坡）的住房

山区居民最早居住在窑洞里。由于渭南塬属于直立性黄土结构，黄土层平均可达三四百米厚，加之渭南又是地震少发区，地质结构稳定，因此，住窑洞是山区人民不错的选择。一是可就地取材；二是建造成本低；三是冬暖夏凉，住着舒服。

随着社会的发展，再后来就是前房后窑结构，甚至有些人还有院落。现在，以住房屋为主，窑洞主要放杂物。

（二）台塬地区及渭北平原的住房

台塬地区（渭南东西两塬）和渭北地区住房差别不大。相同点是以房屋为主，没有窑洞，不同点是院落布局略有差异。

旧时房屋，多为土木结构或砖土木结构。除大户人家砖木结构的以外，大多数为土木结构。也有一些家庭采用砖铺地的办法解决潮湿、水淹、老鼠打洞等问题。

20世纪50年代直至80年代，随着社会变革，房屋结构呈现平民化且千篇一律。由于经济条件的限制，不管塬区还是渭北平原一般情况不建门房，只要搭个棚能苫住门即可。

房屋以厦房为主，形制也很多。有单边两间、单边三间、对峙檐四间、对峙檐六间、对峙檐四间加窝角、对峙檐六间加窝角等很多形式。

家庭条件较好的多采用两座式结构。前面厦房，后面上房。

80年代后，随着楼板房的兴起，一般家庭采用前面门房后面上房或平房（楼房）的结构，还有的根据需要再盖一些偏房。后面是平房的一般在东边续建一间灶房和平房相连形成所谓的"一头沉"。

过去的大户人家，多采用三大主房加偏房的结构。三大主房最前面的是门房，中间叫厅房，最后面的是上房。院落中间在三大主房之间靠墙的位置建有偏房（临渭区人称为厦房），形成前后两个回字形结构。

临渭区农村平房

五　院落布置

（一）大户人家

大户人家的院落布置：大户人家由于家大业大，田多地广，雇长工、养丫环、有保镖、养牲畜、放农具等，需求较多，因此需要盖很多的房子。房屋居住也很有讲究。

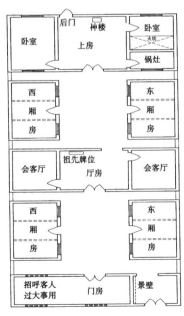

临渭区旧时大户人家住宅布局示意图一

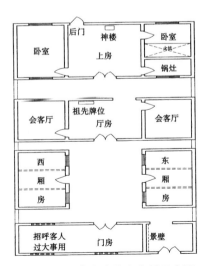

临渭区旧时大户人家住宅布局示意图二

上房又叫正房，靠东边前沿坡缩下建锅灶，锅灶连火炕，一般住家中地位最高的老人；中间一间北墙东设供桌供奉神灵；上房前的东西厦房住儿子、媳妇们。

厅房的正门开正中，后门开在偏东的位置。厅房的主要功能是会客。

厅房前的东西厢房主要住子孙们和丫环。

中间厅堂放置八仙桌椅作为家中吃饭和会客的场所。

门房主要用来过大事。进户门一定在东边开。门楼高大气派，门道有影壁。

另外，大户人家一般在正庄子旁边建有偏院，用来住长工、养牲畜、放农具等。

（二）普通家庭

1. 塬区

由于塬区人均土地面积较少，大型农具不多，因此，塬区的庄子显得局促。以坐北朝南庄子为例，一般最南面为三间门房，可建厦房也可建庵间房，大门开正中位置，另两间用胡基墙或砖墙隔开，开偏门，分别放置农具、粮食、杂物。也有存房子住人的。

三间上房，也叫堂屋，正门开中间，中间一间放置一张大桌，作为家人吃饭的地方。东边一间一分为二，前面为灶房。后边为带火炕的主卧室，居住家中地位最高的人。西边存两个房子，一般以住人为主，也有放东西的。

80 年代以后，楼板房逐渐普及，也是三间结构，"一头沉"一般后置，最东边靠南的位置存一个房子，北边为火炕，"一头沉"里置灶房。其他的变化不大。

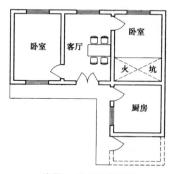

前置一头沉平面图

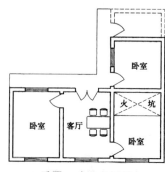

后置一头沉平面图

2. 渭北

20世纪60年代以前，渭北的部分庄基都是一间半或小两间，因此，前门一般开在庄子的上位（东南角），正房前有照壁，经过照壁才能进到屋内。

70年代到80年代，由于新划庄基变为9米，三间，这个时期的前门基本开在正中位置。改革开放后，由于渭北土地宽阔，人均耕地较多，大力发展经济作物，有大型农机具，因此，渭北院落的布局也发生了较大的变化。有开上位的，也有在中间的。开上位的，房间多数不做隔墙。开中位的，一边存一个房子，其余两间不做隔墙，用以放置农作物或农机具。院中的照壁已经很少了。

六 房屋元素

旧时大户人家的房屋布局代表了临渭区旧时农村建筑的精华，建造十分考究。门楼、大门、门墩、题匾、院落布置等都十分讲究。

（一）门楼

门楼在古时是一户人家贫富的象征，人们常说的"门第等次"就是这个意思，指的是在院子正门边墙的顶端用砖瓦垒砌成顶部，是中国传统建筑中具有较高艺术特色的建筑构件，其主要功能是防止雨水顺墙而下溅到门上。

以前的大户人家，门楼建筑特别讲究。门楼顶部结构和建造法类似房屋，门框和门扇装在中间，门扇外面置铁或铜质门环，门环下面有兽形装饰品。门楣上有双面砖雕，一般刻有"紫气东来""竹苞松茂""耕读传家"或"勤俭持家"的匾额。装饰考究的门楼，砖雕多集中在通景、方框、元宝、垂花、挂落及檐下斗拱等建筑构件上。雕刻题材以具有吉祥寓意的图案为主，如花草鸟兽、福禄寿喜、岁寒三友、鹤鹿同春等。

20世纪50年代以后，古建筑逐渐被毁，门楼的修建走向实用化，只要能苫住房门即可。

80年代以后，随着楼板房的兴起，临渭区农村的门楼建筑也发生了极大的变化，主要功能的实用化依然不变，只是形式和用料上变化很大。形式上变得较为简单，实用性更强；用料上多用砖砌墙，上面用楼板覆盖。用料以砖和楼板为主，做工上也不大考究。

门楼

（二）院门

一般来讲，门是最具观赏价值的建筑元素。历代封建王朝为了维护封建等级秩序、礼制原则，在颁布的营缮令中对各类民宅府第的"门制"皆有详尽的规定。比如：庙门、府门开正中，普通人家一般是窄大门，大部分采用的是随墙门，靠上位开。临渭区传统旧民居只有少数大户人家使用等级较高的光亮大门和金柱大门。

临渭区传统大户民居的大门都体现出砖雕精细、做工讲究的特点。大门上均有牌匾，多用木刻题字，有的也用砖雕。内容主要有"耕读第""耕读传家""勤耕苦读"等，以表明屋主人的身份地位。各家大门都有自己的个性风貌与艺术表现力，有时门的艺术价值远远超过民居内部的厅房。

80年代以后，一般家庭装2.5米宽的大铁门，两边对开，枣红色或大红色，门上镶几排铁钉，铁钉上涂成黄色。装饰上多在门楣上镶带有

"勤俭持家""家和万事兴""天道酬勤"等内容的瓷片门匾。

（三）房门

房门即房屋门，是院内各房间的大门。传统民居的房屋门有两种：一是成排的格扇门，另一种是木门。格扇门平时只开中间两扇，人多时开启所有门。格扇门由木料构成长方形框架，框架内分为上部的格心和下部的裙板，二者之间有绦环板。格心部分作为采光用，所以都有密集的木格以便在木格条上糊纸。隔扇门一般成双布置，一开间布置四扇居多。讲究的宅第厅堂入口为了悬挂门帘，均设有门罩，门罩上部饰以雕花。而木门门扇一般没有烦琐的细节，只有简单的雕饰。一般单扇或是双扇，双扇居多。多用在正房、厢房、裙房、倒座、厕所等房间。有的木门分为两段，上端为走马板作为装饰，中槛镶有一对门簪，下面为实心的木板门。

20世纪50年代以后至80年代，以杂木门为主，做工也不大考究。

80年代以后，曾流行松木实木门。再往后就和市场接轨了，夹板门、胶木板门、防盗门逐渐盛行。

（四）雕刻

临渭区民居古建装饰的特点主要是雕刻。一些明清民居的砖雕，造型优美、用彩典雅大方，极大地丰富和烘托了整个建筑造型，给朴实无华的民居增添了许多耐人寻味的地方色彩。大门也多采用雕花图案，或镂空雕花，显得极其美观大方，古朴典雅。

（五）门墩

旧时的门墩很讲究，一般为青石石雕，多雕狮子，威武雄壮，给人一种威严感。

20世纪50年代以后逐渐以实用化为主，门墩就很简陋了。

60年代"破四旧"，古民居基本都毁掉了，非常可惜，门墩的用料一般为当地石材加工而成，以花岗岩石材为主。

80年代以后，随着社会的进步，水泥建筑兴盛起来，农村曾流行过一段水泥门墩，水泥门墩制作时有凸出的周线，中间是一颗五角星。

2000年以后，用料又开始讲究起来，用青石的多了起来，也有讲究用古门墩的，呈多元化趋势。

（六）脊兽

中国古建的土木结构，屋脊是由木材上覆盖瓦片构成的。而檐角最前端的瓦片要承受屋面上整条向下排列的瓦片的"推力"，如果没有保护措施，很容易被大风吹落。因此人们用瓦钉来固定住檐角最前端的瓦片，在对钉帽的美化过程中逐渐形成了各种动物形象，在实用功能之外进一步被赋予了装饰作用。人们把钉帽上的动物称作脊兽，分为跑兽、垂兽、"仙人"及鸱吻。

脊兽有严格的等级意义，不同等级的建筑所安放的脊兽数量和形式都有严格限制。唐宋时，还只有一个脊兽，以后逐渐增加了数目不等的蹲兽，到了清代，形成了今天常见的"仙人骑凤"领头的小动物队列形态。普通人家房子上，只能有三个脊兽，有点官职地位的，可以达到六个脊兽，所谓的"五脊六兽"就是这么得来的，只有皇宫才会有九个脊兽，象征九五之尊。

现时的临渭区民居只有少数人在大房上安放脊兽。有的安放三只鸽子，寓意吉祥。

（七）影壁

四合院大门口的影壁，一些地方叫照墙或照壁。

四合院一般大门开在东南角，进门倚山墙砌影壁。影壁前往往放些太湖石，簇拥着花树。影壁心若是粉墙，一般绘彩画；若是砖砌，则有砖雕装饰，中心为雕砖小匾，取"鸿禧""迎祥"等字样。有些地方民间年俗，在影壁上贴一方福字，或悬一方形壁灯。旧时有专用于贴在影壁上的斗方，以四时花卉组成福字，或是福禄寿三星图案。

建筑物出入口设影壁，既起装饰作用，又可减少大风直灌，更是遮挡外部视线的屏蔽，可以起到增加私密性的作用；同时，位于门内的影壁也被作为炫耀家门气派的一种手段。影壁上雕刻有丰富多彩的祈求平安的图案，它不仅有其精神方面的功能，同时也增加了空间意味和视觉层次感。

七　建房、禁忌

（一）看日子（择吉日）

过去建新房、拆旧房都是要请阴阳先生算日子的，要看皇历，选择吉日才能动工。

动工也叫破土。

临渭区人讲究"三六九"，也就是说"三六九"不管哪一天都是好日子。

民间谚语称"三六九，往上走"。因此，过于讲究的人请阴阳先生看日子，不大讲究的人则会选择逢"三六九"的日子开工。如果阴历、阳历、星期都是"三六九"，则是最好的日子。

如果选择的开工日期下雨，不能作业，则主人会在自己家院子里用铁锹挖个坑，就算在这天动工了。以后天晴后随便哪天动工皆可。

灶房、厕所、水井、果菜窖与主卧必须位于庄子的上位。

庄子不能正对道路，正对庄子的道路叫穿心路，不吉利；若道路真的修到和庄子正对时，主人会在院子修照壁或在前门的正上方安装一面镜子以辟邪。

（二）立木房（上梁）

立木房（上梁）那天，要看皇历、选日子，尽量选择宜上梁的日期。方法同前。

上梁时，主人要请人用红纸写上对联贴在正房前的两个明柱上，比如："竖千年柱，架万代梁"；"旭日悬顶，紫微绕梁"；"青龙缠玉柱，白虎架金梁"；"人和大梁正，世盛家业兴"等带有吉祥色彩的对联。

除此以外，还要在大梁上用红绿丝线绑上七苗针和七个铜钱并在大梁上写上"今日黄道吉日，上梁大吉大利；×年×月×日立"的字样，或者写"今日上梁，大吉大利；×年×月×日立"或"姜太公在此，大吉大利；×年×月×日立"等。也有的匠人直接在大梁上用毛笔或墨斗上的硬笔写上以上的字眼并署上自己的姓名。后世人不管什么时候都能据此知道建房的工匠是谁，房屋是什么时间建造的。

上梁时间一般定为中午12点钟。最后一根大梁要在12点时吊上去，大梁放好后，院子鸣放鞭炮，吹鼓手奏乐助兴，也有请人唱大戏的。

（三）用工人

1980年前，农村建房基本上是匠人（塬上有的人称匠人为大工或上工），要请专业技术人员；小工（塬上有的人将小工称为下工）则主要靠亲戚邻里帮忙，特别是上梁那天，邻里来的人很多，基本上不付工钱，一天管几顿饭即可。

20世纪80年代以后，有一段时间是光付给匠人工钱，其他的靠亲邻相互帮忙。再往后就逐步过渡到全部要付工钱。

现在多采用包工包料的大包形式。

（四）谢匠人

在农村，建房是一个家庭最重大的事情之一。因此，主人十分重视，一般在开工、竣工和中间的某些日子都要设宴款待匠人。特别是竣工日，要设很多宴席答谢工匠，借机邀请村里的干部或有威望的人作陪，以感谢他们建房期间的辛劳和日常生活中对自己家中的照应，睦邻亲友。

匠人走时要带工程款或主人准备的礼品。

（五）搬新家

主人乔迁新居，叫搬家，亲友要去庆贺。

亲戚出门叫"添家"，一般都是主要亲戚，如姊妹们、出嫁女、外甥、外甥女或长辈。一般会拿脸盆、电壶、碗筷等生活必需品。也有特别重要关系的会征求主人意见拿一些贵重的东西。

搬家主要是搬锅灶。过去所谓搬新家，只是房子换了，锅灶上的主要用品并没有变，因此，也有人搬家时，选择良辰吉日先将锅灶搬进去，响一些鞭炮就算搬家了，其余的就抽空再搬。现时，有些人即使住新房、用新家具，也会根据自己的情况选择合适的日子先把锅灶搬进去，响一些鞭炮，就算搬家了，其余的随后任意时间即可。

朋友庆贺一般叫随礼，会根据社会行情和双方的交往情况给现金。

第四节 交通运输民俗

临渭区由于地势平坦，即使位于台塬地区的东西两塬的顶部也是平坦的，加之河流较少，因此，临渭区人民出行是比较便利的。

一 陆上交通运输工具

（一）大车

20世纪50年代以前，大车是当时一种最主要的交通工具。它的主要功能是拉土拉粪、长途贩运，有时也拉人。动力是骡、马、牛。

大车主要由两部分组成：一个车身，两个车轮。车轮直径一般为四尺，十八根辐条，一个圆毂。车毂直径约一尺，长约二尺，两头小中间大，两头再加两道约一寸宽的铁圈将其紧紧箍住。

大车制造技术难度较高，必须由专业制造大车的木匠打造，还需铁匠配合。

大车

　　木匠打造车身、车轮主体；铁匠制作一些铁的部件，如车轮瓦、铁键、铆钉、铁环等。

　　制作大车，从选料开始就有很多讲究。民间有"洋槐辕、榆木桄、槐木柱子走四方"的口诀，讲的就是制作大车的用料主要是洋槐、榆木和国槐。洋槐木硬度大，不易折断，主要用来做车辕；榆木韧性好，主要做车桄；中槐木不容易裂缝，硬度又大，主要做车柱。

　　车轮制作是大车制作最核心最关键的工艺。技术要求更高，做工更复杂、精细。

　　构成车轮的部件主要是车辐、车辋和车毂。

　　车轮制作也很有讲究，用料及干湿标准都很严。民间有"隔年的辐条，当年的辋，要用（榆木）疙瘩（做车毂的料）树上长"的口诀。意思是说，车辐条要用最干的木料，越干越好。因为辐条两端用榫卯，如果辐条用料不干，水分太大，辐条收缩后，结合变松，影响结构及安全；车头的木料要潮湿，因为，随着木料渐干收缩，榫卯相应缩小，榫卯会越来越紧，车体结构会更加牢固；车辋用料湿度介于车头与辐条中间。

　　过去的大车不是每家都有，只有家境较好的人家才能拥有，相当于现代人家里拥有的豪车。因此，制作时，为了保证使用更长久，在易碰、易磨、易折的地方都钉装了铁制器。如耐磨部位的前后聂子桄、车厢前后的车枕上、车厢板上、车轮的外围等地方都包钉了铁带。易碰部位的辕头、辕尾、将军柱顶、车两边的外桄头都用皮了包裹。在防腐处理上，还有"二十四"不见天的说法，指车体上朝天的二十四个卯头及平桄都要用铁严实地包裹，目的是不让雨水轻易侵入。

在临渭区民间，还有一种做工更为精致的大车，带有顶棚，四周挂有精美布幔，做工更加考究，非常精致。民间称为"轿车"。主要用作拉人，结婚时接媳妇等。

大车属于豪车。车把式也不是随便什么人都能做，而是选用一些农村的能人。这些人，不管什么场合，手拿催马鞭，嘴叼旱烟杆，十分神气，有高人一等之感。因为，驾驶大车和其他任何运输工具相比，都不用走路。因此，民间有"离地三尺三，赛过活神仙"的说法，以形容驾车的人的自豪感和优越感。

大车很长时期内在临渭区人民的生产生活中都发挥了很大的作用，直至20世纪60年代产生了架子车后才退出历史舞台。

（二）地老鼠车（独轮车）

地老鼠车因其车头与地老鼠极其相似而得名，全国通用名叫"独轮车"。这种车在全国分布很广。

地老鼠车

在近现代交通运输工具普及之前，地老鼠车是一种轻便的运物、载人工具，特别是在北方的好多地方，几乎与毛驴或牛起同样的作用。

过去的独轮车，车轮为木制，有大有小。小者与车盘平，大者高于车盘，将车盘分成左右两边，可载物，也可坐人，以载物为主。应用中两边须保持平衡。

使用者为保持平衡，便于使力，在两车把之间，挂根"车绊"，"车绊"一般用麻绳或军用包扎带。驾车时把"车绊"搭在肩上，两手持把，以助其力。

独轮车一般为一人往前推。载重时，也可一人在车前头拴根绳子往前拽。

由于车子只是一只单轮着地，不需要选择路面的宽度，所以窄路、巷道、田埂、木桥都能通过，适应性很广。

独轮车 20 世纪 60 年代还在使用。直至架子车面世以后，独轮车才失去了自己的价值。

（三）架子车

架子车是用结实的木料做成，在临渭区，一般用中槐木做车辕，用其他杂木做车厢，两边装两个像自行车那样的轮子（比自行车轮胎要粗一些），两根长而平直的车把，中间一根结实的攀绳套在使用者的肩上。

拉车时，人站在两个车辕中间，两手握住车辕合适的部分，尽量靠前，这样省力。肩上套上"车绊"，弓腰屈腿向前拉动。

如果车上装的东西较轻，也可倒行推着走。

架子车曾经是临渭区农村人必不可少的重要运输工具，在农村没有机动车的年代，全靠它来运输。种田用它往地里运肥，往家拉麦子、玉米、棉花等。建房子用它拉土、拉砖头、拉水泥。过年出门时，孩子多的也用来拉孩子。家里有人得了重病也用得上架子车。

架子车的使用年代大约在 20 世纪 60 年代到 90 年代。

再往后，随着社会的发展，以手扶拖拉机为代表的机动车在临渭区农村应用，架子车逐渐退出了历史舞台，但在一些偏远的地方仍有使用。

二　水路交通运输工具

临渭区境内由于只有一条河流——渭河，自西向东流出，河道几公里宽，又不太深，虽然常年有水，但只有部分时段能满足水路交通需求。因此，临渭区的水路交通在漫长的历史长河中算不上发达。

临渭区在渭河的水路交通，最早始于春秋时期，由华阴三河口逆行而上，到达咸阳。入境货物为食盐、粮食等，出境货物为棉花、山货、土产。由于渭水流量不定，来往船只均为窄长的木船，逆水日行 40 里，顺水日行百里。航行多在 3—10 月，约计 240 天。汉武帝元光六年（前 129 年），为便于运输，发动数万人，西起长安，挖了一条长 300 余里的漕渠，引渭水通航，三年修成。

据南大吉编《渭南志》记载：汉漕渠在县城北 1 里，渭河在漕渠以北。后隋文帝修一次，唐代又修渠两次，为当时的主要运输线。清代以后，终因泥沙淤积，渠废。民国二十七年至三十年（1938—1941 年）渭河共有行船 250 只、圆船 200 只，每只行船载重 6 万斤，圆船载重 1 万—2 万斤。往来地点，一由龙门经三河口至咸阳，一由河南陕县经潼关、三河口至咸阳。本县停泊口岸有上涨渡、白杨寨。陇海铁路通车后，航运被铁路运输所代替。到民国三十四年（1945 年）木船运输遂绝，唯留各个渡口的摆渡运输。1958 年，三门峡治理黄河工程拟开通渭河航运，建立了造船厂，同时成立关中航运公司。1964 年治黄方案调整后，航运公司于 1969 年撤销，造船厂也于 1972 年改建为建筑机械厂。

渡口清代有张义、白杨寨、穆家、沙王、下涨、上涨、陈家滩、仓渡、青龙 9 个。由于设备落后，客货运输极为不便。特别是通往渭北干道的上涨渡口，行人、车辆、货物混杂，摆渡繁紧；如遇汛期，河水突涨，河堤崩陷，摆渡遂停，行人望河兴叹，甚至风餐露宿。河水跌落后，木船又无法靠岸，行人须涉水而行。中华人民共和国成立后，对渡口进行了建设和管理。1955 年增设拖轮摆渡，无汛期则用木船拼搭浮桥，提高了摆渡效率。但由于客货运量不断增加，木船摆渡仍不能适应。1969 年，建成渭河大桥，才彻底解决了南北阻隔的局面。至 1983 年保留的有青龙、闵家、田家、布袋张、高家、沙王、赵村、西庆屯、仓渡等 10 个渡口，摆渡木船 16 只。

2006 年，随着渭富、渭蒲大桥的建成通车，极大地便利了南北交通，渭河上的水路交通就彻底消失了。

三 出行及讲究

临渭区由于地处关中东部，有"八省通衢、三秦要道"的称谓，地势平坦，出行较为方便。另外，临渭区人民自古以来有经商的习惯。交斜、孝义都是古时著名的商品集散地。官道、官底、官路等地又是著名的经商及官方重要的交通要道。

旧时，临渭区人民出外经商主要南去成都、重庆，西去兰州、青海、新疆，北去榆林，东去河南、山东。由于旧时条件的限制，要么走路、要么坐驴车、马车等，不大方便。

中华人民共和国成立后，由于实行集体化，人们出行受到较大限制，也逐渐以坐火车、汽车为主。到了 20 世纪 80 年代以后，出行方便多了，但还是以坐汽车、火车为主。

现在，随着高铁的发展，临渭区人民出行的选择更广了。

旧时，人们出远门时，都要给祖宗牌位上香、叩头，告慰祖宗之灵，祈求保佑平安；家里人要做"好吃的"饯行；回来后要设宴接风洗尘。

第四章

手工业民俗

手工业是指使用简单工具，依靠手工劳动，从事小规模生产的工业。它最初与农业融为一体，属于农民副业性质的家庭手工业。农民把自己生产的农副产品作为原料进行加工，或者制造某些劳动工具和日用器皿。其产品除满足自己的需要外，多余的予以出售。随着第二次社会大分工，手工业从农业中分离出来，形成了独立的个体手工业。个体手工业的特点是以一家一户为单位，使用私有的生产资料分散经营，一般不雇佣工人或只雇佣做辅助性工作的助手或学徒，并以本人的手工劳动作为生活的主要来源。

临渭区手工业的特点是原材料以就地取材为主，产品以生产生活必需品为主。

由于临渭区地处秦岭北麓，山地、塬区多出产藤条、竹子、麻、硬杂木等。因此，围绕这些原料形成的手工业十分发达。

第一节　建筑行业民俗

一　木匠

木匠是一种古老的行业。木匠以木头为材料，他们伸展绳墨，用笔画线，后拿刨子刨平，再用量具测量，制作成各种各样的家具和工艺品。

木匠从事的行业是很广泛的，他们不仅可以制作各种家具，建筑行业、装饰行业、广告行业等都离不开木匠。盖房子是木匠最主要的工作之一。

木匠所用工具主要有斧头、刨子（临渭区民间也叫推刨）、凿子、锯子、墨斗、鲁班尺等。

在临渭区渭河南北，民居基本上是木房。箱子、柜子、桌子、椅子、车子、风箱等家具多用槐树、楸树、桐树、香椿树等硬杂木料来做。因此，木匠在临渭区分布很广。

木匠是手艺人，民间对木匠很敬重。家里需要做木活时，往往是将木匠请到家里做工，吃饭四个菜碟，烟酒招待，完工后再拿四样礼物。渭北有些地方谢木匠时讲究"九碗十三花"。

20世纪80年代后期，木工工具逐渐被现代工具所取代。随着盖房楼房化，门窗钢铝化，农村的木匠行当逐渐式微，从业人员呈老龄化状态，主要做棺材和一些修修补补的事情。

二　铁匠

铁匠就是打铁或锻造铁器的工匠。

铁匠也是一门古老的职业，他们以铁为原料，靠一把小小的铁锤打造出各式各样的生产工具和生活用品来养家糊口。

铁匠一般都有一个自己的铁匠铺，有一座用来煅烧铁坯的火炉。打铁时，火炉温度很高，铁锤击打铁件时冒出的铁花温度也很高，溅到衣服上会将衣服烧很多洞，严重者会烧伤皮肤。因此有"官前头，马后头，铁匠炉子旁边甭圪蹴"的说法。

火炉的连接处有一个用手拉的风箱，主要用来控制火的温度和力度，一般称为掌控火候。火炉所用的燃料是木炭或煤炭。

打铁时，对木炭和煤炭的要求比较高，100公斤煤炭中大约只有十来公斤煤可以用来打铁，能够打铁的炭叫铁炭。

铁匠大多都会收徒弟，一般会带一到两个。学徒的主要工作是用一把比自己师傅的大出五六倍的大铁锤，帮助师傅把用来制作工具的、被炉火烧熟了的铁毛坯打成所需的形状，在最后工具成形阶段就没有学徒的活了。学徒真的要出师，就要拜师傅，送礼或摆拜师宴。

铁匠用来打铁的工具有小铁锤、大铁锤、铁夹、砧子等。

大约20世纪80年代中期以前，各个集镇都有铁匠铺子，主要打造铁链、扒钉、角件、门闩等。

80年代后期，由于工业化的发展，铁件用品基本上可以买到，因此，铁匠行业开始式微，现在处于绝迹边缘。

在临渭区，只有渭北乡下至今还有少量的老铁匠在打铁件。

三　石匠

石匠，是指从事采集石料或宝石原料，将石料加工成产品的手工业者。石匠的主要工具是一把大锤、一把钢钎。

石匠在这个世界的各个职业中不是很抢眼，但是石匠却是历史传承时间最长最久的职业，从古石器时代的简单打磨石头，到现代的石雕工艺和艺术的完美结合，都离不开一代代石匠们默默地奉献。

许多流传千古的碑文，许多精美绝伦的石刻佛像，许多精巧的宝石雕刻，包括那些经典的石桥技术，都是石匠们的杰作。因此，从某种意义上讲，石匠对中国数千年历史文化的发展传承，起到了功不可没的作用。

临渭区由于处于秦岭北麓，石材丰富，石匠多出在沿山地带，主要是采石建房、铺路、修桥或为渭河防洪堤提供护坡石料。

近年来，随着人们生活水平的改善，城乡居民多为逝去的先人们立碑，产生了一些刻碑文的新石匠。碑石是从 60 公里外的富平县拉的。

四　砖瓦匠

砖瓦匠是指从事砌砖做墙、上瓦盖房等活动的工匠。主要工具是一把泥壁、一把瓦刀。

在临渭区，泥瓦匠和木工一样重要，分布很广，从业人员较多。现在，随着大型设备的使用，泥瓦匠的工作方式发生了一些变化，但在社会上依然很重要，虽然活较重，但收入还不错。

五　小炉匠

小炉匠是指担着担子走村串户，焊个小东小西，如铜瓢、铜壶、锡金酒壶，配个钥匙一类的手艺人。

这些人大多心灵手巧，做工细心，很受大家欢迎。工具主要有风箱、木炭（无烟煤）、小火炉、焊锡、挫子、剪刀、锤子等。

20 世纪 80 年代后开始式微，现在已绝迹。

第二节　生产生活行业民俗

一　裁缝业

过去，农民的衣着主要为农村妇女自己缝制。工具为尺子、剪子、针及熨斗。

裁缝业是指依靠缝纫机给人做衣服的行当。一般都有自己的铺子。民国时期，随着缝纫机的出现，开始有专门的缝纫店铺。中华人民共和国成立后，缝纫机遍及整个城乡。裁缝业最红火的时期是20世纪80年代至2000年中期。2000年中期以后，随着南方服装业的发展，手工裁缝业开始走下坡路，但临渭区城乡仍有不少人从事这一职业。主要业务为：做衣服、钉扣子、换拉链、缝缝补补、截长补短等。

现在的渭南城区及大的集镇仍然能看到裁缝铺子，生意还不错。

二　印染业

印染业主要是在民间染布，一般家庭染纯黑色的比较多，也有染红、蓝、绿色的，也有印花的。

80年代以前，城乡青年结婚，时兴印花门帘。

现在，随着纺织业的发展，印染业小作坊在城乡基本绝迹。

三　陶瓷业

陶瓷业是指将泥坯烧成陶器或瓷器的行业。临渭区自古以来有烧制陶器的传统，临渭区丰原镇的灌芝村就是因古时烧窑制瓦罐而得村名。

现在，传统的制作普通陶制品的陶瓷业在临渭区已经不复存在。但是，制作各种工艺品的黑陶制作还较盛行，且已申请为省级非物质文化遗产。

四　藤编业

藤编是利用山藤编织各种器皿和家具的一种传统实用工艺技术。临渭区的藤编历史悠久，品种繁多，工艺精湛。

主要原料有藤条、山桃木条、黄蜡木条、柳树枝条、果树枝条等。山桃条子因其木质坚硬、柔韧性好，是编织筐子、粪笼、车笆、农耱的绝好原料。

原料来源：就地取材。

主要编织品有筐子、笼、车笆子、簸箕、笸篮、耱等。

藤编业在历史上，在人们的生活中曾经产生过巨大的作用，现在已基本消失。

五 竹编业

竹编是利用竹子编织各种器皿和家具的一种传统实用工艺技术。

临渭区的竹编主要集中在山塬地区（原桥南、花园、河西、阳郭、三张、大王一带），历史较为悠久。

原料来源以就地取材为主。

20 世纪 70 年代后期，人民公社化期间，临渭区搞南竹北移，从南方引进毛竹种植成功，带动了竹编业的大发展，整个渭南南塬各个乡镇都有竹编业，带动了当时地方经济的发展。

主要编织品有各种用途的竹笼、竹筐、焯滤、竹席等。

现在该行业已经萧条，主要在桥南、河西一带才有。

六 草编业

草编是临渭区民间广泛流行的一种手工艺品。是利用本地所产的草，就地取材，编成各种生活用品，如提篮、果盒、杯套、盆垫、帽子、拖鞋和枕席等。有的利用事先染有各种彩色的草，编织各种图案，有的则编好后加印装饰纹样。既经济实用，又美观大方。

临渭区的草编主要以麦秆为原料。

每年麦收后，农村人都要掐些麦秆，在农闲时掐辫子，可以做草帽、编蚂蚱笼，也可以做很多的其他手工艺品。

阳郭镇阳郭村是当地最大的草帽编织品集散地。桥南镇花园村的草编已经成为临渭区草编业的一大亮点，产品有各式各样的精品草帽、草编垫子、草编果盘、围棋盒、香包、婴儿摇篮、花瓶等 60 余种，现已成为渭南市非物质文化遗产并在中央电视台做了报道。

编草帽

七　制桶业

桶是民间担水盛水的工具。旧时以木桶为主。原河西乡（现归阎村镇管）就有一个村叫作桶张村，听村里人讲，这个村很久以前就因制作木桶而闻名，因此，叫作桶张村。

20 世纪 70 年代后期，制作镀锌铁皮桶在渭南塬上很盛行，主要集中在原线王乡徐村（现归崇凝镇管）一带。每天早上，一个人骑自行车带几十个桶下龙尾坡的场面是一道独特的风景，展示了农民们高超的技艺和过人的胆量。

现在，该行业随着工业化的发展已经消失。

八　麻编业

麻编业是指以麻为原料制作生产生活用品的民间工艺技术。

当地的麻编业主要在塬区。最著名的有崇凝镇冯村的草鞋编织和三张镇椹李村的合麻绳工艺。

20 世纪 80 年代以后，由于工业化的发展和种麻业效益低下，麻编退出了历史舞台。

九　芋编业

芦苇在临渭区也叫芋子。芋子编织是指以芋子为原料编织生产生活用品的手工技艺。

20 世纪 80 年代中期以前，由于生活需要，加之临渭区塬上又盛产芦苇，这样就产生了芊子编织业。

主要产品有席子、箥子、垫盖、篓子、粮食囤等。

上好原料做席子，次一点的原料打箥子，用以盖房时苫到椽上座泥施瓦。

80 年代中期以后逐渐式微，现在基本绝迹。

十　酿酒业

临渭区酿酒的历史很短。现存的崇凝酿造厂是 1958 年建立的。当时的大公社（崇凝区）辖崇凝、线王、丰原、花园、河西、桥南 6 个公社。由当时的大公社区委牵头，桥南、崇凝、丰原 3 个公社出资、出人员，筹建了崇凝酿造厂，地址坐落在崇凝街道。

崇凝酿造厂现主要生产经营白酒、醋。尤其是以白酒为主要产品，酿酒原料主要是玉米、大麦等粮食，无其他化学添加物，酒色清亮，味道香醇，深受人们欢迎。

十一　制醋

临渭区的山区、塬区出产柿子，且临渭区的柿子色泽艳丽，含糖极高，是制作食用醋的绝好原料。制醋业在临渭区民间很盛行，特别是山区和塬区，几乎家家户户都会做。

20 世纪 80 年代以后，随着社办企业的兴起，东西两塬先后建立了几个制醋厂，都因规模生产上不去或因经营不佳而发展受限，但渭南塬上的

丰原农家柿子醋

柿子醋却是出了名的好。逢年过节，人们以能有渭南塬上的柿子醋为荣。

塬上柿子醋的制作工艺已成为临渭区非物质文化遗产。

十二　油坊

油坊是农村民间榨油的场所。以往油坊一般秋后开工，春耕大忙前收摊。以黄豆、花生、芝麻、棉籽、油菜籽等为原料进行榨油。榨油所余之渣因其形圆，统称为饼。豆饼、花生饼、棉籽饼皆是上好的饲料和有机肥料。

中华人民共和国成立前，油料加工基本在土油坊进行。1952 年，渭南合作油厂建成，改为机械化生产。之后又扩大为棉油加工厂，1965 年到 1976 年，主要是改进工艺，增加机械，增加产量。1976 年以后，官道、下吉、南七、蔺店、凭信、交斜、南师、孝义、龙背、信义、闫村、故市、周家、田市、官底、辛市、官路、丰原等先后办了 18 个社办油厂。

20 世纪 90 年代以后，随着工业化发展，农村小作坊逐渐退出历史舞台。

十三　豆腐坊

豆腐是临渭区人非常喜爱的一种食品，因其口感好，营养丰富而受欢迎。

制作豆腐的原料为黄豆，一般要经过泡豆（春季五六个小时，夏季三四个小时，冬季七八个小时较为合适，时间过短导致渣多，时间过长会影响出浆率）、磨浆、滤渣、点兑加料、煮浆、压制成型、切块分包等七道程序才能完成。

过去，豆腐作坊分布较多。由于制作不算很难，工具要求不是很高，很适合家庭作业。因此，20 世纪 80 年代后，在市场经济条件下，许多家庭小作坊生产豆腐，这已经成为农民致富的一种手段。2000 年后，随着市场的深化，规模化的大型豆腐作坊兴起，主要供应酒店、商场、蔬菜批发市场。

现在依然是家庭小作坊和规模化的豆腐作坊并存的局面。

十四　吊挂面

挂面在某种意义上讲是一种半成品快餐。因其耐储存、口感好、加工方便而深受人们喜爱。在很长一段时间都是农村人走亲戚看望月子人的必备品，即使现在也是这样。

挂面

临渭区最有名的挂面是崇凝镇花庙村的空心挂面。

花庙村手工挂面起源于民国初期，已经有 100 多年的历史，以精白粉、碘盐、当地特有的优质矿泉水为原料。需要经过和面、摆面、敞面、盘面、搓条、上面筷、开面、上架、分面、晾面、切面、绑面等十几道工序方可完成。

花庙手工挂面细如发丝、清如白玉，而且口感好，好看好吃，营养价值高，有补血益气、养阴补虚、增强免疫力的功效。

花庙挂面制作工艺已成为临渭区非物质文化遗产。

十五　压粉条

粉条是临渭区人饭食中的重要食材之一，用红薯粉做成。困难时期，只有逢年过节时或者家里来了客人之后才能吃到粉条。

临渭区盛产红薯，每到秋季，人们把挖回来的红薯凉一下就放到红苕窖里去了，把一些挖伤的或个小的红薯用粉碎机打碎，提取淀粉。用开水将晒干后的淀粉烫开，加适量明矾揉匀后，用饸饹床子压成粉条在锅里煮熟即可。

在渭北一带，也有将淀粉潵成糊状，然后从有窟窿的容器中用击打的办法打出做成粉条，叫打粉条。

2000 年以后，随着市场化发展，家庭压粉条已经很少了。

十六　镟柿饼

镟柿饼，在临渭区民间也叫镟柿葫芦。

霜降过后，柿子彻底成熟了，也耐储藏了，人们相对也闲了，是镟柿饼的最好时机，人们用小刀将柿子皮镟掉，拴到线绳子上在太阳底下晾晒，柿子皮则放在太阳底下晒干。

将晾晒好的柿饼放到缸中，上面覆盖柿子皮，再用盖板将缸口封好，阴储几十天即可。

储好的柿子饼里面的糖渗出成白色结晶状，口感劲道，味道很甜，营养丰富，是招呼客人的佳品，也是集市上的宠儿。

一般以家庭小作坊为主，家家户户都能做。

第三节　服务行业民俗

一　剃头匠

剃头

剃头匠是旧时为别人剃头理发并以此为主要谋生手段的人。一副担子走天下，一头担热水炉，一头担工具箱并作为凳子坐。

剃头匠在旧时没有地位，常被人看不起，被称为"下九流"。20世纪70年代，一个剃头匠常常包几个村的理发，理一次大约一毛五，包头每人一年一元钱理10到12次。80年代后，新型美容美发业取代了走街串巷的剃头匠，该行业基本消失了。

二　鞋匠

旧时在农村走街串巷修鞋的手工艺人叫鞋匠。一般是一个马扎、一条围裙、一团针线、一条破自行车胎、一盒铁钉、一副铁锭、一把锤子，再带一个工具箱就行了。

20世纪后半叶以前，修鞋匠主要在城乡修布鞋，20世纪后期被现代修鞋业所取代。

三　皮匠

皮匠，一般是指用皮革制作物件的工人或者修理、制作皮鞋等的手工艺人。

20世纪80年代以前，临渭区民间的皮匠主要是制作皮绳、皮衣、蒙鼓面（绱鼓）。制作皮绳、绱鼓主要用牛皮，制作皮衣主要用羊皮、狼皮、兔子皮等。

制作时，先要将牛、羊皮用硝熟好，待皮子柔韧后才能制作，用熟好的牛、羊皮制作的皮具好用。

20世纪80年代后，开始时兴穿皮鞋，那时穿皮鞋是件很显派头的事情，给皮鞋钉上两只走起路来"叮当"响的鞋掌更是时髦之举，完成这项工作的便是皮匠了。

如今的修鞋已经机械化了。但是在街头巷尾，还依旧可见昔日被称作"皮匠"的师傅，一个简陋的工具箱，加上钻子、钉子、锤子和几把切刀，组成他们养家糊口的摊子。不过，随着生活水平的提升，现在的皮匠所修的皮具也呈向高档化发展趋势。主要是换拉链、补鞋洞、粘饰物以及保养等。

四　洗浴业

洗浴业是以综合洗浴、足浴、水疗、娱乐休闲场所为主的服务业。

传统洗浴业主要是洗浴单项业务。

临渭区的洗浴业兴起于20世纪50年代，主要在城区，乡下几乎没有一家洗浴从业者。城区也只有一两家小旅社带有洗浴。随后发展起来的洗浴业也是从旅社中分离出来的。城区最著名的浴池当属位于一马路东小桥西的"工农兵浴池",基本上是个大池子,里面放一些热水,客人混浴。

80 年代的"瑞芳泉"浴池很有名气。随着生活水平的提高,一些有经济头脑的农村人也在集镇上开了浴池,持续了不到十年时间。随着太阳能热水器的开发发展,农民们在自家的房上安装了太阳能热水器,集镇浴池便逐渐被淘汰。

90 年代后期开始,随着社会发展,宾馆业的发达,宾馆的客房都可以洗浴。洗浴业的形态也发生了很大的变化,形成了洗浴、足疗等为主的专门的新行业,这些行业从宾馆分离了出来。

五　饭庄

旧时吃饭主要在客栈,客栈为客人提供住宿、吃饭,也为牲口提供歇息吃料、饮水的业务。

20 世纪 50 年代,公私合营后,私营客栈消失,国营食堂兴起。临渭区最著名的国营食堂算是位于北塘街口的东风饭店和位于一马路东端的国营饭店。乡下的镇上也有一些集体食堂,规模都不大。

80 年代以后,随着改革开放的深入,私营饭店如雨后春笋般兴起。90 年代的一段时间里,政府财政困难,有些饭庄硬生生地被欠账拖死了。2000 年以后到党的十八大召开,饭庄(店)又迎来了新的生机,经营很红火。

六　茶楼

中国是茶的故乡。中国人饮茶的习惯始于南方。茶楼的兴起最早现于广州,有的叫茶馆,有的叫茶庄,有的叫茶秀,有的叫茶座,不一而足。总之都是喝茶聊天、打牌娱乐的地方。

说到饮茶历史,在 20 世纪 50 年代到 80 年代,临渭区最早给出行人提供茶水仅限于渭南城,一些市民摆个小摊,卖白开水,一高玻璃杯白开水卖一分钱,带点食品色,加点糖精的卖两分钱。渭南东塬的龙尾坡和东塬坡口的古树旁的庙里也有供应的开水,为上下塬的人们提供服务。

到了 90 年代末,茶楼被引进到了渭南,开始有了茶庄,以同盛兴最为有名。后来,商家纷纷效仿,茶庄在渭南城如雨后春笋般快速兴起,有的喝茶、有的聊天、有的打牌、有的谈生意、有的谈事情,生意火爆。

2000 年后,随着经济发展,一些大的集镇也有了茶庄。

从茶楼的装饰上讲,有的仿古,有的现代,有的回归自然,模仿乡村，体现田园风光。

2010 年，位于西四路的水中天茶楼以其高品位装修，高起点策划运营以及现代化的管理模式，赢得了顾客的青睐，是渭南市茶文化的一面旗帜。

七　足浴

足浴可以促进人体脚部血液循环，达到改善脚部经络，促进人体健康的目的。

"春天洗脚，升阳固脱；夏天洗脚，暑湿可祛；秋天洗脚，肺润肠濡；冬天洗脚，丹田温灼。"苏东坡曰："热浴足法，其效初不甚觉，但积累百余日，功用不可量，比之服药，其效百倍。"又在诗中写道："他人劝我洗足眠，倒床不复闻钟鼓。"足见足浴的重要和历史的悠久。

现代足浴作为一个产业，起源于南方，也只有十多年的历史。渭南城区的足浴始于 2000 年左右，至今一直比较活跃。

足浴以洗脚为主，辅助以按摩、推拿、洗耳、足疗等业务。

近年来，随着科技的进步，市场的发展，产品的丰富，一些足浴产品走进家庭，人们也可以在家里做一些足浴活动，既方便又经济，很受广大群众欢迎。

第五章

商 贸 民 俗

第一节 庙会

一 庙与庙会

庙最初是指供奉神灵或供奉祖先灵位的建筑。

庙会亦称庙市,中国的市集形式之一,唐代时已经存在,在寺庙节日或规定日期举行,一般设在寺庙内或其附近,因"庙"而会,故称"庙会"。

庙会起源于远古时期的宗庙祭祀制度。在远古时期,祭祀是人们生活中一件经常而又具有重大意义的事情,所以《左传·成公十三年》中有"国之大事,在祀与戎"的说法,意思是说祭祀和战争一样,都是国家生活中的头等大事。早期的祭祀主要是祭祀祖先神和自然神。在祭祀祖先神和自然神的过程中,人们聚集在一起,集体开展一些活动,如进献供品、演奏音乐、举行仪式等。这种为祭祀神灵而产生的集会可以看作是后世民间庙会的雏形。

庙会起源于寺庙周围,所以离不开"庙";又由于小商小贩们看到烧香拜佛者众多,就在庙外摆起各式小摊赚钱,渐渐地成为定期活动,所以叫"会"。久而久之,"庙会"演变成了如今人们在节日期间,特别是春节期间带有娱乐活动的商品交易集会。

庙会是中国民间宗教及岁时风俗,在寺庙的节日或规定的日期举行。南北朝时,统治者信仰佛教,大造寺庙,与佛教有关的菩萨诞辰、佛像开光之类盛会乃应运而生。商贩为满足游人信徒之需,百货云集,遂成庙市。北宋时,开封府大相国寺庙会极为有名,有"千古第一才女"之称的女词人李清照曾与其夫赵明诚相偕至庙会,留下一段佳话。

二 庙会特征

民间庙会有自己的核心特征，即在经济技术方面是百货交易，在社会组织方面是"社"或"会"，在意识形成方面是礼神娱神。这是我国庙会能够长期传承的经济基础和民俗惯制。

庙会是把寺庙的节日变成了地方性的节日，把宗教的节日变成了世俗的节日。所以，那些独特的地方性求神活动、非宗教性的娱乐休闲活动及集市活动才得以自然而然地融入庙会。早期的庙会更多地带有宗教的色彩，后世的庙会与其说是宗教活动倒不如说是地方性民众节日活动。

庙会还是一种综合性的民俗活动，关系到宗教信仰、商业民俗、文艺娱乐等诸多方面。由于各地的历史、地理、物质条件、民俗传统和人们的审美标准差异很大，因此，各地的庙会又各有其特点，在宗教信仰、商业民俗、文艺娱乐等几个方面各有所侧重，这就形成了各地庙会互不相同的生活美，但都是当时当地条件下人们认为的美好生活方式的一种体现。

三 主要内容

在庙会上，除了交易活动外，早期庙会少不了如祈福、求子、占卜等民俗活动。

随着时代变化，到了近现代，古老的庙会又增添了不少新内容，借庙会之时洽谈生意、展示民俗等，像舞狮、耍猴卖艺、传统民族花会、近现代舞蹈、民俗人物造型、老地方老照片展、民间手工艺展、特价书市、地方戏曲、武术、杂技专场等，形成了集旅游观光、休闲娱乐、购物餐饮为一体的近现代集会，具有鲜明的民族特征和地域特色。

1. 祭神仪式

庙会风俗与佛教寺院以及道教庙观的宗教活动有着密切的关系，往往需要举行祭神仪式，例如，"行像"活动，"行像"活动就是把神佛塑像装上彩车，在城乡巡行的一种宗教仪式，所以又称"行城""巡城"等。出行时行进的队伍中以避邪的狮子为前导，宝盖幡幢等随后，音乐百戏，诸般杂耍，热闹非凡。

2. 祈子活动

庙会一开，八方来拜，敬神上香，祈愿还家，这是围绕"庙"和"会"展开的活动，是传统庙会的主题。其中带有巫术意味的祈子活动，最典型地体现了中国传统文化的特点，这是由中国农业社会的性质决定的。几千年的封建社会，人们的生存环境基本上没有发生改变，子孙后代的繁衍成为千百年来的头等大事。所以，祈子这种远古的巫术形式，便会附着于各种集会形式展现出来，庙会便是其典型代表。

3. 民间演出

庙会还是与文化娱乐有关的节日活动，有各类民间艺人进行表演。

本地的庙会节日活动主要有：秦腔戏、木偶戏、双簧、魔术（中国古称"幻术"，俗称"变戏法"）、数来宝、秧歌、高跷等。

四　庙会名称、时间、地点

庙会的名称，一般以庙的名称命名，如城隍庙庙会、关帝庙庙会等；有的以所在地名命名，如东关庙会、南关庙会等；有的以庙会日期命名，如四月八庙会，十月一庙会；有的以出售的主要产品命名等。

庙会有的是一年一度，有的一个月内就有数天，会期除固定的，还有不定天数的，形式较多，以地方民间约定成俗为主，没有统一的规定。

旧时的庙会主要分布在各个寺庙周围，随着后世发展，原来属于民间信仰的敬神活动，纷纷与佛道神灵相结合。其活动也由乡间里社逐渐转移到了佛寺和道观中进行。在佛、道二教举行各种节日庆典时，民间的各种社会组织也主动前往集会助兴。这样，寺庙、道观场所便逐渐成了以宗教活动为依托的群众聚会的场所了。

五　经费来源

古时除由平时的香炉钱收入作为支出外，地方上还会依每户男丁数认捐，俗称收丁钱，由炉主或头家挨家挨户收取。近现代的庙会由于已发展成为一种集市，所以会有专门的管理者来组织和管理各个经营者及其商铺，并收取一定的费用。

六　土产市场

土产市场，是庙会贸易的主体市场。

解放前的庙会，在开展贸易活动之前，要举行祭神仪式。清晨，从地方官员到有身份的乡绅，都要沐浴更衣，穿戴整齐，跪拜神灵。祭神仪式之后，贸易活动才能自由开展。

中华人民共和国成立后，敬神仪式被打倒了，就变成了农副产品交易会，交易种类很多，主要有农具、日用品、家禽家畜等。有些地方还将庙会称作"骡马大会"。尽管形式内容变来变去，但庙会的日期基本上是固定的。

七　饮食市场

庙会具有明显的游乐性质，和平时集市相比，饮食市场特别发达。

庙会期间，临时建成的饭馆、酒馆、茶馆林立。从前，农民赶会时，为了省钱，一般自带干粮（自己家蒸些馍或烙些锅盔）。他们进了这种饭馆后，将干粮掰成小块，由店家加工。农民们说，到这种饭馆吃饭，"花钱不多，吃的煎火"（"煎火"是关中方言，即热火的意思），很受农民欢迎。

八　庙会的两面性

庙会文化是一种复合形态的文化现象，具有明显的两重性。常常是民间艺术、经济活动与封建迷信活动交织在一起，鱼龙混杂，多方面影响着受众。长久以来，虽然各级有关部门始终对庙会进行着有针对性地疏导和管理，但是，由于我国尚有相当部分的民众受到文化修养、精神素质和人生观的局限，还会进行诸如赌博、行骗或带有严重封建色彩的迷信活动，因此，庙会文化具有严重的两面性，应正确加以引导和规范。

九　临渭区人与庙会

（一）三月三，信义乡苍渡城隍庙会

苍渡城隍庙，始建于东汉光武帝建武三年（27年），为光武帝刘秀敕旨修建，纪念在危难之中舍身摆渡帮他过河的一个闵姓船夫。庙宇规模宏大，建筑雄伟。在历代战乱、地震等天灾人祸中，屡毁屡建。中华人民共和国成立前，为了兴学而毁庙，拆掉了一部分，中华人民共和国成立后被彻底拆毁，现为苍渡学校校址。两千余年来，苍渡城隍庙一直香火旺盛，且有好多轶闻传说在民间流传。据说全国各地的城隍爷都是单玉带，唯独苍渡城隍爷是双玉带，且是独一无二的村城隍。

三月三的苍渡城隍庙会，自隋文帝开皇六年起，就有文字记载，整整延续了一千多年，在清朝中叶时达到鼎盛。庙会从三月三日起至三月十日止，共计八天。庙会期间，商贾云集，百技、戏班，对台竞演。尤其皮影班社，不下十台。城隍塑像，披红挂彩；香客的鞭炮，声声阵阵；晚上焰火，绚丽多姿。数十里的人都赶来逛庙会，看热闹。所以，苍渡村也成了店铺相接的商业集市，人称"苍渡街"。

苍渡街腊月二十一有一天古会。古会之盛，不及庙会繁荣热闹。庙会带动了苍渡商业的发展。随着城隍庙的拆毁，中华人民共和国成立后庙会也废止了，但腊月二十一的古会，现在依然保留着。

（二）四月八，下邽镇慧照寺庙会

渭南市临渭区下邽镇是渭南名镇，自秦始皇嬴政设立古下邽县至今已有2200余年历史。史上曾出过著名的三贤，唐代韩国公张仁愿、伟人的现实主义诗人白居易和北宋名相寇准，因此这里有三贤故里之称。

下邽镇境内的慧照寺建于晋代，历代香火旺盛，特别是唐代达到顶峰。内有五尊铜佛是寺内镇宝之物，至今犹存。

下邽镇立庙会是和慧照寺紧密相连的，但哪年开始设立庙会则不详。

庙会日期定为每年的农历四月初八。据说这天是佛祖释迦牟尼生日，因此下邽庙会的设立应该与佛祖释迦牟尼有关。

解放前的下邽四月八古庙会，盛况空前，西北五省乃至半个中国的客商都会来下邽参加庙会。即使一些山东海岸边上的商贾，也会沿陇海铁路坐着火车，带着生猛海鲜，来下邽赶庙会了。

除此之外，西北各省的药材，渭北各县的粮棉，商州、蓝田等地的山货、核桃、玉石，富平县庄里镇的瓷器，蒲城县的大瓮小海子，渭南来的百货商铺子带着油料、蔬菜、水果、牲口、猪羊、家禽、木材、药材、竹木制品、饮食、服务修理等大量涌入庙会市场，挤满了东西两关。有走路的、有骑车的，还有套着木轱辘大车的。女人们，尤其是穿着花花衫子的年轻妇女，一张张笑脸就像是盛开的牡丹花，喜笑颜开。赶着牲口的哥儿们，挥舞着鞭杆，"叭、叭"的在头顶炸响。耍猴的、耍杂技的还有耍其他把戏的非常多，热闹得很。跑累玩困了的娘儿们、等待恋人的小伙们，他们不管认识不认识，都会挤在洋槐树的浓荫下，没低没高地谝着离了谱的光头鬼话，时不时会传来开心的笑声。

（三）凭信乡庙河村庙会

凭信乡庙河村庙会主要奉祀汉光武帝刘秀，因此又称汉王庙会。庙会也奉祀药王孙思邈。开始会期是每年农历二月初二至初八，后以纪念刘秀为主，会期改定于二月初四至初八。汉王庙坐北向南，大殿由两栋各三间大房组成，北栋正中塑汉光武帝泥像，供奉有神龛、磬、签筒、香烛、祭器，正中门楣悬挂"汉光武帝"大匾。南栋全开间两行兵器架上插着 12 对刻有金瓜、钺斧佛手、铜锤、大刀、长矛、珍珠伞、朝天蹬等形状的油彩兵械，称为"銮驾"，显示皇帝的威严。南栋殿前有大钟、石碑、偏殿、山门等，两行古柏参天。药王庙位于汉王庙西南 60 米处，亦一栋三间，坐北向南，正中塑药王泥像。整个布局成中轴对称式，庙舍计大小房屋 15 栋 49 间。庙会占地 27130.6 平方米，庙外购地 46662 平方米。庙会开始前都要举行隆重的祭祀活动。先由住庙道士一人（着黄色服饰，戴柳条帽）从大荔县龙口或本村南井取回"神水"置于庙中，后由庙董（董事会董事）主持，于初四早洗漱后敲磬鸣钟，燃烛焚香，顶礼膜拜汉王、药王。之后，前来祭祀的善男信女接踵而至，有的抽签问卜，有的饮水祈子，有的领红头绳以求保佑孩子长命百岁。个个虔诚地奉香钱，献礼食（花贡），烧香跪拜。庙会期间，特邀两班大戏连续演出，并有羌白村的"血故事"，晋王村的高跷、芯子，庙河村的旱船、竹马等社火为之助兴。南山的木、竹及制品，北山的陶、石材料，青海、甘肃、宁夏、内蒙古、山西、河南等地的牲畜纷纷云集，形成了庞大的集市贸易市场。清末民国期间，庙会最为兴盛，会期常延续一月有余，人数多达四五万。庙会税收一半上缴，一半留为村用。庙河村用其资金为本村戏班置办戏箱，兴办学校，在周围颇有影响。1955 年庙会逐渐衰落，1975 年后庙院被毁，庙会活动停止。

（四）花园乡望岗岭庙会

望岗岭位于桥南镇岭西村北约 1 公里处，唐开元年间（713—741年）建有一白云观，占地 1.73 公顷，有前后左右殿堂四座，道房、戏台建筑古朴典雅，城墙合围，院中古松参天。书有门联"渭阳第一山，望岗双福地"。中华人民共和国成立以来，观内主持先后有少师、李师、赵师及苏师。每年农历二月十五为古庙会，方圆百里群众及信徒纷至沓来，主要为祈福求祥，纳财进宝。庙会活动久盛不衰，直到 1966 年被拆除。1995 年 1 月，附近村民自发筹款，在望岗岭建立一座 6 平方米庙宇，陕西省民政厅颁发了宗教活动场所登记证，庙会恢复。此后，每逢农历二月十五，周边乡镇有万余群众前来参会，并有秦腔、歌舞演出。

（五）蔺店镇程曹村庙会

蔺店镇程曹村庙会始于清光绪二十六年（1888年），由该村富户曹元坤兴立。曹元坤因儿子升官，拟借母亲诞辰，三月初三这天为神还愿庆典。消息传开，前来敬香者络绎不绝，当日请名戏一台，大摆宴席，车马盈门，凡来之人，均可用餐。此后，三月三庙会约定俗成，会期三天四晚，演戏开始，戏毕即散。时有庙宇三座（无量、关帝、三官），敬香者，日为三四百人。民国初年，程曹村人曹灵秀（字毓生）提出要"以庙兴教，以会养学"，"发展贸易，便利群众"，为此大家拥护曹以族长身份兼任庙会理事长，理事会下设5股（外交、总务、保卫、秘书、服务）12组。理事会对办好庙会采取了几项措施，如庙会以木料为骨干市场，理事会提前贴出海报承诺：凡参加本会贸易的木料，在散会之后如未卖完，所剩部分，全部由本会收购，一次付现，不欠分文。此招果然有效，招揽了南北二山的木头客（做木头生意的）。此后，庙会一般要延续半月左右。民国五年（1916年），以庙会经营积累的资金，建起了程曹村学校。此后，理事会除承担学校经费、教师工资外，还给贫困生发放笔、墨、纸张，直至解放前夕。庙会最盛大、时间最长的要数民国二十八年（1939年），会期一月有余（三月初三到四月初七），参会的有万余人。庙会分设专营市场13个（木头、竹箔、牲口、猪羊、小吃、百货、铁器、农具、布、杂货、药材、蔬菜、菜馆），外商云集，物品种类繁多。其间又有平原社、丕风社、光武社等秦腔剧团及马戏演出，每日所演剧目，均由理事会圈点，凡演唱俱佳者，由理事会鸣炮搭红，发给红包，气氛十分热烈。当时群众流传有这样的顺口溜：程曹"三月三"，贸易大无边；你想把啥买，这里样样全；你想吃什么，保你不空还；庙会狮子口，掏完钱包你再走。

苍渡城隍庙会、下邽慧照寺庙会、庙河村庙会、望岗岭庙会和程曹村庙会因其规模和影响都较大，被称为旧时渭南五大庙会。除此之外，还有一些规模较小的庙会，如丰原乡灌芝村南庙庙会。

（六）二月八，丰原镇灌芝村南庙庙会

丰原镇灌芝村村南有一座寺庙叫南庙，南庙中共有三个大殿，四个小殿，店内供奉有玉皇大帝、观音菩萨以及关公等神明。

每年阴历二月初八是庙会日，逢会必唱大戏，商贩络绎不绝，庙内香烟缭绕，很是繁荣。庙会形式与其他庙会没有什么两样，只是和前面叙述的临渭区旧时境内的五大庙会相比规模小了点，因此，影响也没有五大庙会大。

20 世纪 50 年代，中华人民共和国成立初期，百废待兴，为了支持国家建设，灌芝村南庙被拆了。这样，有着 2000 多年历史的灌芝村南庙庙会也随之走进了历史（建庙时间，据村里老人讲，房梁上有文字记载，为汉代建筑）。

第二节　集市

集市是指定期聚集进行商品交易活动的场所。所进行的交易活动称为贸易。

集市又称市集，起源于史前时期人们的聚集交易，以后常出现在宗教节庆、纪念集会和圣地上，并常伴有民间娱乐活动。

集市古代也叫"墟市""集墟"。"集"含"人与物相聚会"之意。到集市买卖称"上集""赶集"，到集上随便看看称"逛集"。陕南称赶集为"赶场"。大型的集也叫"会"，如"物资交流大会"等。

临渭区集市贸易源远流长。据《渭南县志》记载："秦武功十年（前 688 年）建下邽县后故市就有了集市。"

据南大吉编《渭南志》载：明嘉靖二十年（1541 年），渭南县有交易市场 26 个。其中东街、西门下、西牌楼下、驿前、河西、后街、赤水镇、独孤镇、上涨渡镇、大纪村、故市镇、孝义镇、董村镇为集；白寨、丰庆屯、大蔺店为会；东关、厚子镇、负曲镇、田市镇、小什镇、下邽镇、阳运曲镇、仓头镇、耒化镇、凭信镇有集有会。

清顺治十三年（1656 年），城庙和泰宁宫新立了会。雍正十年（1732年），厚子镇集、董村集、白寨会已经消失，县城内的 6 个集变为县治内、东关厢、西关厢 3 个；县境西部增加了杜化集、圣店集、黄家屯集；东塬增加了丰原、长收集；西塬增加了三张、阳郭集；渭北增加了辛市、信义、秦桥、官底、定同、巴邑、交斜、永乐集，全县市场发展为 33 个，其中集 6 个，集会并存 27 个。道光九年（1829 年），渭北增加了官道镇、丰隆镇；西塬增加了阎村镇、党王镇、白道镇，全县市场为 38 个，其中集 6 个，集会并存 32 个。光绪十八年（1892 年），县西的杜化集消失，渭北增加了官路镇。

民国年间，县城已无所谓县治内、东关厢、西关厢之分，成为一个统一的集市贸易市场。黄家屯、圣店、秦桥、小什、仓渡、永乐、长收、丰隆、白道交易渐没，而龙背、青龙、花园又逐步兴起，全县市场变为30个。这时，集与会逐步合一，统称集市。

中华人民共和国成立后，国营商业和供销商业网点不断增加，加之交通方便，集市朝大而少发展。到1983年，全县有城关、崇凝、花园、丰原、阳郭、大王、下吉、官底、阳尹、官道、田市、辛市、故市、蔺店、信义、龙背、交斜、官路、凭信、孝义、三张等21个交易市场。同时，还保留了下邽镇四月初八的庙会，故市镇腊月初八的古会，阳郭镇贺家四月初十的古会等。

中华人民共和国成立后，国营商业和供销商业不断壮大，集市贸易退居辅助地位，但随着生产的发展，集市贸易的种类也由古时单纯的农产品，增加为手工产品、机械工业产品等；"文化大革命"期间，"极左"思潮盛行，在"割资本主义尾巴"的口号下，集市一度被取缔，改为所谓的"社会主义大集"，群众交易受到很大限制，拟制了市场的发展；改革开放后，各地市场逐步恢复，各种限制逐渐取消，交易额大幅度上升，人民生活逐渐改善，促进了社会发展。

关于集市日的设置，除了城关镇为星期日以外，其他镇的集会基本遵循一旬两会制，如下邽镇是1、5，耇店镇是4、9，故市镇是2、8，丰原镇是1、6，等等。

一　集市贸易的特点

（一）最早的集市设置往往位于交通要道、人员相对较多、经济相对发达地区，或驿站，或交通中心，或出山口，且随时间推移，经济活动日益活跃，呈逐渐扩大之势。

（二）交易的产品以当地出产的生产生活用品为主。

（三）交易的季节性特别明显。比如，春节前人们上集主要购买用于过年的商品；夏秋收前主要购买用于生产的用品；临冬前购买过冬的棉衣等。

（四）随着市场的发育扩大，逐渐形成了专业的市场，如牛羊市、布衣市、果蔬市、粮食市、其他农副产品市场等。

（五）出现了中介（经纪人）和专业的手语和暗语，大家约定成俗，使市场逐渐专业化起来。

二　集市贸易的意义

集贸市场是商品经济的早期形式，是小农经济向市场经济过渡的重要手段，是人们进行商品交易的重要场所。繁荣了经济，活跃了市场，交换了信息，交流了情感，极大地促进了社会的发展。

第六章

人生礼仪习俗

第一节　生育习俗

　　生育关系到传宗接代和人类自身的繁衍，因此，格外受到人们的重视。千百年来，在生活实践中，也逐渐形成了一系列的习俗习惯流传下来。这些习俗无不寄托着人们对新生命的热烈期盼和良好祝愿。由于时代的限制，难免还带有一些封建迷信色彩和男尊女卑思想。在科学发展的今天，虽然迷信色彩有些淡化，但还有相当多的旧习俗仍在不同程度地流传着。

一　生育前

（一）求子

　　传统观念认为："不孝有三，无后为大。"人们普遍希望结婚男女早生贵子。年轻妇女如果婚后几年未生，婆婆和媳妇就要到娘娘庙去祈子求孙。

下邽娘娘庙

旧时娘娘庙虽遍布各地，但各地所拜的娘娘却不相同。关中好多地方拜女娲，因为传说女娲曾抟土造了人。

临渭区主要拜观世音菩萨，民间称为"送子观音"。

渭北一带有民谚曰："年年有个四月八，娘娘庙里求娃娃，先买鸡，后买鸭，猪头猪蹄猪尾巴（全猪的意思），干果碟子十三花，担不动了用车拉。"这就是旧时求子上恭许愿的真实写照。

娘娘庙中，"送子观音"的坐像旁还塑有一尊男身站像，肩背一条布褡裢，里面装有泥娃娃，有男有女。每年举办庙会时，已婚的育龄妇女都要到庙里烧香许愿，一是求子，二是祈求保佑子女健康平安。平时也有盼子心切的妇女，每逢初一或十五，到庙里献上供品，烧香祈愿。她们一边叩头，一边默诵着祈子歌："娘娘婆，送子哥，祈求神灵给一个。不要刺花坐轿的（女孩），单要骑马戴帽的（男孩）；要给给个做官的，不要讨饭打砖的；要给给个成才的，不要胡逛耍牌的……"然后按照自己意念中想得到的孩子，从神龛中取下一个泥塑童子揣入怀中，表示已祈到意中之子。

祈子妇女回家后，将讨到的泥童放在炕席后面不易被人发现的地方。有的人还买一只泥老虎放置其旁，意即守护所祈之子。

（二）有喜

在临渭区民间，人们把怀孕叫"有喜"或"有身子了"。也有人说"×××身子笨了"，表示显怀了。

人们一方面把怀孕看作是一件值得庆贺的喜事，另一方面又把怀孕的人视为不吉祥的人。因此，旧时对孕妇有许多严格的约束和规定。比如：孕妇不能参加婚礼，不能观看新婚夫妇拜堂，不能进入新郎新娘洞房，否则，会认为对新婚夫妇不吉利；孕妇不能参加严肃的丧葬礼仪，主要是认为丧葬礼仪阴气太重，不利胎儿成长，即使是自己的父母过世必须参加丧礼时，腰间也要别上红布条以辟邪；孕妇不能看上梁，一方面是认为不吉利，其实另一方面也有科学的道理，因为上梁是一件很危险的事情，旧时没有大型机械，全靠人力，搞不好会发生危险，人们会发出很大的惊叫声，不利孕妇和胎中的婴儿成长；孕妇不能进庙宇祠堂，怕鬼神附身；怀孕的妇女不能在露天睡觉，迷信的说法是那样会魔鬼附身，从科学的角度讲也有一定的道理，即孕妇睡露天易患感冒，对胎儿生长发育不利等。

（三）胎儿鉴别

旧时生男生女是一个家族兴衰与延续的大事，也与重男轻女的传统思想有关。因此，孕妇本人及其家人或者周围的人都很关心孕妇所怀的婴儿性别。于是，民间就根据经验产生了许多鉴别胎儿性别的说法：有的根据男左女右的规则观察孕妇进门时先迈哪只脚，如果先迈左脚则预示生男，反之则生女；有的根据孕妇怀孕期间喜欢吃的食物来判断是男是女，民间有"酸儿辣女"的说法，意思是说，孕妇喜食酸性食品则预示生男孩，喜食辣性则预示生女孩；也有的根据经验，从孕妇的外形上判断男女，如果孕妇肚子比较圆，胎位偏上，则预示生男，如果胎位偏低，形似簸箕，则预示生女；也有人说，若怀的是男孩，则孕妇脸上比较光滑，不出痘痘、粉刺之类的，反之，则为女孩。

以上说法是否有理，不在本书讨论之中，这里只是如实地描述民间的一些传说。

（四）孕妇的食物戒忌

怀孕的妇女讲究不吃兔子肉，据说是为防生下的孩子是兔唇；怀孕的妇女不能吃葡萄，防止生葡萄胎等。总的来讲，临渭区民间对这方面的讲究不是很多，特别是现在，戒忌已经很少了。

（五）宝宝的陪方

娘家妈会在出嫁女怀孕七八个月的时候，开始扯布给未出世的外孙做陪方，从小到二尺的小棉衣到六尺长的成人衣，从棉衣到夹衣，都要准备齐全，五颜六色，花花绿绿，做工精美，十分好看。宝宝的陪方一直要穿到12岁完灯。陪方越多越显得宝宝是个值钱娃（民间称"蛋蛋娃"）。忙完单、棉衣服，还得给宝宝做几双布鞋，以让宝宝学走路时穿上舒服、稳当。样式有猫娃样的、老虎样的、猪嘴样的，式样多且都十分好看。做得好的，常常会得到村里人的称赞。最后，还要给宝宝绣个红裹兜，一针一针地给宝宝绣上"长命百岁"的字样，祈求宝宝健康平安。准外婆忙活了几个月才算大功告成，忙并快乐着。

二　生育后

（一）坐月子

女人生孩子，各地普遍的叫法是"坐月子"。在临渭区民间，有时人们会说："到炕上了""落草了""添喜了""生了""有毛（方言读

mú）娃了"，这都是指孕妇生了。

人们会把生了孩子的妇女叫"月里婆娘"，把未满月的孩子叫作"月里毛娃"。

孕妇快生时，不能随意到别人家去，以免把孩子生在别人家里，即使娘家也不例外。旧时人们认为，妇女生孩子是污秽的，不吉利，因此，要尽量避免把孩子生在别人家。如果真的把孩子生在路上，遇到了人，有的会认干亲，不认干亲的，在孩子出生后要给人家搭红（给一条红被面、一块红布或者一条红裤带）以辟邪。

孕妇生产时，严禁男性或没结婚的姑娘进入。

孕妇生产后，主人会在门帘上缝上一块红布，以示该房子里的女人生了，其他人，特别是男人是不能进入的。

（二）月子讲究与戒忌

坐月子期间，"月里婆娘"一般是不能出房子门的，一切全由婆婆伺候。旧时条件好的家庭，"月里婆娘"的大小便都是在房子内完成的。

"月里婆娘"一般不会到饭桌、灶台、井台等地方去，更不能串门子，会被人家认为不吉利。

"月里婆娘"由于身体虚弱，因此一般不管冬夏都要包裹得很严，以免受到风寒。月子期间得的病民间称为"月子病"，不好治，有的人会伴其终生。民间有讲究说："月子病要月子治"，意即在再次生育时才能治好。

（三）报喜

宝宝刚出生得先给外婆家报喜，一般是女婿亲自去报喜，告诉丈母娘自己的媳妇是什么时候生的，生的是男孩还是女孩，生产是否顺利，产妇婴儿是否健康等。

丈母娘会烙上两个大锅盔，送到女儿家门口或让女婿带回去。

报喜时外婆得知添的是外孙，赶紧扯布给外孙缝件红身白袖的小棉袄或夹袄，塬上人称之为贼娃袄。

（四）看月子

孕妇生产后，媳妇娘家会在合适的时间去看自己的孩子，称为看月子。

娘家一般在女儿坐月子期间看三次，时间选在孩子出生后的第 8 天、半个月、20 天或满月；亲戚一般看两次，8—10 天一次，20 天前后一次。

由于旧时医疗技术较差，孩子易得破伤风而夭折，加之产妇刚生产，身子虚弱，需要调养恢复，因此，一般不会选择较浅的日子去看。又因为破伤风在农村称为"四六风"，因此，有些地方会避过"四天"和"六天"这样的日子去看，以讨吉利。

看月子时，塬上的讲究是烙两个大锅盔。渭北的讲究是送 60 个干干馍（生男孩送馞馞，生女孩送筒筒馍），20 天时送一个大锅盔。

看月子除了这些外，娘家人还会带些红糖、挂面、鸡蛋等营养品，以给产妇补充营养。

看月子这天，孩子外婆会带上自己亲手为外孙缝制的红裹兜、小棉袄、小夹袄等，产妇的舅妈、姑、姨、婶子等长辈也要带上些红糖、鸡蛋、麻糖、手工挂面等，再提上馍笼。

去看宝宝的每个人，都要给宝宝脖子上挂钱（用红头绳绑上当时流通的大面额钞票），称为瞌睡钱，寓意碎娃（临渭方言，即小娃的意思）在瞌睡中长大。

女人坐月子期间，男亲属是不能进房间的，得等到满月后才能进去，所以看月子时去的人都是女人。

临渭区女子坐月子，几乎吃的都是娘家妈送来的。报喜时烙两个大锅盔，生孩子 8—10 天、15—20 天的时候，娘家妈带着产妇的舅妈、姑、姨、婶婶们，带很多吃的来，讲究是外婆给外孙添口粮，送得越多，产妇的奶水就越多，产妇的奶水多了，宝宝的口粮自然就有了，一直送到宝宝满月为止。

（五）打散

旧时，添丁对一个家庭、一个村子来讲都是一件很大的事情，主人会通过打散的方式，告诉村里人家里添新人了。

娘家人送来大锅盔后，主人家会把送来的大锅盔切成片送村里人，这叫打散。是男孩的，打散时，一般会切成约 2 厘米宽、8 厘米长的长条形；若生的是女孩子，主人会切成约 8 厘米长的菱形。农村人会根据这个判断新生儿是男是女，也会在接到主人的"打散"后，前去看望新生儿和产妇并向主人表示祝贺。去时所带东西基本上是挂面、鸡蛋、红糖一类的。

有些地方的村民也会根据双方关系的远近，烙上些手心大的饦饦馍，上面压上花，送给添喜的人家，以示庆贺。

（六）过满月

新生儿出生满一个月叫满月。满月是一个很重要的时间节点。古时人们用阴历。这天，月亮绕地球刚好一周，画了一个圆，意即圆满。

满月时，经过一个月的调养，产妇的身体得到了恢复，新生儿也度过了危险期而强壮起来，因此，从这天起，产妇的很多禁忌解除了，家里人也可以抱着新生儿走亲串户。

一般家庭都会过满月，塬上人叫"做（方言读 zōu）满月"。亲戚朋友都会前来庆贺。在临渭区，过满月可是家里的大喜事，有的规格可以和结婚相媲美。

过满月时，主家会找许多人来帮忙。人少的村子几乎是全村的男女老少齐上阵，从前几天就开始忙活了。女人们主要在锅灶上忙，发酵面、蒸馍、择菜、煮肉等；男人们从邻家借来桌子、板凳，合理放置，搭好帐篷，架好高音喇叭，唱着大戏。主家院子里人山人海，热闹非凡。厨房里飘着阵阵香味，油锅里发出滋滋的油炸豆腐声，案板上妇女们擀着碱面，谝着闲传，非常喜庆热闹。甚至还有人商量着，怎样去要（逗）添了新孙子的爷爷奶奶，咋样开心才好。场面非常质朴、热闹。

坐满月席，媳妇娘家人肯定是主客。主家备好满月席，亲家拿来蒸好的老虎馍和陪方给亲家撑面子，一对老虎馍生龙活虎，看得人垂涎欲滴。娘家陪方越多，主家满月席过得越体面。

过满月时，少不了要喝酒，村里爱喝酒的男人们总要凑到一起，"高升、五魁"地划起来，常常喝得酩酊大醉。

娘家妈为了感谢亲家母侍候女儿月子的辛苦，特意为亲家母及大小姑子，每人买件上档次的衣服，给亲家主要亲戚每家送一条毛巾以表谢意。

也有的家庭根据自己家里的实际情况，选择新生儿出生 20 天这天过大事，叫"过 20 天"，讲究和过满月相同。

20 世纪 50 年代到 80 年代的许多年间，由于观念的变化和物资的短缺，许多人过事的规模较小，只邀请主要的亲戚，村里的人就挡了。80年代以后，随着物质文明的发展，人们手里有钱了，过满月的习俗又恢复起来了。2000 年以后，随着社会风气的变化，大办红白喜事之风盛行，动不动就是几十桌，甚至上百桌地请客，搞得大家都觉得人情太重，苦不堪言。

党的十八大以后，随着一系列政策的出台，过满月的习俗又回归到正常的轨道上。

20 世纪 80 年代的婴儿车

（七）剃满月头

满月这天，大人们都会给新生儿剃头发，叫剃满月头。这是婴儿降生后的第一次理发，一般会请福寿双全的老太婆抱着，让技术娴熟的人执刀。

20 世纪 80 年代以后，有条件的人家都是把孩子抱到附近的理发店去理发，也没有过多的讲究。

（八）转场、拜干亲

新生儿满月这天，主人会抱着孩子出外转悠，或打麦场，或村院，这就叫转场。目的是让孩子见世面，也有寓意孩子将来爱劳动，会成为种庄稼好手的意思。也有人会把孩子抱到学校去，让新生儿感受学校的环境氛围，期盼孩子将来学习好。

有的家庭会在满月这天给孩子拜干亲。认干亲讲究"撞道"或"撞亲"，大人抱着孩子出门碰到的第一个人，被认为是命里注定的，要认作干亲。有的人为了给孩子找一个双方愿意的、门当户对的干亲，会约好时间在什么地方见面，做做样子，这样就认干亲了，双方皆大欢喜。主家人会在孩子的抱裙里放些喜馍，认亲时给孩子的干爸。孩子的干爸会给孩子礼物，这样认亲仪式就算完成了。

临渭区民间自古以来一直有认干亲的传统。有的是要找门当户对的家庭给孩子拜干爸，做到强强联手，相互照应。这样，孩子有了干爸，大人成了亲家。

有的是因为产妇身体不好，没有奶水，会给孩子找奶妈。如果双方愿意，且关系好，就给孩子把奶妈认作干妈。

民间认为，乐人、铁匠、木匠等行业的人"命硬"。因此，有的富户为了使自己家庭后世人丁兴旺，专门找乐人、铁匠、木匠以及家穷儿女多的人认干亲，认为这样对孩子成长有利。

不过，这样的认亲方式已是历史遗迹了。

（九）取名

给孩子取名是一件大事情。因此，自古以来，临渭区民间给孩子取名是十分讲究的。

一般会在孩子 20 天时给孩子取名。近代，有的孩子在一出生就给起上名字了。取名是有讲究的，旧时，一般是由家里最年长、威望最高的男性家长起名，或者请村上的文化人起名。取名时，要带上礼品请人家才行。20 世纪 50 年代后，起名就较为随便了。

临渭区民间取名大概有以下几种：

大户人家多按族谱起名。过去的家庭，特别是大户，不但住得好且讲究很多，祖上留有族谱。给孩子取名时，会严格按照族谱上的辈分起名。比如"安"字辈的，不管年龄大小，只要是一个家族、一个辈分、都得带上"安"字。外人一看就知道谁和谁是一个祖家的，谁和谁是一个辈分的。

小户人家起名不大讲究，多给孩子起一些小名，如"石头""猫娃""狗娃""牛娃""狗蛋"等，长大后再给起上大名（官名）。

旧时人们物质不丰富，养孩子是比较困难的事情，因此人们多给孩子起"猫娃""狗娃"这类名字，寓意是这孩子会像猫娃、狗娃一样的好养，成本低，不娇气。

由于过去医疗技术较差，孩子夭亡率很高，因此，大人给孩子起名时也常常会起一些寓意长寿吉祥的名字。如"拴牢""锁牢""拴住""长寿""长命"等。

有的人为了孩子长大后有出息，能做官，就会给孩子起"仕琪""登科""连升""永升""高升""高榜"等名字。

由于长期存在重男轻女的封建习俗，因此，一般家庭都希望有个男孩子传宗接代。在妇女连续生了几个女孩后，就会给孩子起名"招弟""引弟""存弟""叟娃"等名字，以图如愿。

过去生活艰难，粮食短缺，人们寄希望有好的收成，孩了不挨饿，就会给孩子起"满囤""满仓""余粮""存粮""有粮"等这样的名字。

也有人为图方便，用新生儿的出生年的属相给孩子命名，如牛年生的叫"牛娃"、狗年生的叫"狗娃"。以此类推，民间就有了"缠娃（小蛇）""兔娃""羊娃""虎娃"等名字。

有的人会根据孩子出生时的节气起名，如"立春""立冬""冬至""满年"（正月初一出生正好遇上春节，农历新年第一天，就叫满年生）等。也有人根据孩子出生时的季节天象起名，如"正娃"（正月里出生的娃）、"夏娃"（夏天出生）、"秋娃"（秋天出生）、"雪娃"（下雪天出生）等。

有的人老来得子，以孩子出生时父亲的年龄作为孩子的名字。如"五一""五四"等。

还有人根据出生年月的天干地支来给孩子命名，如：丙寅年出生的叫"丙寅"或"寅虎"、申酉年出生的叫"申酉"等。

50 年代以后，随着中国革命和建设不断取得胜利，人们爱党爱国的激情非常高涨，加之移风易俗新风尚的兴起，人们认为族谱都是旧时代的产物，应该彻底摒弃。这样，就出现了诸如"解放""建设""国庆""爱国""建国""新华""爱华"等爱党爱国的名字。

以后，随着各种政治运动的兴起，新生儿的名字也带上了时代的烙印。如"运动""跃进""红旗""炼钢""土登""登记""四清""土改""社教""文革""文选""选民"等。

"文化大革命"期间，起名受政治运动的影响，人们为了表示忠心，纷纷改名，新改名字和新生儿名字的时代特征非常明显。如"文革""永红""红卫""卫红""卫东""保卫""永革""卫江""保国""反修""反帝""学军""永农""永锋""学锋"等。

80 年代以后，随着改革开放的序幕拉开，社会生活出现了新的生机，起名也发生了新的变化，如"振兴""兴华""国强""富国""振强""富强"等。

女孩子的取名也是随时代变化的。

50 年代以前，女孩取名，多会起一些与花草、蝴蝶、金银、玉石、绸缎、相貌等相关且带有美好事物色彩的名字，如"娥娃""草娃""蝉娃""玉蝉""绸子""缎子""金钰""瑞珏""茜样"（渭南方言：样貌漂亮的意思）等。也有人起一些带有贤惠、聪明、贞洁、知书达理的名字，如"慧娴""书琴""慧琴""永琴""永贞""芳草"等。

50 年代以后，女孩子的取名也受时代变化影响，但多和贤惠、聪敏、花草、琴棋书画有关。如"秀琴""秀芳""秀娥""菊绒""菊娥""聪聪""聪秀""绣花""莲花""爱莲"等。

"文革"中，女孩子起名多带"英"字、"红"字等，取崇尚英雄、红心爱党之意，如"俊英""英草""英莲""英娥""红艳""红英""小红""红娟"等。

80 年代后，起名较为随意，但也以带"丽"字、"春"字、"荣"字等较为活泼欢快的用语较多。如"春丽""春晖""丽丽""丽荣""秀丽""美丽"等。

90 年代以后，不管男女，单字名盛行，造成了很多的重名重姓。如×伟、×涛、×丽、×华等。

2000 年以后，又兴起四字名，一般是父姓+母姓+双字名。如"杨李桃子""赵王奋强""田闵昌盛"等。

近年来，流行起名学，好多人靠查字典、百度起名，名字多用璇、萱、轩、艺、怡、毅、梓、嘉、哲、博、妍、乐、佳、涵、晨、宇、泽、子、凡、悦、思、奕、浩、彤、冰、媛、凯、淇、淳、洁"等。

也有的人按照风水、八卦起名。真是名目繁多，五花八门。这一点上，随着信息传播的发达，全国已经同步了。这里不一一赘述。

（十）熬满月

新生儿满月后，产妇和婴儿的身体都恢复得不错了，加之，产妇又受了一个月的限制、煎熬，在孩子过完满月后，要回娘家住上一段时间，叫熬满月。

熬满月时，产妇要给娘家蒸个老虎馍或者鱼形馍。是男孩的拿一个老虎馍，是女孩的带一个鱼形馍。

产妇返回时，娘家也会送孙子相同的花馍，表示外婆对外孙的厚爱。

至于在娘家住多少天，没有统一的规定，因人而异。

（十一）过百天

新生儿出生第一百天叫婴儿"百天"。在临渭区民间为了孩子长命百岁，人们也称这天为孩子"百岁"。因为"百"又是一个十分圆满的数字，寓意很好。因此，人们对孩子"百岁"也很重视，会记住这个日子。

百岁这天，会给孩子穿上一身新衣服，戴上"百岁帽"，挂上"长命锁"，上有"长命百岁"字样。

孩子的外婆家和其他至亲会带上百岁馍和饭碗、勺子等礼品前来庆贺。

大约 1970 年以后，孩子百岁这天，普遍会照百岁照作纪念。

（十二）抓周

婴儿出生满一年，称周岁。这是婴儿出生后的第一个生日。此时的婴儿也已开始蹒跚学步，大人会给孩子穿上虎头鞋，一是有辟邪之意，二是希望孩子将来长得虎头虎脑，有英雄气概，三是虎头鞋做工精致，穿上也是一种乐趣，一种装饰，让人看后赏心悦目，有艺术价值。

古时在孩子周岁这天要举行一个仪式，就是抓周。

临渭区民间有"三岁看小、七岁看老"的说法。人们认为，从孩子很小时的行为习惯、志趣爱好可以预测孩子未来的发展前途。因此，在孩子周岁这天，用抓周的方式判断孩子的前途。做法是：周岁这天，大人在炕上或八仙桌上放一些物品。如果是男孩子，就放些文房四宝、算盘、书籍一类的；如果是女孩，就放卜些剪刀、针线、尺子等。待东西摆放停当后，把孩子抱来让孩子随意抓取，大人不作任何暗示。如果抓的是笔和算盘，说明孩子将来聪明好学，能写会算；如果抓的是食品之类的，也要讨个口彩，图个吉利，说明孩子将来福大命大，有吃有喝；若先抓到杆秤，说明孩子将来会做生意；若先抓到玩具，说明这孩子贪玩，以后要加强引导。

这种占卜式的礼仪在 20 世纪 50 年代后几乎绝迹，近年来又有所恢复。

周岁抓周，人们只是为了好玩，陪孩子一乐，没有人真的那么较真。现在，孩子周岁这天，一般会给孩子照相留念。

（十三）送灯

从婴儿出生后的第一个春节起，娘家人要选择在正月初六到初八中的某一天，给新生的外孙、外孙女（或外甥、外甥女）送灯。

送灯时要送两个大红灯笼，有的还会给外孙送上有玻璃罩子的灯笼（如马灯等），这种讲究在不同时期不一样。另外，送灯时另加十支蜡烛。

"灯"谐"丁",这是一个利用谐音手法构成的具有深厚文化内涵的传统习俗。送灯即"送丁","丁"指成年男人,因此,"灯"象征着生儿育女,特别是生个男孩子,寓意家丁兴旺,后继有人。这就是中国灯文化的内涵。舅舅给外甥送灯的风俗,目的是希望从娘家获得生育的能力。当然,送灯也有前途光明、幸福美好等寓意。

从正月十一开始点灯到正月十五,每天晚上都要点上一会儿灯笼,一般是一根蜡烛点完为止,有的孩子玩性很大,大人会再给续新的蜡烛,直到孩子满意为止。

正月十五那天,大人会把灯笼挂到自家大门上,以示吉祥。

如果孩子不小心把灯笼烧掉了,大人会再给买新的,讲究是正月十五前是不能断灯的。

(十四)完灯

临渭区民间的讲究一般是要送12年的灯。

如果是每年正月初一到正月十五之间出生的孩子,外公外婆都要在当年给外孙(女)送第一次灯,男孩一般送12年,女孩送11年。在女孩12岁那年要空一年的灯,待女孩出嫁时娘家再送一个灯。这样,不管男孩女孩,都会送上12年的灯。

如果孩子是正月十五以后出生,这样,孩子一岁这年就不送灯,到次年孩子虚岁两岁时送第一次灯,到孩子满12周岁(虚岁13)时,正好13年。这就是民间常说的送灯12年或13年的来历。

孩子满12周岁后,外公外婆家送最后一次灯。以后就不送了,或者说灯送完了。因此,最后一年送灯叫完灯,民间为避讳"完"字,用"全灯"或"满灯"说法,取"全欢""完满"之意。

完灯对孩子来讲是一件很重大的事情,是孩子人生路上的第一件大事,意味着孩子已经长大,正式进入了少年时期。因此,大人们自然不敢怠慢。但在不同历史时期有不同的讲究。旧时比较传统,加之经济落后,多送马灯一类的。

送灯这天,主人家会做席,上好酒好菜招呼孩子外婆家人,甚至要攒日子,把主要亲戚约到这一天一并招待。

20世纪60年代到80年代,由于物资短缺,大家都缺衣少穿,能用的东西很少。因此每当孩子完灯时大人会给孩子说:"你出门去给你姥爷、姥姥或舅舅、舅妈说你今年完灯哩,你想要件衣服或者要个手电。"

送灯时，姥姥家一般会送一个手电筒或者再给孩子扯一截布，让孩子家里人给孩子缝上新衣服。

80年代以后，随着物质文明的发展，完灯逐步开始扩大化，要办酒席，有的甚至大办，逐渐攀比起来。农村的招呼村民，单位的招呼同事，家里的通知亲戚，越办越大。

第二节　婚礼习俗

婚礼是人生中的大礼。古人将其视为人伦之始。2000多年前的《礼记·昏礼》中就指出："昏礼者，将合二姓之好，上以事宗庙，下以继后世，故君子重之。"又说："昏礼者，礼之本也。"可见古人对婚礼的重视。从先秦时期起，就形成了一整套的婚礼制度。

旧时，男女婚姻并不自由，讲究门当户对，父母之命，媒妁之言。完整的婚姻要有"三媒""六证"，经过"六礼"才算完成。因此，在临渭区有"三媒""六娶（礼）"之说。

"三媒"是指要有三个媒人。男女双方各找一个媒人，双方约定再找一个中间媒人。媒人在双方婚姻中起一个牵线搭桥的作用。

媒人的作用很重要，民间认为，有媒人的婚姻才算得上是正式的婚姻，叫明媒正娶。旧时妇女地位低下，是不能随便离婚的，所谓的"嫁鸡随鸡、嫁狗随狗"就是这种婚姻关系的真实写照。若男方想离婚，女方会以自己是明媒正娶为由让"三媒"说事。这样的制度在某种意义上维护了妇女的地位，有其积极的意义。

"六证"是在举行婚礼时，在地上和桌子上分别摆放一个升子、一把尺子、一杆秤、一把剪子、一面镜子，再加一把算盘，作为男女双方婚姻关系的见证，是为"六证"。因此，民间有这样的顺口溜："一个升、尺一杆秤，一把剪刀一面镜，还有算盘为六证。"

过去的婚姻还有"六礼"之说，即纳采（提亲）、问名（合婚）、纳吉（订婚）、纳徵（送聘礼）、请期（商定结婚日期）、亲迎（迎亲仪式）等六道程序。

陕西是古代婚礼习俗制度的发祥地。临渭区离十三朝古都西安仅60公里，因此，临渭区基本上保留了最原始的婚礼习俗，并一直流传了下来。后世虽有变化，不再讲究"六礼"之说，但基本的内涵还是保留了下来，且不同时期又有不同时期的时代特征。本书择其主要环节加以阐释。

一 结婚前的习俗

（一）说媒

中国自古以来就有"无媒不成婚"的说法。

媒人，按照现在的解释是媒介、中介的意思，在我国古代，媒则含有谋合的意思。所谓媒人做媒（临渭区民间叫说媒），即专指从中谋合，使两姓之家结为儿女亲家之事。后来，媒人就逐渐成了介绍男女之间结成婚姻关系的人的代名词。

媒人在旧式婚礼中是一个非常重要的角色。在男女两家对婚事取得基本一致的意见后，媒人要引导男方去相亲，代双方送换庚帖，带领男方过礼订婚，选择成亲吉日，引导男方接亲，协办拜堂成亲等事宜，一直到男女双方结完婚才算完事。民间有谚语曰："新人进了房，再把媒人抛过墙。"这就是对媒人在婚姻关系中所起作用的真实写照。

媒说得好，双方都满意，以后常来常往，成为故旧；媒说得不好，双方不满意，往往归咎于媒人，从此视为路人，甚至成为仇人。

少男少女相识成婚，除专职的媒人外，亲戚朋友牵线搭桥的也很多。

亲朋至友做媒人牵线搭桥，两头都信任，一般婚事较为顺利且比较牢固。因此，民间有"做贼离不了底线，说媒离不开亲眷"的说法。

说媒是一种技巧，媒人不仅要熟悉男女双方及其家庭的基本情况，力求门当户对地提亲，而且必须做到既基本上准确地向男女双方反映对方的情况，又要尽可能隐恶扬善，使双方充分认识对方的长处，产生好感，从而乐于达成嫁娶的协议。也就是说，媒人天生就要生就一张"媒婆嘴"。

做媒人要勤于跑腿，从开始为男女双方牵线搭桥之日起，就要经常往来于男女两家之间，交流情况，传达彼此的愿望和要求，防止发生变故。习惯上男女两家都有义务招待媒人，乡下人说的"媒百餐"并不是夸张。可见其奔走撮合之勤、奔波之苦。

20世纪80年代以前，在临渭区，除部分城市青年自由恋爱之外，大部分青年的婚姻都要靠媒人撮合，大概有以下几种情形：一种是男方家看上了哪个姑娘，觉得姑娘长得漂亮、贤惠能干且两家门当户对，就请媒人去提亲；第二种是女方家长看上了某家的家道，且有一个和自己家姑娘相匹配的小伙子，觉得这样的婚姻成了以后，自己家姑娘会过上幸福的日子，就会托媒人去提亲；第三种情况是男女双方是同学或同事，或者因什么缘故相识相爱，私订终身，家里大人也明白事理，就托人当媒人做做样子；第四种情况是双方都没有任何情况，媒人觉得合适，从中牵线搭桥，混个嘴馋，成就婚姻。

说媒是个麻烦事，因此，双方当事人，特别是男方需要对媒人毕恭毕敬，做好吃的，好酒好烟好茶招待，一有敬不到的地方，媒人会耍态度，甚至使怪。这时，主人又得三番五次的去请媒人吃喝，因此，在临渭区民间有"是媒不是媒，先吃四五回"的说法。

总之，在过去的几千年间，媒人在男女双方的婚姻关系中所起的作用是十分重要的，应当予以充分肯定。

（二）提亲

提亲是结成婚姻的第一步。

媒人提亲后，双方家庭开始互相了解。由于男女双方的家庭住地一般都离得不远，因此，大多知道对方的家庭情况。如果不了解对方，就会托人或找亲戚打听。男方家人会通过熟人，打听女孩厨房、地里的手艺，了解经、纺、织、拐、裁、缝、补、纳等家务活是否精巧，是否会过日子、疼惜人；女方同样也会打听男孩的人品、生存手艺、有无陋习等。觉得差不多的情况下就会答应让两个孩子见面。

由于社会上人际关系很复杂，各人看法各异，因此打听中难免会有不同意见，这样，有的婚姻还未提起就夭折了。

如果谁说了哪家的坏话，致使婚姻不成，在临渭区民间叫"掺水"。"掺水"的人会受人们的责骂，特别是会受到当事人的责骂。有的媒人所说婚姻，因为双方差距过大，致使婚姻不成，当事方特别是条件差的一方，也会以有人"掺水"为借口推卸责任，找台阶下。

（三）相亲

20 世纪 50 年代以前的婚姻基本上是遵循"父母之命、媒妁之言"的。没有相亲之说。50 年代以后，随着妇女解放运动的兴起，提倡男女平等，妇女争取自己的婚姻自主权，才有了相亲一说。

从相亲对象的选择上讲，不同的年代会有不同的选择重点。

50 年代，是看成分的年代，上学看成分，找工作看成分，找对象，更要看成分。家里穷没关系，但如果成分不好，是"地主"或"资本家"，不但在人面前抬不起头来，而且以后还会受到各种政治运动的冲击。"资本家"的女儿为了政治上的庇护，一心要找个"工人"甚至"贫农"，只要对方不嫌弃她的出身，即使违心，也会答应；"地主"家的女儿即使再优秀也会违心的嫁给"贫农"家。

60 年代，政治运动不断，"爱情"是个烫嘴词汇，谁也不敢把它挂在嘴上说出来。青年人喜欢看《青春之歌》，尤其喜欢看林道静的爱情，但不能说出来，连想想都是罪过，因为那是小资产阶级情调。这个时期，家庭成分依然很重要。部队里的军人结婚要打报告，组织上会对另一半的家庭成分和社会关系做调查，不合格的（成分不好的），即使关系再好，也要劝其放弃或分手。

70 年代的城乡都很穷，人们穷怕了。城里姑娘们爱的是"有个铁饭碗"，那时机关事业单位都不很吃香，企业一般在城里，每月还有劳保，会发些手套、肥皂、洗衣粉之类的，因此，只要你是国营企业单位的干部职工就会身价倍增。农村姑娘能嫁个在铁路上工作的，或者当兵的，就算是好的婚姻了，即使嫁个协议工也算很不错了。

80 年代，社会大变革前后，姑娘们首选的还是工厂里的工人，其次才是干部、教师、军人等。那时的顺口溜就是："一工（工人）、二干（干部）、三教员（教师）。"

90 年代以后，随着传统工厂的式微甚至解体，工人不再吃香，机关干部、事业单位职工的地位上升。

2000 年以后，由于市场经济的发育，个体经济的发展，私营经济、个体从业者的地位上升，姑娘们的选择逐渐多元化，不再局限于干部职工，个体从业者也是不错的选择。但由于受传统观念影响，优秀姑娘选择个体从业者还是会有很大阻力的。

从相亲年龄上讲，很长的时间内，一般男方大女方两到三岁为宜，临渭区民间有"宁让男大十，不让女大一"之说。但也不绝对，如果遇到女大男小的情况，媒人会说："女大三，抱金砖。"总之，千方百计地要使婚姻说成。再往后，年龄差距的弹性更大。

相亲时，一般以女方为主。相亲的地点由女方提出，媒人牵线，男方同意即可。有的选一些公共场合，有的选择亲戚家，一般都会选择女方主要亲戚家。这样既照顾了女方的面子，又便于女方的七大姑八大姨借机考察、参谋。

相亲时，媒人会带着男方去约定的地点。男女双方和女方的主要亲戚在一起寒暄一阵后，女方亲戚会借故离开，男女双方开始交谈。女性重点考察男方的家庭结构、弟兄几个、毕业学历、兴趣爱好、将来规划等。如果相中，女孩会给男方一个见面礼。男方也会给女方礼物作为信物，表示双方对对方较为满意。这婚事基本就成了。

男女双方的见面礼在不同时期是不一样的。20 世纪 50 年代，女方给一块手帕，男方给两块或五块钱；60—70 年代，女方给一个本子或一支钢笔，男方给女方五块或十块钱。80 年代后，社会进一步开放，见面只是形式了。女方给手帕，男方给钱，钱的多少随时代变化而增加。男女双方交换礼物后会留下联系方式，私下相约，主要在集会、看露天电影时相约，或者让熟人捎话说明见面的时间地点。感情升温后，女方会给男方织毛衣、纳鞋垫，男方会给女方送手表等更贵重的礼品。

如果见面时，一方不满意，就不会给对方礼物，此事就吹了。

（四）看屋里

所谓"屋里"，乃渭南农村方言，即男方家的住宅院子。"看屋里"，从本质上讲，是女方审察男方家庭经济状况和大小成员精神面貌等基本情况的活动，是了解男方家境而走的一个程序。

男女双方相亲见面没意见后，在媒人撮合下会选口子看屋里。看屋里的时间由双方经媒人协调商定。

看屋里对当事人双方来讲也是一次正式接触的机会。男方会最大限度地展现自己最好的一面。院子打扫得干干净净，被子叠得整整齐齐，桌椅擦得一尘不染。遇到冬季，还会把火炕烧得热热的，生怕怠慢了未来的亲家。另外，还要买些好菜好肉，甚至请上高厨做好吃的。

看屋里时，女方所去的人一般为女方父母、兄弟姐妹。还有的会叫上七大姑八大姨十几个人，因人而异。

看屋里只吃一顿饭，一般是做碱面（和面时放食用碱的一种面条），取婚姻长长久久之意，民间常有"用长面把这门亲戚拉扯住"这样形象化的说法。

看屋里的本质只是走个过程，因为当事人双方通过媒人已经了解了对方的基本情况，因此，很少因为看屋里而告吹的。

（五）扯布

买布做衣服在临渭区叫扯布或扯衣服。

　　男女双方如果顺利过了见面关、八字关、家访关（看屋里），婚姻关系就等于成功了一半，接下来拼的就是硬实力了，下一道关就是扯衣服。

　　扯衣服也叫准备"四色礼"，男女双方连同媒人约定好为女方准备春夏秋冬的四季衣裳。

　　扯衣服时，男女双方分别由姑嫂陪同。家境好的欢欢喜喜、顺顺利利地完事了；家境不好的在争多论少的吵闹声中扯了布料，备好被里被面，甚至头饰什么的。所有这些东西先由男方保管，结婚前送食箩时，一并送到女方家。

　　困难时期（1980年以前），女方会想方设法叫男方多扯衣服，特别是弟兄们多的家庭，女方生怕自己家的女儿结婚后没衣服穿，有的人一扯就是十几件子。男方为了娃的婚事，只好答应。80年代以后，随着物质的丰富，布料来源的增加，化纤布料的问世，布料更新很快，以至于许多扯了十几件衣服的人，多年后都没有把结婚前扯的衣服穿完。90年代以后，扯衣服的钱就折合成现金给女方了。

　　扯衣服时一般会叫上媒人，完了后会在县城美餐一顿。

扯衣服

（六）吃面（订婚）

　　在临渭区民间，订婚是一件很大的事情，因此，仪式很隆重，仅次于结婚。订婚之后，双方的婚约关系就基本确定下来了。双方均不能悔婚，悔婚会被认为是不道德没诚信的事情，会受到社会谴责。男方悔婚会被骂为"陈世美"；女方悔婚会被认为"风流、水性杨花"。因此，订婚后的男女双方都很慎重。

如果真的通过一段交往之后，哪方觉得不合适耍退婚，也是有讲究的。假若男方提出退婚，女方一般不会退还婚约定金。如果是女方提出退婚，一般是要退还婚约定金的。

订婚仪式一般是在男方家举办。讲究"早面午席"，上午肯定要吃长面，一般是带臊子的碱面，简称臊子面或者碱面。正因为这一习俗，所以，临渭区民间把订婚称为"吃面"。"吃面"是订婚的代名词。

吃面这天，男方就像过大事，院子打扫干净，窗子抹得明净，再叫上一个甚至几个名厨，动锅动灶地干起来。主要亲戚如舅家、姑家、姨家等，蒸上些旋旋馍，穿上整齐的新衣服，拿上给新媳妇的见面礼，高高兴兴、满心欢喜地早早出门（走亲戚）来了。

女方主要亲戚能去的都去，七大姑八大姨一串串十几个人，好不热闹。

厨师会尽自己最大的能力把饭菜做好。早上一般 11 点左右吃早饭，吃长长的碱面，寓意是用长面把这桩婚姻拴住。下午一般 3 点钟开饭。下午饭叫坐席，主人会根据客人多少确定宴席的桌数。坐席的位置安排也是有讲究的，双方地位最高的人和媒人坐主桌，其他的亲戚就随意了。

订婚席一般先上四个干果碟子，民间叫"四盘子"，主要上些麻叶、水果糖、花生、点心一类的。再下来就是上凉菜，讲究六个或者八个，上双不上单。凉菜吃得差不多时开始上热菜，第一道菜肯定是肘子，意即"搋住（渭南方言：稳住）"的意思。后面的菜讲究甜的咸的、荤的素的、红的绿的，搭配好就行。可根据家庭情况经媒人撮合上八个、十个，以至十几个不等。渭北讲究九碗十三花。

坐席开始就喝酒，喝酒的讲究与前面的叙述相同（参见第三章物质生活习俗部分）。准女婿会借机给女方家来的亲戚敬酒以示尊重，也借机展现一番自己。

酒席结束后，双方过礼，双方主要亲戚见证过礼过程。

男方的亲戚要给准媳妇礼物，一般是扯一件衣服。90 年代以后基本就是给现金了。钱的多少随时代变化而变化。

女方给男方的礼品相对较轻，一般是一双袜子或一条毛巾。90 年代以后也是给现金。

男方礼重、女方礼轻。显示了女方的地位较男方要重，也显示了男方对女方的尊重。

特别要说明的是，订婚这天，男方会给女方"四色礼"，即四样礼品，一般为四季衣服、鞋袜之类的。渭北地区还讲究给四色线，即四种不同颜色的丝线。礼金也是这天给。男方给女方礼金的过程叫过礼。礼金多少由双方商定，随时代变化而变化。过礼时，男方会给准媳妇扯一件红绸缎袄面作为"礼皮"，包着礼金一并送给女方。

订婚这天，男方还会给女方送一捆（一般10市斤）棉花，叫"认亲棉"。

女方回去时，男方还会给女方带一些其他的礼品，如油炸豆腐、蒸馍、糖果等，用意是让没去的亲戚享用，所带糖果主要是回到村子里招呼路遇的乡邻，让大家分享孩子订婚的喜悦。

（七）吃回头面

男女双方订婚之后，婚事就定了下来。女方也知道了男方家的位置，但是男方却不知道女方家的具体位置。因此，女方会邀请男方去女方家，这叫吃回头面。

吃回头面的具体时间由双方商定解决，讲究的也要看日子。

吃回头面时，媒人会领上准新郎去准新娘家。男方的舅舅或姑、姨会陪着孩子去。

这是女方第一次招待准女婿，因此也会准备得十分充分。讲究的是"早面午席"，不大讲究的，吃一顿碱面就行了。

这种习俗到20世纪60年代以后就消失了。

（八）结婚前走亲戚

旧时的青年男女，由于通信手段的限制，因此，平时很少联系，往往是通过媒人或亲戚捎话。由于媒人的两面性，有的人对媒人并不放心，怕媒人在男女双方之间说是非牟利，所以往往会通过亲戚来传话。

遇到逢年过节，便是男女双方进一步交往，增加了解的难得机会。临渭区民间的节日主要体现在端午节、中秋节和春节。

男女青年订婚后，女方会尽心尽力地为未来的夫婿织毛衣、纳鞋垫、编草帽。织毛衣时会买上好的毛线，称心的颜色，织上自己喜欢的图案；纳鞋垫时一般都会绣上吉祥的图案，如鸳鸯戏水、桃子、双喜、并蒂莲等。

端午节时，恰逢麦收时节，一般男方会根据女方家的情况去送节，赶上麦收也会帮个忙，以展示自己的能力。

在东西两塬上，女方还会精心的为男方编织草帽。给准女婿送的草帽是有讲究的。要提早选好麦秆，麦秆尽量粗细匀称。麦秆最上端最顶长的部分，叫细蒙蒙（渭南方言：细且长的意思），再下边的叫二笨，再往下的就叫粗麦秆。掐辫子的麦秆要尽量粗细匀称，这样才能把辫子掐得平平的。由于麦秆颜色亮度不一，因此，掐好的辫子还要用硫黄熏蒸一下才好。用硫黄熏过的麦秆洁白发亮，在阳光照耀下会发出熠熠的光芒。帽飘（草帽上的系带）用花布或绸子制作，好的帽飘会为草帽增色不少。帽飘制作得咋样，展示了未进门媳妇的精巧手艺，更是未婚女青年对心上人的心意。草帽做好后，女方会用红布包好，忙（收麦）前送到未婚夫家，或者在准新郎送节时戴回去。

（九）合日子

确定结婚的日子叫合日子。

媒人说媒时，一定会了解男女双方的出生年月，以便让对方知道两个孩子是否适合结婚。

经过一两年的交往，就到说结婚的事情了。

在临渭区民间。结婚是要看日子的。旧时结婚一定要请阴阳先生算一算。这事一般是男方主动，由男方主导。男方想在哪年结婚，就把媒人请来，炒几个菜，摆上好酒，买上纸烟，吃喝着谈论两个孩子结婚的事情。商量好后，媒人再去征求女方意见。若同意，双方就会各自找人算日子。女方不讲究的话，就会给媒人说男方算到哪一天都行，很讲究的会提出自己的大概月份让男方去准备。

旧时，在临渭区民间，有些日子被认为是结婚的大吉大利日，人们编了几句顺口溜："正（月）、七（月）迎鸡猴，二（月）、八（月）虎另猴，三（月）、九（月）蛇亥猪，四（月）、十（月）龙和狗，牛羊五（月）、十一（月），戍马六（月）、十二（月）。"

不宜结婚的日子叫犯月（渭南塬上人也叫败月）。犯月的讲究来源于星宿，犯月有明犯和暗犯两种。明犯月份具体是："正蛇、二鼠、三牛犊，四猴、五兔、六狗，七猪、八马、九羊头，十月虎，满山吼，十一月鸡，架上愁，腊月龙、虎不抬头。"暗犯月份具体是：男犯正、六、四、二；女犯腊、九、七、八。

女方忌讳的日子还有初五、十四、二十三。旧历认为这些日子对女方不利。

当然，若真的需要在哪年哪月结婚，会请阴阳先生在哪个月算合适的日子或者干脆不提败月的事，只要是"三、六、九"就是好日子，民间有"三、六、九，往上走"的说法，民间认为"三、六、九"都是好日子，是不用算的。

在临渭区民间还有这样的说法："一过腊月二十三，所有神都上了天。"因此，腊月二十三之后的日子，每天都是好日子，都适宜结婚，不用算。

（十）相关禁忌

1. 属相禁忌

鸡狗不和，龙虎相斗。属鸡的和属狗的、属龙的和属虎的不适合结婚。民间认为属鸡的和属狗的结婚后会吵闹不休，属龙的和属虎的结婚后会斗个不停。因此，这几个属相的人不适合结婚。这些讲究都没有科学依据。现在讲究的也不多了。

2. 订婚日期禁忌

临渭区民间讲究六、腊月不订婚。认为这些月份订婚不吉利。

3. 结婚日期禁忌

如果那年没有立春日，塬上把这样的年份叫作"黑瓮年"，渭北叫作"布袋年"。这样的年份不宜结婚。

二 结婚过程习俗

（一）发落娃（嫁女）

嫁女在临渭区民间叫"打发女""打发娃"。在塬上除以上叫法外，也有叫"发落女""发落娃"的。

1. 置办陪方

婚期将至，女方父母便忙着购置嫁女所需之物，当地人叫"陪方"。

有的地方将娘家准备的新娘用品叫嫁妆。陪方一般是男方出钱，女方购置结婚时带到男方家的大件用品（如车子、彩电、冰箱之类的）。具体内容由双方商定。

不同的年代讲究不同。20世纪50—80年代，姑娘置办的嫁妆比较简单，基本上是"红袄绿衣三两身，粗单粗被一二床，牛车拉着木板箱，娃娃怀抱日用品"，价值不过百十元。随着时代的发展，人们生活水平步步上升，嫁妆种类增多，档次升高，淘汰落后产品，品种随时代变化而变化。

80 年代实行责任制后，人们富有了，攀比之风开始盛行，陪嫁跨步飞跃，趋于时兴奢华。被单多达十几床，生活日用品一应俱全，应有尽有，且皆为偶数。80 年代增加了四大件：自行车、缝纫机、手表、收音机，被称为"三转一响"，价值超不过 1000 元。

进入 90 年代，陪嫁被彩电、洗衣机、沙发、电风扇、摩托车等时兴用品所取代，现代化家具讲究几大件，动不动几十条腿（一般家具 4 条腿，比如 32 条腿就是 8 件家具的意思），耗资上万元。看着这丰盛的陪嫁礼物，老人们感叹地说："这代娃有福气，穿不完用不完，一辈子只有尽情享受了。"

2. 添箱

女子出嫁前几天，家里人忙得不亦乐乎，村里人也没闲着。关系好的会来"添箱"，送一些绸缎被面、床单、被罩、电壶（热水瓶）等嫁女所需日用品，想得非常周到，气氛也很喜庆。

嫁女的人家会赶在女儿出嫁半个月前，挑个"三、六、九"的好日子在自己家办酒席，招待村里"添箱"的村民，塬上人叫"待添箱客"。舅舅、姑姨、叔侄……所有的亲戚朋友坐了一院子，主人设宴招待。

舅家再提上一对红色的台灯，这也是舅家送的最后一次灯，这一点上，渭河南北的讲究是一样的。

一般待完添箱客后，娘家基本不再置办嫁妆了。

3. 缝被子、嫁衣

女子出嫁前还有一道非常讲究的程序——缝被子、缝嫁衣。嫁女的主人会请来村里儿女双全的所谓"全欢人"，为女儿缝被子。缝被子的讲究是，棉被的四个角，只缝三个，留一个角塞上几元钱。接着请来当地有名的裁缝为女儿缝嫁衣。

临渭区民间自古以来还有个习俗，不论春夏秋冬，女儿出嫁时上身必须穿件红棉袄，哪怕是炎热的夏天，都得装（特指做棉衣、棉被时将棉花放进布的夹层中）上少量的棉花，再戴上母亲亲手为女儿绣的大红色裹兜，裹兜里装上几元钱，红色寓意婚后日子过得红红火火，装钱寓意腰缠万贯，不缺钱花。

被子缝好后便开始蒸花馍、收拾嫁妆、装食箩。

4. 准备食笼

食笼

抬食笼是延伸了上千年的习俗。嫁女一般要准备两个食笼，一个放热水壶、脸盆、镜子及化妆、洗漱用品，且每样礼品必须成双成对。另一个放豆腐、面条、两根大葱、一对长命富贵碗，一碗放香椿，一碗放酵面，再按出嫁女岁数包上几十个饺子，再用红丝带或红绸子绑在一起。食笼上要搭五颜六色的棉被、床单，取吉祥喜庆之意。渭北还讲究在食笼上搭门帘、枕套、枕巾等。

（二）娶媳妇

1. 上喜坟（辞先）

成家前，得先告知列祖列宗。

旧时结婚，新郎会在结婚前几天向祖宗灵位磕头烧香，以告诉列祖列宗家里要添新人了。新社会"破四旧"，这些讲究被打倒了。

近几年来，随着传统文化的复兴，人们更加重视对祖先的尊重。有的人会在结婚前领着孩子去祖坟上烧纸，也有新郎领着新娘，双方共同去祖坟上烧纸钱，以告诉列祖列宗家里要添新人了，并祈祷列祖列宗保佑新人平安幸福。

2. 筹备婚礼

娶媳妇对于有儿子的人家来说是最大的事情了，得好好遇当遇当（渭南方言，准备的意思）。

日子定下来后，就开始筹备婚礼。

男方主人会叫上孩子的舅舅、村里的能人、做饭的厨师，甚至也把媒人叫上，炒几个菜，合计着礼客、亲戚的人数，需要准备的席位。

随礼（塬上人也叫行礼）的村里人或朋友称为礼客。出门的亲戚，女方的亲戚称为娘家人，男方的亲戚称为自己人。根据客人的多少决定所买粮食、清油、大肉、蔬菜、豆腐、糖果、点心、烟酒的数量，接亲时准备的人员、车辆等。

接下来聘请总管，由总管和主人商量决定主要帮忙的人。总管在临渭区叫执事人。一般由村上的干部或村里的能人担任。

执事人确定后，就要写执事单。要确定帮忙的人员，比如：管灶的、写礼的、收钱的、烧水的、端馍的、挑水的、拉桌子凳子的、支帐篷的、管音响的、迎亲的、招呼人的等。凡是重要岗位上的人都要写到执事单上且提前打招呼。主人免不了要好好地招待一番。

执事单一般在结婚当天贴在当事人院子醒目的地方。

妇女淘麦磨面，提前几天蒸好过事所需的蒸馍。蒸馍讲究要白，样子圆茜（方言读 xi，好看的意思），火候恰到好处，口感劲道，麦香味浓郁。

年轻人布置新房，不同的年代有不同的讲究，但万变不离其宗，总是要在新房糊一些带有喜庆色彩的花纸，贴上几个大喜字，手巧的姑娘还会剪上一些喜庆的剪纸贴在窗子上。20 世纪 50—70 年代会贴上毛主席画像；80 年代精美的挂历少不了；90 年代以后，随着社会的发展，婚房布置必有拉花，一下子使婚房喜庆热烈起来。

重要的亲戚，如姐妹、嫂子等，会亲手缝制结婚时的床上用品。

3. 送箱子

结婚前三天，男方要给女方送箱子。

箱子的制作是有讲究的。一般比较好的都是用楸木做的，也有用桐木的。旧时家庭条件好的也有樟木、楠木的。男方在结婚前半年左右请来木工打制箱子等家具或者去集市上购买。箱子上面一般都有精美的图案，以图喜庆。图案主要以人物、花草、动物、男龙女凤为主题，讲究花鸟人物、鸟配花、喜鹊梅、孔雀戏牡丹等。人物的素材大多来源于古戏，如《红楼梦》《西厢记》《天仙配》等，寓意婚姻美满、儿孙满堂；还有像岳母刺字、二十四孝图等体现忠义报国和弘扬孝道文化的内容。动物都是表现祥瑞寓意的，如鹿、鱼、狮子、鸳鸯、喜鹊等。

送箱子时，箱子里必放一面镜子，民间称为"引魂镜"，除此之外，箱子里还要放置其他三样日用品（物品随时代变化）构成"四色礼"。同时，还要为女方再蒸一对花馍，一个老虎、一个鱼。花馍放在食笸里。女方会"丢礼（一种留下礼物的仪式）"，可任意留一个，也可全留。

送箱子的人主要是村里帮忙的爱交际能说会道的人，媒人少不了。

送箱子一般选择在晚上，在男方家喝完茶后，天黑前到女方家。女方会炒菜备酒招待。媒人会协调双方还未沟通的一些事情。箱子送到后，女方把女子所做的针线女工活之类的一些东西，放置其中。母亲再给女儿一些私房钱，置于箱底，以备女儿日后享用（旧时还有防婆家刁难女儿的用意）。

另外，还有一些家庭要放置一些性启蒙的东西，以备房事之用。

送箱子从本质上讲，是男方派人携礼催请女方及早为新娘置妆的仪式。送箱子完成之后，双方的沟通也就完成了。

4. 压床

婚床一般在结婚前一天就铺好了。

临渭区民间讲究结婚前夜不空床，意即新婚前夜要有人陪新郎过夜。

旧时，由于男女双方结婚普遍较早，许多新郎还是孩子，不懂性事。因此，结婚前夜，床上要有一位结过婚的较大的男孩陪新郎睡一晚上，实际上是给新郎进行婚前培训。

现在的青年男女普遍晚婚，加之婚育知识的普及，这种讲究没有了，压床也变味了，一般是男方的好友陪新郎过夜。仅仅一种讲究而已，许多人也不知其中的意味了。

到了今天，随着观念的更新，新婚夫妇不喜欢别人睡到自己的婚床上，所谓压床，已经变成新郎相好的青年男女朋友在一起玩，喝酒打牌，打打闹闹，凑个热闹。

5. 迎亲

迎亲也叫接媳妇，是结婚的重头戏，不但要喜庆，还要讲排场。临渭区人非常重视这个环节。

（1）迎亲车辆

迎亲车辆的变化随时代的进步而变化。旧时迎亲，主要用轿或坐牛、马拉的大车。轿车的两边要贴上大红喜字，一般贴"双喜"。轿的车顶上一般装有两条交叉的红绫，中间扎朵大红花，花轿门上贴有"吉星高照"的红符。去时轿车里不能空着，里面要坐个父母双全的小男孩，称压轿娃。

有了自行车后，就由村里的能人或者有威望的人骑自行车去接新娘。去多少可根据女方的主要亲戚来定。一般有七八辆就够了。由于条件的限制，男方不可能准备过多的自行车，因此，女方也能理解，有自行车的会自己骑着去出门。

摩托车时代，接亲的主角就变成摩托车了。无论自行车还是摩托车，车头上是要扎红花的。

后来手扶拖拉机、汽车，成了那个时代接亲的主角。有了手扶拖拉机后，婚车的装束除了扎大红花外，还要贴上大红喜字。

现在，不是汽车的问题了，而是讲究车是什么牌子、去多少辆车的问题。婚车的装束也由专业的花卉店或者婚庆公司来装。迎亲车队讲究双数。近年来，还有的人讲究头车必须是白色的，寓意"白头偕老"。

（2）迎亲时间

塬上和渭北的讲究大不一样。

塬上和城区讲究赶中午 12 时前要将新娘子接到家，渭北是中午 12 点后才开始去接，接到家一般就到了下午两三点钟。

到了现在，随着生活水平的提高，一般婚礼都在酒店举行，不管塬上、城区还是渭北，都是 12 点前必须接到家（或酒店），习俗讲究趋同。

（3）迎亲讲究与禁忌

如果一个村子同天有两家或两家以上的人结婚，就要抢先，争"喜气"，简称"争喜"。因为，这天是喜庆的日子，民间认为先娶回媳妇的会抢到"喜神"更多的喜气。

如果在路上碰到对面过来同样结婚的人，新娘要互换一朵花儿或者镜子。

如果同一村既有结婚的又有埋人的，那么，埋人的这家就要提早安排。

如果迎亲车队在路上碰到了送葬的队伍，被认为是吉兆，寓意"见棺发财"。

（4）迎亲礼品

迎亲时，男方要给女方带去四样礼品。不同时代有不同的讲究。

20世纪90年代以前，临渭区民间基本上是大肉几斤、酒一瓶、点心一包，再配些花生、枣一类的。

90年代以后，随着物质水平的提高，婚庆公司逐渐兴起，四样礼也逐渐趋向统一。现在的四样礼基本上是10斤大肉（肋条肉，带骨头的）、两根完整的莲菜、两瓶酒、两条烟。分别代表骨肉连心、藕断丝连、九九归一、香火不断。

（5）迎亲过程

临渭区讲究不能饿着肚子迎亲。所以，婚车出发前，不管饿不饿都得吃一点儿。一般吃些鸡蛋、馍夹菜即可。吃饭不能吃包子，民间认为包子太空，不实在。

出发前，执事要安排专人给每一辆车上放一盒香烟、一小包糖果，路上就不用招待司机了。

婚车出发时，要响两串鞭，若干炮仗，现在流行响四个墩子。

婚车出发后，会沿事前规划好的路线行走，尽量选择大道且不走回头路。

婚车到达新娘子家门口时，要响两串鞭，几个墩子，以示婚车到了。女方管事的人会出来迎接。

进门后由女方招呼吃饭。女方开始放食箩，收拾嫁妆及准备其他结婚的事宜等。

新娘的乡邻们早早就准备好了与迎亲队伍耍闹，用各种办法阻挡接亲的车队。有的将车停在路上，更多的是用一根绳栓到路旁两边的大树上。村子里人多的能拴几十条甚至上百条。拴得越多，说明这家越有人气。这下可苦了男方。男方要逐一地去谈判解决。给些香烟、糖果、瓜子一类的就行，有的还索要红包。有经验的男方是不会一一去谈判的。会找村里管事的人一次性解决，总共给多少钱，叫"一包袱包"。村里管事的会拿着钱买些香烟、糖果之类的分别发给大家。男的发烟，女的发糖，参与的人人人有份，最后皆大欢喜。

新媳妇上轿也是有讲究的。男女双方会因此斗智斗勇。

女方的闺蜜们早早占据了有利地形，围在了新娘的身边。目的不让男方很顺利地接走新娘。男方也早早地窥探好了新娘方面的人员安排，会以各种名义安排一两个新郎的挚友作为密探待在闺房里应外合，以便以最小的代价、最短的时间顺利地接走新娘。只听男方在外面喊："叫新娘快出来。"女方会问："拿的啥么？"男方会顺势给几个红包。女方哪肯轻易罢休，还会继续索要红包，肯定多多益善，双方你来我往，得好几个回合。

为了热闹，男方一般不会一下子让女方满意，先给一个 20 元的红包，梳头妇女打开一看，装着不高兴的样子说道："我家姑娘可是百里挑一，区区 20 元钱，岂能打发得了，还不拿个红的（指百元大钞）。"如果男方拿出百元红包，梳头妇女会说："这怎么行，好事成双，还不再拿一个？"推推搡搡中男方满足了女方的要求。

打闹间，里面的密探冷不丁就将门打开了。男方小伙们会一拥而上，将新娘抬了出来。一般是新郎将新娘抱出来，直接抱到婚车上。

民间讲究新娘脚不沾地。在婚车上由梳头妇女给新娘换上新鞋。

打点完村里人后，扫除了一切障碍，响几串鞭、放几个墩子。婚车就开始了返回的路程。

一路上，司机们会找合适的地方停下来，向女方索要"加油钱"，以报村里人拦挡的"一箭之仇"。经过讨价还价，女方会给每个司机一个红包，此事得到圆满解决。

现在，为防节外生枝，有的男方就把"加油钱"包了，路上就少了"加油"的环节。

婚车进村后，免不了又是一番拦挡，管事的人见男的发烟，见女的发糖，热热闹闹地到了新郎家。

新郎家里的喇叭唱着慷慨激昂的秦腔，村道里穿着彩装的妇女们扭着秧歌来助兴，男人们敲着锣鼓家伙是那样地神气。整个村子笼罩在喜庆热闹的氛围中。

婚车到了家门口，村里帮忙的会响鞭炮。新娘子在梳头妇女的保护下稳坐婚车，任凭新郎家的人们千呼万唤。男方的嫂子（表嫂或堂嫂）加上已出嫁的姐姐组成所谓的"一主加一客（出嫁女此时就是客人了）"的阵容去接新娘。

这里的戒忌是"姑不送，姨不接"。新郎新娘的亲生父母及未结婚的妹妹不参加接送活动。

接新娘时一般会给礼品或红包。新娘接到礼品后会在大家的簇拥下顺势而为下了车，由新郎抱着直接奔向洞房。

这里是男方的主场，男方的小伙们把住大门不让进，在得到女方的红包后才把门打开。婚房门又是一道关，打打闹闹中，新娘家拿出了红包，房门才打开。

新娘坐在婚床上后，主人开始给抬食箩的、拿镜子的、捐门帘的发红包。

钉门帘也是有讲究的，村里帮忙的会向女方索要红包，经过一番讨价还价，女方给了红包，男方就将门帘给挂好了。20 世纪 80 年代以前，门帘多为蓝布印花的，朴素大方。80 年代以后就变为商场里卖的成品了，虽新颖时兴，但少了点儿传统味。

6. 新人装束与婚礼仪式

解放前新郎的打扮，一般为蓝色的长袍马褂，头戴礼帽，上插金花，肩披红绸。新娘子结婚礼服很有特色，头戴凤冠，身穿霞帔，腰系玉带，下着彩裙，裙边缀有闪闪发光的小铃铛，脚穿绣花鞋，与戏曲舞台上的装束毫无二致。

结婚时，新娘子头上盖着三尺多长、一尺多宽、绣着精美牡丹花儿、两头各有系着彩须银铃的大红绸缎盖头，由两个穿着红锦绣衫、翠绿裙的伴娘扶着款款前行。到先祖灵位前，和穿着长袍马褂或彩缎长衫、头戴插花礼帽，肩上斜系红绫的新郎官站在一排，拜祖宗、拜父母、拜乡亲、夫妻互拜后才双双入洞房。

中华人民共和国成立后，20 世纪 50—60 年代初期的婚俗，基本沿袭了中国传统的结婚程序，既隆重，又节约。缝几身单、夹、棉新衣就行了。解放后的新媳妇过门后，出门入户大多穿（阴丹蓝）平布双绲边掏襟衫（即胸背无中缝的大襟中式衫）、黑条绒西裤、方口布鞋。

60—80 年代，习俗变了。门前搭彩帐篷，音响放着秦腔名流的唱片，婚庆对联把房前屋后布置得颇为喜庆。新郎穿一般新衣服即可，但多改穿流行的新列宁服或军干服。新娘穿的是大红锦缎长旗袍，戴彩绒花凤冠、披肩、纱巾（即 1.5 市尺粉红乔其纱），在头上绾个大花结，两端从身侧垂下，再不戴红盖头了，都是微低着头，双手搂抱一大朵彩色塑料、绢花，由两个身穿旗袍、头簪花朵的伴娘左右扶着步下轿车举行结婚仪式，且有鞭炮、锣鼓、乐队助兴，甚为隆重热闹。结婚仪程大约有十二三条。（1）鸣炮奏乐。（2）新郎新娘就位。（3）宣读结婚证书。（4）新郎新娘交换礼物（互换佩戴在胸前的胸花）。（5）新郎新娘相向一鞠躬。（6）新郎新娘向来宾鞠躬致谢。（7）新郎新娘向父母亲鞠躬。（8）新郎新娘谈恋爱经过与计划生育。（9）介绍人讲话。（10）双方家长讲话。（11）来宾讲话。（12）鼓掌礼毕入新房。此后即由伴娘陪同步入新房。

近年来，结婚习俗又有了大的变化。一般婚礼都交给婚庆公司。双方谈好价钱，婚庆公司操办到底。

农村人也讲究在酒店办婚宴。婚车队伍将新郎新娘以及亲戚们接到指定的酒店。婚礼现场布置得金碧辉煌，迷你灯转个不停，大型屏幕上滚动播放着新郎新娘不同时期照片和婚纱照，音响里播放着优美的旋律。有的高雅一点的仪式上，还会叫上一些当地有名的歌星，唱着欢快的歌曲以助兴；有的还会叫来音乐学院的学生们穿着演出服拉着小提琴。优美的旋律把婚礼现场烘托得十分温馨。

临渭区民间的婚礼一般中午 11 点 58 分开始，12 点 40 分前结束。

婚礼上，司仪是婚礼现场上的灵魂人物。一个好的司仪，会以自己庄重的着装、非凡的谈吐、恰到好处的笑容，不时抛出几句诙谐幽默的话语赢得主宾们的赞誉。

新郎新娘的出场也花样很多。有的结伴而行，当大厅的大门打开的一瞬间，新郎新娘刚一露面，整个婚礼现场掌声齐鸣，欢声雷动，新郎新娘款款走上 T 型台，享受人生最美好的时刻；有的新郎先出场，用歌声或感言引出自己的另一半，新娘在自己父亲的引领下登上 T 台，由父亲交给自己的女婿，新郎半跪着对岳父表态。父亲放心地将自己的女儿交给了自己的女婿并说一些祝福期待的话语。

仪式上，一般先由证婚人宣读结婚证书并发表热情洋溢的证婚词；新人交换定情礼物；新人拜见对方父母并改口，大人趁机给孩子礼物（或称为改口费）；来宾讲话；最后双方父母讲话。

席间，新郎新娘会在亲友的陪同下给大家一一敬酒。

7. 宴席

现在的婚礼大多在酒店举办，形式高度雷同。一般八凉八热，要有鸡（取吉祥如意）有鱼（寓意年年有余），讲究凉热、荤素、色彩、咸甜搭配适宜。但旧时民间以至现在的乡下还保留着过去的传统。

（1）渭北的宴席

渭北人给孩子结婚，一大早招呼礼客，一直吃到下午 1 点多钟。

12 点过后接新娘。仪式结束后开席。

旧时的婚席一般是先上四个干果碟子，然后上菜，讲究"八碗一品"。也就是说周围上八个凉菜，中间上一个大一点的品就算是好席了。据此，民间有玩笑话说："八碗一品、吃了就滚"。意即吃了"八碗一品"的标配，婚宴就结束了。也含有"客走主人闲"的意思。

近几年来讲究"十三花"。也就是说热凉菜一共上十三道菜即可。

凉菜上齐后，就开始喝酒，气氛很热烈。喝酒间，新郎新娘会在双方大人的引领下给双方亲戚敬酒，借此机会认识亲戚，了解辈分，以便准确称呼。

（2）塬上的宴席

塬上人结婚过事讲究吃油炸豆腐席。

做豆腐菜

过事时，家里会做很多豆腐，先在锅里一蒸，再切成片，然后放到油锅里炸，再切成丝。土豆、红薯块也是油炸的，把这些和海带、黄花、萝卜片等烩到一起就行了。上菜时，以油炸豆腐为主，有菜有汤，汤上漂一层清油，色香味俱佳。

上菜时，一般也是先上四个干果碟子，然后上几道凉菜喝酒，酒喝好后开始上九碗豆腐席。

豆腐席的上法是，一盘（农村人用的木制的方盘，约 70 厘米见方）同时端上九道菜。每边最中间放豆腐菜，四角分别放四种不同的凉菜，中间放一个凉调拼盘。

菜上齐后馍也就上来了。吃馍就菜，津津有味。

吃豆腐席的讲究是：吃饭时只能吃自己边上的豆腐菜，即使自己边上的菜吃完了，别人的还有，也不能去吃。如果吃了别人的，会被认为是失礼的行为——"出席了"，会被人诟病的。四个角和中间的菜是可以任意吃的。

好多去过塬上的人吃过豆腐席后都会留下非常深刻的印象。有生意头脑的人抓住机遇，在渭南城里开了油炸豆腐宴，生意很火。

塬上人结婚，普遍吃两顿饭。往往是早饭刚吃完，就开始做下午饭。间隔一两个小时又开始吃饭。做饭的很忙，吃饭的不舒服，但就是没人改。

8. 谢媒（酬媒）

谢媒人在渭北也叫酬媒。

在过去的婚姻关系中，媒人所起的作用非常大。一桩婚姻从开始提起到结婚，往往持续两三年，媒人为此付出了很多的精力。因此，主人会借孩子结婚的时候设宴款待媒人，称为媒席。渭北酬谢媒人的方法除婚前办媒席外，还要给媒人送四季花馍。塬上除了逢年过节要送烟酒、点心外，还要在结婚当日，以办媒席的方法谢媒。

吃媒席是有讲究的。媒席一般在晚上进行。坐媒席的人是双方的主要亲戚，舅家、姑家、姨家等，由媒人协商决定，讲究对等。

媒席一般先上几个凉菜，然后再依次上热菜，荤素、咸甜搭配得宜，肘子、腰花是必上品，讲究上八个、十个、十二个热菜，最多的上到十八道，上双不上单。

席间，新婚夫妇要给媒人敬酒。

物质短缺时期，常常会为上多少菜，坐哪些人闹得不愉快。现在，媒席基本没有了，变为谢帮忙的。

主人为了感谢媒人说媒成好事，往往会给媒人买双高档皮鞋表示感谢。

总之，媒席是答谢媒人的一种仪式。

9. 耍媳妇

新婚夜闹洞房是结婚的必备程序，俗称耍媳妇，一般要三天。

在近代，这是新婚夫妇婚礼之夜在新房接受亲友祝贺、嬉闹的礼仪，民间有"新婚三日无大小"的说法。临渭区各地耍媳妇各有不同的方式，但大同小异，有的文雅，有的粗俗。有时闹过了头，往往给主宾双方带来尴尬和不快，但因为它给婚礼增加了热烈的气氛，又是一种古老的传承，所以这一节目在现时婚礼中保留了下来。

耍媳妇一般从天黑就开始了，主要是村里的男青年耍新郎新娘。年轻人闹着玩，有文有武。武的方面会将新郎新娘用绳捆在一起，让他们做一些"规定的"动作，或者将新郎捆在凳子上让新娘心疼，新娘看着被虐待的新郎，就会求饶，按耍者的意思说一些平时难以说出的酸话。或者用绳子吊一个小苹果悬在空中，让新郎新娘口对口咬苹果，如果小两口子不从，新郎就要挨打，新娘看得心疼了就不得不咬。咬苹果时有人故意将苹果突然吊起，致使小两口亲嘴；如果嘴唇没有碰上，会令大家不满，甚至引来一顿打；如果碰上了，会引来一片笑声。如此这般，一直持续到深夜。

文的方面会编一些酸不溜秋的顺口溜让新娘说，一般是男的说一句，女的学一句。这类酸话一般女孩子是说不出口的，因此会耍上好长时间。

现在，耍媳妇的习俗发生了很大的改变，结婚当天耍一会就行了，更多的是新郎新娘的朋友们喝喝酒，打打牌，玩玩而已。

10. 回门（谢女婿）

回门在临渭区民间也叫谢女婿。一般是结婚第二天，新娘领着新郎带着四色礼回娘家，称为谢女婿，早去晚回。去时，男方需要预备一些重礼：烟酒、大肉、点心、花馍等。

旧时，谢女婿主要是让新女婿熟悉媳妇娘家的亲戚，知道见面怎样称呼。

到了现代，男女青年交往方便多了，结婚前早已熟悉了，这样的意义没有了，但作为一种习俗还是保留了下来。

谢女婿时，娘家人会耍女婿。回门前，男方家长一般会给孩子一些必要的提醒。聪明的活道的会随机应变。呆板的总会闹出一些笑话来。

耍女婿时，一般是媳妇的嫂子或者姐妹包饺子给新女婿吃。盛饭时，碗底下会放一些辣子或者多放些食盐让新女婿难堪，显出窘态。新女婿欲咽不肯，欲罢不能，新娘的嫂子或姐妹故意站在旁边督促着吃，再来一碗，催得新女婿好不狼狈，往往满头大汗。会怜惜人的媳妇总会把新郎照顾得十分周到、自然。

此事是对新女婿的一个考验。老实的不会耍的明知辣得难以下咽还是硬着头皮吃了下去。聪明的活道的会把饺子吃了把汤留下，一场危机就此化解。新女婿表现得好就会赢得大家的尊重。

20 世纪 80 年代以前，新女婿一般会骑上自行车，到老丈人家出门去，小姨子、小舅子们甚至是邻里的小伙子们，会把新女婿的自行车锁上并拿走钥匙，待新女婿要回家时发现车子被锁了，就会"出水"赎回。

有了这样的"教训"后，有的新女婿到丈人家后赶紧锁好车子，把车钥匙拿在手中，带在身上，其他的人干脆就把车子的气门桩拔掉，车子还是骑不成，新女婿还得"出水"。

村民们这样的玩法乐此不疲，对新女婿的应变能力是一人考验。

11. 立两头停

"立两头停"（有的地方叫回门）是婚礼中最后一项议程。

旧时的讲究是，谢女婿完了后，媳妇回到婆家，第四天或第五天下午，娘家兄弟或父亲来接女儿回家，算是"回门"。

新娘从结婚的第三天或第四天算起，在婆家住几天（一般是一天或两天），就要在娘家住几天，这叫"立两头停"。

"立两头停"完了后，男方要大张旗鼓地用骡车再将新媳妇接回。从此，新媳妇正式成为男方的家庭成员，一对新人开始美好的新生活。

"立两头停"的讲究已经很久远了。据说在先秦时就已经有了这样的习俗。回门，主要是回娘家向父母报平安的意思。

古时交通不便，如果女子嫁得远，来去一趟很不容易。又所谓出嫁从夫，女子到夫家后就可能很少有机会再回到娘家了。所以回门可能是女子踏足娘家的最后一次机会。正因为如此，人们十分重视回门这一婚礼习俗。

三　其他婚俗

（一）招女婿

在临渭区民间有招女婿的习俗。

民间认为，生儿防老、传宗接代是一个家庭的大事。家里有一个或几个女孩而没有男孩子，就会给女孩子招女婿。一般给老大招女婿的居多。

由于受传统的男婚女嫁观念影响，一般家庭的男孩是不愿意入赘当上门女婿的。当上门女婿的男孩一般是家里穷一点，或者弟兄们多一点，找对象比较困难。

招女婿和娶媳妇的程序基本一样，只是男女角色互换了个位置。招女婿也要有媒人。男方也和娶妻一样要给女方彩礼，只是数量要比娶妻少一些。

（二）换亲

在临渭区民间还有换亲的习俗。

换亲的客观条件是双方家庭都有男孩女孩，都因各种原因（如残疾、智障、个矮、家穷、大龄等）致使男孩子找不到媳妇，为了传宗接代，只好牺牲女孩子的利益，将男子的姐妹给女方的兄弟做妻，以换取女方作为自己的妻子，俗称"姑嫂换"。换亲来源于古老的氏族外婚制，即两个氏族之间互换姐妹为妻或互换女儿为媳，在封建买卖婚姻时代曾盛行。这种婚姻方式违背当事人的意愿，带有严重的包办、强迫性质。女孩子为了哥哥的婚姻，照顾父母的难处，往往含泪嫁给自己不喜欢的人。

这种婚姻幸福的很少，造成了很多人间悲剧，多存在于山区和塬上，渭北也有，只是少一点。

随着社会的发展，观念的更新，换亲的情况现在基本绝迹了。

换亲还有一种特殊的形式——三换亲，即在三个家庭间交叉换。这种形式多了一个家庭，多了一些回旋的余地，但女孩子还是换亲陋习的牺牲品。

第三节　寿诞礼俗

一　祝寿

古语云："人生七十古来稀"。在旧时，人能活到 70 岁已经是很稀罕的事情了。一般人能活到 60 岁就算高寿了。因此，一般人会在 60 岁时做寿。

那时没有采用阳历纪年，生日都指的是阴历日子。

在临渭区民间，60 岁祝寿后，每逢 10 年做一次大寿。不逢 10 的年份遇生日，会在家里和家人一起过，规模很小。普通祝寿只是自己人在家里过。儿子会给老人买上烟酒，割上大肉。女儿则会给老父亲蒸上一对油角角、八个油桃，再扯上一件新衣服，以尽儿女孝敬之心。规模稍大点则叫上自己的外甥（女）、侄子（女），有干亲的也通知到，像过事一样热烈喜庆。

寿宴的标配是"早面午席"。早上吃"长寿臊子面"，祝老寿星健康长寿。下午"坐席"喝酒。还是少不了"九碗豆腐"席，或"八菜一品"，或"九碗十三花"。地域不同，讲究各异。

一般的程序是，先请老寿星入座，其他的人依次按辈分大小落座，小孩和妇女一般不上桌。

菜上齐，酒摆好，开场白后才能动筷子。旧时，一个桌子上只放一个酒壶、一个酒杯。大家轮着喝。

开场白有两种：一种是老寿星先自己倒一杯酒端起来，说明今天是自己生日，来了这么多的亲戚，感到很高兴，也借机表扬一下各位晚辈，对各位晚辈在百忙之中前来祝寿表孝心表示赞许，再说一些勉励的话语，然后一饮而尽。

再一种是席中年龄最大，或威望最高的晚辈中一人先斟酒端在手中，说明今天的来意，感谢寿星对各位晚辈及家人在生活、学习、工作等各方面所给予的关爱和支持，大家同声应和，提议给老寿星敬酒，祝老寿星生日快乐、健康长寿、福如东海、寿比南山。老寿星接过酒杯一饮而尽。其他人上行下效，依次进行。老寿星可以依据自己的酒量随意而喝。

吃饭时，儿媳妇（女儿）还会将亲戚们送来的油桃馍的顶子掐掉让老寿星吃，寓意是吃了儿孙们敬献的"蟠桃"会"长生不老"。

旧时，晚辈在老人祝寿时还要给老人磕头。

20世纪50年代到80年代祝寿风基本没有了。80年代到2000年前后，祝寿风气随生活改善逐渐恢复。

如果有老人在世，他们的儿女哪怕过了60岁，也是不能过寿的。

当然，也有人认为祝寿折寿，拒绝祝寿。

讲究与戒忌：讲究"寿不能满"，古语有言，"满招损"，也就是说，过寿要在虚岁那年过，不能在周岁年份过。

二　过生日

60岁以上的人过生日叫祝寿，60岁以下的人逢生日便叫过生日。

旧时，人们认为"过寿折寿"，讲究"老人在，不祝寿"，因此，一般不主张给小孩过生日。若遇到小孩生日这天，还是会改善生活的，比如炒几个鸡蛋，吃顿碱面就行了，没有固定的仪式。

过生日这天，小孩要给父母磕头，感谢父母养育之恩。

到了新时代，随着生活水平的改善，孩子的地位上升，成了大人心中的小太阳，人们总是想方设法要让孩子过上幸福的生活。平时，孩子想要什么就买什么，遇到生日，几乎是年年过，也没有什么戒忌了。小一点的在家里过，大一点的会在酒店里包席。

第四节　丧葬习俗

孔子曰："生事之以礼，死葬之以礼，祭之以礼。"事之，乃为孝养，葬、祭亦为孝道。自古以来，临渭区人已将丧葬习俗作为一种文化传承了下来。

汉语有个词汇叫殡葬，"殡"与"葬"是两个不同的概念，"殡"主要指礼仪、仪式，而"葬"则是指具体的埋葬方式。由此可见，国人自古以来，很重视丧葬的礼仪，丧葬的仪式感很强。

丧葬是人生中的最后一件大事。

由于长期受到旧有的封建观念的影响，人们囿于灵魂不死的陈旧观念，总希望已亡故的亲属在阴曹地府能享受到富贵和安宁，因而不惜花费大量人力、财力、物力为死者厚礼重葬，以示恪守儒家"葬之以礼，祭之以礼"的尽孝之道，礼仪十分繁复。

人生最大的痛苦莫过于生离死别。

虽说生、老、病、死是人生自然规律，但是从内心和情感上讲，是每一个经历过的人最不愿意接受的残酷现实。从这个角度上讲，亲人死后，举行隆重的丧葬仪式也是人之常情。

临渭区作为中华古文化主要发祥地的陕西东部重镇，十三朝古都西安东邻，这里的丧葬习俗可以说是陕西丧葬习俗的典型代表。

几千年来的传统观念讲究人死后"入土为安"。因此，农村人基本上都是土葬。即使住在城里的人或者家虽在农村但在外工作的人，火化后也会选择将骨灰送往农村土葬。

一　准备后事

在临渭区，一般家庭，当父母进入衰年后，就要为之准备"后事"，也有老人正当壮年时自行准备的。

所谓后事，一是棺材，二是"老衣"。"老衣"亦称"寿衣"。

（一）割材

割材即做棺材。做棺材是有很多讲究的。

从用材上讲，一般家庭用木材制作。有松木的、柏木的、桐木的等。因为柏木性硬不弯，长期不腐，另外，柏木那种特殊的味道可防犴、狗之类伤了尸体，所以，柏木是临渭区民间棺木的首选。松木由于纹理顺，质地好，耐腐朽，也是做棺木的好材料。也有的人做棺材时用松木做厢板，用柏木做档，在民间叫作"松木板子柏木档"。桐木由于生长快，木质较松，性硬不弯、不变形、不易腐朽，价格低，易取材，因而也受到了广大民众的喜爱。

从厚度上讲，一般都是用二寸半的方子，在临渭区民间叫"二五子"。三寸的叫"墩子"。二寸的很少，小于二寸的叫"薄板棺材"，很少用。

从棺材板子多少上来说，讲究"十大圆"，意即底、盖各用三块板，两边帮子各用两块板。其次就是"十二圆"，意即底、盖、两个帮子都是三块板。这样做出来的棺木比较圆，好看。

从做工上讲，有的雕花有的不雕花，有的油漆有的不油漆。关键看自己家的实际情况。

雕花棺材

塬上还讲究父母的棺材要尽量一致，也就是说，用材、厚度、雕花、油漆尽量一样。如果两位老人去世时间相差很长，后边去世的也可做得好一点，后人会以社会发展了、经济变好了来自我解脱。这种变通，正应了当地民间的一句谚语："除了死办法，尽是活办法。"彰显了民间处事方式的灵活与智慧。

（二）做老衣

一般家庭都会在老人高寿体弱时，及早先置备老衣，即"寿衣"。

老衣一般用棉布制成，不可用皮毛，怕来生为兽；也不用缎子，"缎"与"断"音同，"断子"是不吉利的。最好的老衣讲究用"绸子"，一来绸子质地好、上档次；二来"绸子"的谐音与"稠子"同，寓意"多子"，取"多子多福、后代兴旺"之意。

寿衣有两种：一种是传统中式寿衣，一种是现代的西式寿衣。但都有五件、七件的讲究。中式寿衣有"大襟式"的白单衣衬衫，依次再套一件对襟式的黑夹袄、一件对襟薄棉袄、一件薄棉袍，最后是一件长袍罩；西式"寿衣"俗称"对襟"，装袖棉袄，装袖夹衣，再套一件黑呢长大衣。

女"寿衣"则按传统女连袖大襟式布纽扣制备，也有白大襟衬衫、黑色或蓝色大襟夹袄、薄大襟小袄、厚大襟短袄、连袖直筒式长旗袍。也有系斗篷的，都是用丝织品制作，根据逝者年龄采用不同颜色，年龄大的颜色比较深沉庄重，年轻者色泽趋于艳丽。女西装"寿衣"则按装袖时装式制备，完全用"对襟"装袖式，用料上讲究用各种颜色的绸子丝织品制作。

除了准备棺木和寿衣外，还有些人会在老人健在时给老人修墓子。

旧时，一些富豪之家还会请阴阳先生看好墓地，用石料砌为墓穴，称为"生基"。

长久以来，备"寿木""老衣"的习俗仍在民间流行着，只是请阴阳先生的做法在中华人民共和国成立后一段时间被打倒了，至于是否提前箍墓就要看家里的经济情况了。

二　送终

老人临终时，总是希望能与自己的亲人见面作最后的诀别。在外地的子女闻知老人病危，会心急火燎地回家，见上老人一面，为老人"送终"。临终者往往在"咽气"前嘱咐后事，或在头脑清晰时让人代写书面遗嘱。子女们会在老人弥留之际守候在老人床前，直到"咽气"。

人"咽气"后，称为"倒头"。因为忌讳"死"字，所以把人的死亡叫作"倒了头"。老人在弥留之际被称为"停命"。人到了"停命"之时，一般由村里有经验之人为其梳洗、净身。待咽气后，才洗脸剃头。

在人未"咽气"前，后人给老人就要穿好寿衣，"咽气"后，衣服就不好穿了。逝者亡故时间不论冬夏，都以穿棉衣为主，衣服件数取阳数，忌双数。按惯例，一般穿三重、五重、七重寿衣，通常为"五领三腰"，即五件上衣、三条裙裤。穿七重寿衣的则称为"七领五腰"，讲究四季衣服都要穿齐。衣裤均不钉扣，全部系带，表示带"子"的意思，以兆后继有人。服饰式样与时代同步。

老衣穿好，待人"咽气"后，就要立即将尸体从炕（床）上抬下，置于木板或凉床上，此即停尸灵床。尸体仰卧，手脚伸直，以布或麻纸掩其面。停尸时，死者的头朝里、脚朝外，取义向外走，以便于死者"走出"屋子，便于灵魂升天。

子孙则跪在死者面前，放声痛哭，并在事先准备好的瓦盆（俗称纸盆子）中为之烧"倒头纸"。烧纸钱以便死者在阴间的路上用，香烟寓意死者灵魂升天。

三　挂纸抓（孝帘）

家里老人咽气后，除安排其他的事情外，就是要在大门正中悬挂"纸抓"或"孝帘"。

纸抓即把麻纸裁成约两指宽、30多厘米长的纸绺，一端用白色线绳子一扎，挂到大门门楣正中即可。别人看到大门正中悬挂的"纸抓"，就知道这家老了人，正在办丧事。

渭北是在门楣上挂"孝帘"，即在门楣上挂大约一尺半到两尺的白纱布，告知别人家里有丧事。

四　出七单

人死后，主人会尽快地叫阴阳先生来算死者丧期，确定埋葬的日期，书写"七单"，贴在院中醒目的位置。这个过程叫"出七单"。

"七单"的主要内容是：死者生卒年月、享年×岁、下葬日期等。大致写法如下：死者×××生于×年×月×日（农历×年×月×日），卒于×年×月×日（农历×年×月×日），享年×岁，定于×年×月×日（农历×年×月×日）安葬。

一七：×年×月×日；

二七：×年×月×日；

……

七七：×年×月×日；

百天：×年×月×日。

事主根据"七单"上的时间进行祭奠活动。

五　报丧

人死后把死者死讯告诉亲戚叫"报丧"。

报丧的方式随时代的变化而变化。旧时报丧基本是靠人走路去；有了自行车、摩托车以后就是骑车去；现在通信更方便了，打个电话说明情况就行了。

在临渭区民间，人死了后，村里帮忙的人会分路到亲戚家去报丧。主要说明逝者死亡的时间，殓木人的安排以及丧事的安排等。

此地讲究报丧人不能走进别人家大门，以免把晦气带到别人家。

六　入殓（殓木人）

将死者装入棺材俗称"入殓"，临渭区民间也叫"殓木人"。

殓木人时，主要亲戚都要在场，如舅家、娘家、姑家、姨家、儿子、女子、外甥（女）、侄子（女）等。

在临渭区民间，有"男凭舅家，女凭娘家"的说法，意思是说舅家和娘家在外甥或出嫁女的生活中享有至高无上的地位，因此，一个人死后，男方舅家或女方娘家的人没有到场是不能盖棺的。

主要亲戚到齐后开始殓木人。如果确实有些主要亲戚因为离得远，不能赶在殓木人前到场，则不能把棺材封死，以便后面回来的亲人瞻仰遗容。

殓木人时，死者的儿子抬头和脚，女婿外甥抬两边，上边盖一床单或布幔遮住死者遗体，意即让死者面不见天。布幔由其他孝子执掌。

入殓时，先在棺材内铺一层锯木屑或黄土，还要砍一些柏树枝放入棺材内铺平置于逝者身下。放柏树枝（朵）主要起防虫作用，也有辟邪的意思。又因为柏树朵看起来繁星点点，团结紧密不轻易掉落，也有期望后辈团结兴旺之意。再垫上一些死者用过的旧衣被，铺上新褥子，把死者抬入棺内，用死者穿过的衣服将死者的尸体尽量固定好，以防倾斜。将少许碎金散银或"宝珠"放入死者口中，此即仿古含玉之意。有的还要放些许茶叶。

入殓时，棺材内还会放置死者生前的爱好之物，寓意死者在阴间可以继续使用，比如收音机、旱烟袋、书籍等。

入殓时，孝子们的泪水不能滴到死者身上。民间传说，那样会梦不到死者。

殓木完毕，孝子和近亲属围绕棺木再看亲人最后一面，亲属大哭，但不能把棺材盖钉死。一是为了远方的亲戚回来时能见上亲人最后一面。另一方面有迷信认为，人死了是叫城隍爷叫走了，城隍爷是阎王管辖的地方官，有叫错的，也有把灵魂叫去为其他屈死鬼作证辩冤的，阎王审明案情，放回灵魂还可复生。因此，入殓后，一般要到第二天才订棺盖。这种说法虽有迷信的一面，但也有科学的成分。因为旧时科学不发达，有的人"咽气"后只是一口气没上来，放到棺材后"复活"的例子也有。因此，民间就有了这样的说法。

民俗以为，人有三魂六魄，人的魂魄如果被专司勾魂职责的黑白无常二神勾走，人就会死亡，死亡后的魂魄就叫做鬼，管理鬼魂的就是阎王爷。阎王爷是管理阳间人的寿命和阴间鬼魂的最高长官。人死后就到阴曹地府去了，也就是人常说的阴间。去阴间的路上有一恶犬，恶犬狂吠不让过，因此人死后习惯的做法是在死者的手里用红绳拴一个馍，馍可以避免死者的魂魄被恶狗咬伤。死者手上的馍是有讲究的，男死者一般是从舅家拿来，女死者是从娘家拿来，这就是农村人常说的"死了还要舅家一个馍"的来历。民间还认为，去阴间之路，一片漆黑，阴曹地府遍设关卡，如果没有引路者，守关卡的鬼卒便不放行。后人为了感念父母养育之恩，避免父母亡魂在阴间受苦，还要请来道士为死者做法事"开路"，发给"路引"，故要点一盏灯放在棺材上为其照明，俗称"长明灯"或"鬼路灯"。

"长明灯"的做法通常是在一个粗瓷碗内装入菜油，用灯草或细棉花条做灯芯，昼夜不熄。"长明灯"从逝者咽气开始一直点到出殡为止，不能熄灭，直至出殡后才将其翻扣在地。

灵前所点香火也不能中断，取"香火不断"之意。

中华人民共和国成立后，除信教的人请道士做法事外，其他的人基本不做法事了，但入殓习俗基本没变，仍在民间继续流行。

死者入殓后，主人会将棺材停在设立的灵堂上。

七　吊丧

村里人知道谁家死了人后，都会来帮忙，妇女们会来吊丧。一般是在死者的灵堂前哭灵，女孝子陪哭，适当的时间主人会拉起吊丧的人，吊丧的人才停住哭泣。其他的亲戚朋友，如死者或死者儿女单位的同事、朋友也会前来吊唁，表示慰问。

吊唁时，来宾要上香，一般上三支香，行鞠躬礼（三鞠躬），孝子跪拜赔礼。

八　哭丧

哭丧时，男女哭法是有差别的。男的多是不出声的"泣"，即使出声也没有词。妇女则不同，哭得最为悲戚，一把鼻涕一把泪，不仅要哭出声来，嘴里还要念念有词，大多是追念死者生前所受恓惶以及儿女思念之情。

除了自己的儿女外，其他远房亲戚到了这种场合也得哭，感情深的、泪点低的也会真哭，有的哭得还真恓惶。感情不深的不哭不行，欲哭无泪，只好拿着手帕捂住眼睛，干嚎几句，做做样子。也有些人借别人灵堂哭自己恓惶，声泪俱下，哀婉悲恸，痛哭流涕，令听者无不为之动容。

农村也有一些人很有表演天分，很容易进入角色，进来时还有说有笑的，一旦进入角色，比亲女儿哭得还恓惶。

九　打墓（挖墓子、箍墓）

打墓在这里也叫"挖墓子"或"打墓子"。

在农村，办丧事是一个村的大事情，因此，大家都会来帮忙。即使有人在外面打工或工作，都要叫回来。

打墓各村讲究不同。有的是轮流打墓，一次四家，家里没男壮年劳力的，会出钱请人帮忙。总之，这是义务，不能误事。村里人多的，基本是主人提议四个和自家关系好的人去打墓。

打墓前，先由阴阳先生定好方位，确定墓址，划好基线。打墓者按基线开挖。

主人每天给每个打墓者一人一包香烟，早上送一回吃的，中午和晚上各管一顿饭。

管饭也是有讲究的，打墓头一天、开"黑堂口（墓厅门洞）"、完工这三次都要带酒。

墓子打好后，打墓者还要看着把人埋好才算完事。

事毕，主人会设宴宴请打墓人，叫"谢打墓的"，并给打墓的送四样礼品。

在临渭区，一般家庭都是打土墓。但也有一些情况好的家庭用砖"箍墓"。这种情况在旧时只有富户人家才箍得起。

改革开放后，人们有钱了，基本上都会在父母身体还不错时就箍墓了。一般是固"双筒墓"，即父母两人的墓一次箍好，分别安葬。

十　停灵

旧时，丧家在堂屋设置灵堂，安放灵柩，男性死者灵柩放堂屋左边，女性死者灵柩放堂屋右边，供人悼念。灵柩前用白布作幔，其上挂死者遗像，其前设案桌，案上置灵位，有的还将灵位置于纸竹扎糊的"灵房"内。灵位两旁摆有纸扎的"金童、玉女"，金童称"听说"，玉女称"顺事"。案上还摆有烛台、香炉、果品等供品。一些仕宦之家还在屋宇西阶竖立用白绸或黄绸做的"铭旌"，上写死者的最高官职或学位。

20 世纪 50 年代以后，临渭区民间死了人后仍是在家中设置灵堂，一般设在厅堂或屋檐下靠上位的方位，城市居民往往会在街沿上临时搭棚作灵堂，以方便亲朋吊唁。

十一　守灵

临渭区民间，老了人后很讲究守灵，意即灵前不能离孝子，否则就是对亡者的不敬。守灵时，孝子可轮换。

到了现代，守灵时，朋友们、村民们会自愿组织一些人打扑克、打麻将陪主人。主人提供烟酒招待。

十二　起事（过事）

在临渭区，把出殡前一天举行的一些仪式叫起事。

起事这天，大门两边贴着白底黑字的对联，以颂逝者高功大德，表达后辈思念之情。

院中摆满了亲友们送来的花圈。亲戚们要来出门（走亲戚），孝子们穿白戴孝，村民们都来帮忙，高音喇叭播放着高亢激昂的秦腔或民间艺人们的自乐班子唱着大戏，好不热闹。

起事过程，渭河南北两岸基本相同，下面的叙述主要以渭南塬上的过程为例。

起事时要请乐人（队）。

乐队是由一群有一定特长的，会吹、拉、弹、唱的民间艺人组成。唢呐、小锣、大鼓，是以前举行葬礼的老乐器，现在加上了洋鼓、洋号，组成了管弦乐队，中西结合。除了演奏哀乐外也演奏歌曲。

请乐人的费用一般是由出嫁的女子们平均分担。

乐队讲究有四口、六口、八口、十口、十二口乐人，最庞大的有十六口、十八口乐人，一般以八口乐人居多。有的带戏，有的不带戏，带与不带由主人决定。

起事的过程大概如下：

（一）扫墓

中午 12 点一过，执事的人便开始组织过事的所有程序。

第一项由女孝子们先去扫墓。一路上孝子们哭声不绝，乐人们吹个不停。

到了墓前，打墓的会跟孝子们要闹一番，趁机收点费用，以便答谢帮忙的乡亲们。几个帮忙的会在坟墓的出口处"刁难"扫墓的孝子，尤其是死者的女儿或者是孙子辈中"挣钱的""有钱人"，比如故意不给她们放梯子，在她们拿出几盒香烟或一定的人民币之后，才放好梯子让她们下去扫墓。有的是在扫完墓后要闹。

扫墓的讲究是，埋人前，女孝子们要看给死者新盖的"房子"怎么样，最后一次给死者打扫"屋子"，尽最后一次给父母打扫屋子的孝道。

渭北的讲究与塬上的讲究稍有不同，渭北是先请灵（引魂）、后扫墓。

（二）请灵（引魂）

临渭区民间把"引魂"叫作"请灵"。请灵时，要先在家里设立三代祖宗灵位，分三次把三代祖宗灵魂请回。

请灵时，由女婿端盘，外甥打灯。盘里面放火纸若干，大（音tuo）馍一个。这里的讲究是男死者走时要吃舅家的馍，女死者走时要吃娘家的馍。

外甥打的灯笼去时不亮，回来时要点亮，意即为先人们的灵魂照亮回家的路。现在，为图方便，农村过事一般用手电筒代替了灯笼。

长子执"引魂幡"。其他孝子按辈分大小依次排队行进。

引魂幡的制作也是有讲究的。用细扫帚棍制作成长约 40 厘米的三脚架，上面糊上白纸，下面吊三绺三厘米宽、三四十厘米长的白纸，中间纸绺稍长。上面三角部分书写"接引宝幡"四字。下面的纸绺上左边写"金童前引路"，右边写"玉女随后行"。中间一绺写死者忌日："显考（妣）×××于×年×月×日逝世"。

请灵时，打灯笼的外甥走在最前面，其次是端盘的女婿，再下来是执掌"引魂幡"的长子，后面按辈分大小依次排列。

女孝子们在大门前铺上草席跪两行哭迎。

男孝子们先在灵堂前烧纸行跪拜礼，然后在乐队的鼓乐声中缓缓而行。出村口、遇十字路口都要下跪烧纸。

现在的大多地方都简化了请灵过程，请灵时已不再按辈分分三次请灵。而是一次按辈分由高到低的顺序依次请回即可。

塬上在坟前跪拜烧纸即可。渭北讲究顺坟转三圈再跪着奠酒，烧纸后拔引魂幡迎魂灵回家到灵堂前，再行焚香跪拜礼。

（三）接饭

请灵完后，主家招呼礼客吃饭，亲戚开始接饭。

接饭时，先在村子的一头摆张桌子用以放置亲戚送来的礼品。

接饭的顺序是：死者是男性则先接舅家的饭；死者是女性，则先接娘家的饭；再下来依次是老舅家、干亲、外甥，最后才是女子。

亲戚们出门时所拿礼品渭北和塬上的讲究基本相同，塬上礼相对较轻，渭北相对较重。渭北讲究外甥、女子等行重礼者各样礼品都要配九样，如九条烟、九瓶酒、九份馓子等。

塬上讲究蒸四个献恭、全席碟子（酒、肉、干果）、纸活、火纸、花圈等。女儿还要纸活全套（即高低房、金银山、摇钱树、葫芦垂灵纸、聚宝盆等），献恭上插花，做工十分精致。

渭北讲究女婿、外甥等重门户都须抬食笋。食笋中放有花老虎、大花馍（排花）、花贡、茶点、烟、酒等。凡食笋都必须有香、蜡、纸。女儿还要纸活全套。一般晚辈除拿用面蒸的祭品外，都须拿纸、花圈。朋辈（亲）拿些糕点、祭品、纸、花圈就行了。

抬食笋也是有讲究的。女儿家门户最重，食笋中的花馍要插花、插彩旗，用五彩纸打扮一番，另加九条香烟、九瓶白酒等。侄女、外甥所抬的是大花馍食笋，也叫排花食笋。其他下辈如孙辈的食笋则不那么隆重，一般蒸上九个小花馍，每个馍上都插上一朵花，这叫"花贡"食笋。再就是把各种从商店买的食品，配上一把纸花放到食笋中，这叫"杂点"食笋。凡抬食笋的女儿、侄女辈及孙子辈必拿香、蜡、纸，还须在纸活店交做一对纸柜。纸柜和蜡烛必须是白色的。

接食笋的顺序是先接主要亲戚的，再依次按来的迟早——接迎。

接食笋时，在乐队伴奏声中，村上帮忙的将亲戚所抬来的食笋，由男孝子跪迎叩头后再随乐队进门。

（四）献饭

接饭完了后，紧接着就是献饭。

旧时，死者灵堂前站三位男孝子，一般是逝者儿子，逝者儿子不足三人的，女婿、外甥按大小顺序依次递补。

近几十年来，献饭的习俗有所变化。献饭时，男孝子跪在灵前呈半圆状，由村里帮忙的分别将献给死者的脸盆、毛巾、酒肉、食品、筷子、香烟、打火机等依次传递，敬献到逝者灵前的供桌上。

献饭时，每个孝子接到所献供品时，都要用双手接住，将供品在胸前上下摆动，头也随即庄重的点三次，表示行三拜之礼，然后双手递给下一位。下一位如法炮制，直至最后一位将供品交给帮忙的，帮忙的再将所献供品依次放在供桌上。

献饭过程中，帮忙的会借机向孝子们索要份子钱，有十块的、二十的、五十的、一百的，没有定数，帮忙的会根据孝子们的经济条件按人索取。孝子们也会"讨价还价"一番，最终还是会给的，经过一番讨价还价，气氛就活跃了起来，也是孝子们和村里帮忙的人的一种交流互动。

出殡前的晚上是最隆重的。事主家里会来好多人，三朋四友、街坊邻居会用打麻将、玩纸牌、喝酒等方式陪主人守灵。事主家也会安排电影、秦腔自乐班或歌舞助兴。

近年来，还兴起了专业的哭灵队伍。哭灵的扮演者身穿古装重孝服，唱一段催人泪下的秦腔，让旁观者都不禁有些伤感起来，表演者形象逼真，声泪俱下，让一些在奠礼现场的观众都禁不住热泪盈眶，潸然泪下。

哭灵虽然是艺人在表演，但寓意博深，代表着主人对逝去亲人的万分悲痛的心情。

哭灵时，乐队奏乐，进一步渲染了悲苦的气氛。孝子们为了答谢哭灵者，许多人都给哭灵者一定的报酬。哭灵者得到主人奖赏后哭得更恓惶了。

也有人为了给事主撑面子出钱点歌。

家里老人过丧事，本是自家的事，让民间艺人来哭，是否合适，在村民中也有非议。

十三　出殡

（一）出殡日子与时辰的选择

出殡的日子是有讲究的。塬上讲究算日子，有的老丧（高龄老人去世叫老丧）要停尸多达一周。渭北一律在死者死后第三天埋人。

出殡的时辰也是有讲究的。塬上讲究太阳冒花（日头刚出山）即是出殡的最好时机，一般在中午11点前后葬礼就结束了。渭北一带讲究中午12点之后出殡，80岁以上的老丧必须在下午两点以后才起灵。由于在下午过事，时间较紧，因此，在渭北民间，一般情况下，待埋完人就快天黑了。

（二）出殡程序

1. 支龙杠棺罩

在塬上，天不明孝子们就起床了，梳洗完吃早点，准备出殡的一切工作。亲戚们也早早到了。

租赁龙杠棺罩的师傅早早把龙杠棺罩支到村道中。

龙杠棺罩是逝者出殡时的出殡器具。棺罩的制作很讲究。周围用刺绣花纹绸缎围裹，四周插满五颜六色的小彩旗和鲜花或绘有二十四孝图。棺罩的长度约为2米，宽约1米，外形高大。棺罩前后装饰为龙头凤尾，寓昂龙头摆凤尾之意。

出殡这天，村里的男劳力都早早地扛着铁锨，或站在门外等待，或帮主人做着其他的工作；妇女们在各自的门前放一堆麦秸，以在灵车经过时烧火。据说这样可以辟邪，民间传说鬼魂怕火，烧火可防鬼魂进入。

渭北地区，除在逝者家门口烧火外，其他村民不烧火。

一切准备就绪后，在司仪主持下，男女孝子们给三代祖宗灵位点纸烧香，行三叩首大礼，接着就起灵了。

2. 起灵

主孝灵前点纸完毕后，用手在灵柩上拍三下或者猛击一下，叫声："大（妈），你现在走！"这叫"惊灵"。

众孝子着孝服列队从灵柩前出门，众乡民即抬灵柩于门前，为"起灵"。

起灵时，孝子们心情格外沉重，面对和亲人即将离别的痛苦，哭得非常伤心，乐队会吹奏哀婉的乐曲，喇叭里会播放低沉的哀乐。

孝子们排队分列两行站在龙杠棺罩前。众乡亲将棺材从灵堂抬到龙杠上。

司仪沉重致辞，说明逝者及丧事情况，并提议孝子们对几天来帮忙的村民们、当天来抬灵的、埋人的、租赁龙床的以及乐队的辛劳行鞠躬礼。

再下来就是"搭斜孝（方言音 hao）"，渭北叫"搭布"或"收头"。方法是主人将几尺长的白布叠成十多厘米宽的长绺，斜挎在孝子们的肩上。按照男左女右的规则，男孝子搭在左肩，在右腋下打个结即可。女性相反。

旧时"搭斜孝"，全是白布。现在人们出于实用，基本上都用红被面子，取后世红红火火之意。

大约 2000 年后，在渭南塬上一带，"搭斜孝"的内容和形式发生了很大的变化，除主人给孝子搭以外，舅家给外甥，娘家给女儿，甚至干亲给事主也搭红被面子。

更有讲究的是，在搭红被面子的同时，用红绳绑上数量不等的百元大钞，挂在孝子的脖颈上。

"搭斜孝"的顺序是事主的舅家先给外甥搭，然后是事主媳妇娘家给自己家女儿搭，干亲给事主搭，最后是事主给孝子搭。辈分上的顺序是先长辈再晚辈。

中国自古重视礼仪和孝道，渭南又居关中东部，近邻古城西安，是中国古代北方汉民族丧葬礼仪文化的发祥地。"搭斜孝"应是舅家、媳妇娘家分别对外甥（女）、女儿所尽孝心的一种肯定和褒扬。表彰孝子们在老人生前所尽孝道，以激励后人效仿而行之，属于一种嘉奖仪式，对弘扬传统孝道文化有积极意义。

这些程序完成后，就是起灵去坟地。

抬灵柩的人共有 16 个人，俗称"抬材"或"抬棺材"。起灵途中一半人抬，一半人中途轮换休息，大家总是争先恐后。

途中，执事的人总是给抬着灵柩的人们不停地发纸烟，还不断叮嘱要稳、要慢。

起灵的路上，乐队唢呐声、击鼓声不绝于耳，孝子们哭得悲大恸地，村民们抬着灵柩缓缓而行，帮忙的用车拉着花圈等纸活到坟里去。每经过一家，主人都会在大门口点上一把火。

外甥拿着灯笼走在最前头，女婿端着盘子（木制的四方盘子），里面放一些火纸、大（音 tuo）馍紧随其后，长子执"引魂幡"，由舅家人执着长子头顶的纸盆缓步而行，其他孝子则按辈分依次排列。

重孝子们（儿女等重要的孝子）走时都要柱上纸棍。纸棍是孝道的标志，表示哀痛伤心到了极点，只有拄着纸棍才能站立起来。

纸棍的制作一般用桐树枝。村里帮忙的人搞一些直直的一米多长的桐树枝，上面用糨子缠一些麻纸绺即可。

火纸盆里要放置几枚铜钱（硬币）。出了村口，舅家人会将火纸盆用力摔向大路上。摔火纸盆是有讲究的，必须摔碎。因此，摔火纸盆的人会尽量让盆沿先着地，这样瓦盆易碎。如果瓦盆没碎，摔盆者会用补救措施让火纸盆破碎。

关于农村坤人摔纸盆的讲究，民间说法较多，但一般认为，摔碎烧纸盆，表明了亲人们从此阴阳两隔，从本质上讲是一种礼仪。

一路上，在村口，遇十字，都要烧纸，还要一路撒圆形的垂灵纸，老丧还要响鞭炮。

十四　下葬

灵柩抬至墓地，停在墓口，卸掉棺罩。

孝子站立坟头。司仪主持下葬。乐队哀乐不停。执事不停发烟。

每过一段时间，执事都会号召孝子们为埋人的行礼，一鞠躬、二鞠躬、三鞠躬。

村里人将棺材放到墓穴之后，帮忙的会将棺材上的被子拿上来交给一位长辈（一般是事主舅舅），长辈将墓子四角的土各拿一把用被子包好，由管老人的儿媳妇抱上，一路哭哭啼啼地走回去。回去后，将抱回的被子放到麦囤上，寓意受亡者保佑，来年有个好收成。

长子会下到墓穴去，卸下自己的眼罩将棺材擦净，再将棺材看好放正。

下葬时，一般阴阳先生到场，摆下罗盘仪定棺木方位，左挪右移，直到阴阳先生认可为止。

这里需要指出的是，不同年龄的死者，棺木的放置也是有讲究的。

在临渭区民间，一般棺材长约两米七八，因此，墓厅一般打两米八就够了。若是老丧，棺木全部放到墓厅之中；若是英年早逝，则棺木要露出大约1/3的部分；若是未成年人去世，则要露出一半棺木。

棺材放正后，再将金童玉女按男左女右分列两旁，把"长明灯"放到墓穴中。

长子上来后的第一件事情就是扎墓口，在临渭区民间叫"扎黑堂口"，渭南塬上也叫"扎圈堂口子"。

"扎黑堂口"时，打墓的会借机"刁难"一番孝子们，孝子们会拿出一些钱表示感谢。

参加葬礼的朋友也会借机让乐队耍花样、奏歌曲，场面很热闹。

"黑堂口"扎完后就开始填埋。

执事会隔一段时间提议孝子为埋人的行礼。

填土完后，还要将坟墓堆成前大后小的土堆，称为圆墓。孝子们哭作一团，帮忙的会将花圈等纸活（除引魂幡外）全部烧掉。

整个仪式结束后，孝子们会将纸棍插到坟头上，并在坟顶压三张火纸，以示逝者儿女满堂。给逝者跪拜烧纸行叩首礼后返回。

仪式必须在12点以前结束（一般在中午11点前就结束了）。

渭北大概中午12点过后起事，下午三四点钟结束。

接下来就是献饭。方法与前同。

十五　谢礼

献饭结束后，司仪会安排孝子向各路人马行礼，渭南各地大同小异。

司仪都会编一些顺口溜把各方人士谢个遍。

谢礼也是一种仪式。由司仪主持，司仪高声喊道："所有亲友肃静啦，孝子谢礼开始，奏乐。"乐队奏过一段紧凑的乐曲后，司仪大声说：

> 日出东海落西山，人人都有这一关。外（方言读 wei）家外家老外家，老老外家，姨家姨家老姨家，老老姨家，姑家姑家老姑家，老老姑家，姐儿妹子家，干亲朋亲，行了重门户的，孝子以礼相谢，三叩首，奏乐。
>
> 执事的大总管，把各种人员安排个飙，大事小事他都管，事过隆重还节俭。坐礼簿子管账的，借桌子的搭棚的，看茶炉子烧水的，其他打杂跑腿的，村院中的抬埋的，为坐夜把眼熬红的，孝子以礼相谢，三叩首，奏乐。
>
> 厨房里的大师傅，掌案的，帮灶的，择葱的，剥蒜的，襟个围裙忙转的，还有其他没提到的全都放在一起，孝子以礼相谢，三叩首，奏乐。

孝子们又一齐跪拜，磕三个头。司仪最后说："孝子谢礼结束，望各位来宾入席就坐，吃好喝好。乐队奏乐。"

孝子行鞠躬礼，客人及帮忙的开始吃饭。客人们、帮忙的吃饭时，主人会给客人们倒酒表示感谢。

下午还会设宴谢打墓人。

出嫁的女子必须在老人"出七"后才能回去。

过去讲究重孝不出门。意即未"出七"的女子重孝在身，不能将邪气带回婆家。

十六　打怕怕

逝者入土后，逝者的儿子要去坟地"打怕怕"，目的是让逝者的灵魂安息，不要打扰家里老小。

"打怕怕"在天黑时进行。塬上一般去两个男孝子，渭北只去长子一人。

"打怕怕"时，草笼里放些麦秸，在十字路口烧一把火，到坟地后，在坟的四周点四堆火即可。

打怕怕时，路上遇见人不能说话。讲究连打三天。

十七　复三

葬后三日，家属都要到坟前行圆坟礼，为坟培土，称为复三。古语曰："坟既成，三日后必再临视，设祭哭奠，谓之复山，又谓复三。"

复三的讲究很古老，讲究的地域也很广。可以说在整个汉民族文化圈，都有这样的习俗。临渭区也不例外。

由于临渭区民间多数在人死后第三天安葬，复三日正好为死后第六天，即"出七"前一日。因此，好多家庭会将"复三"和"出七"仪式合并举行。

复三时，主要是儿女、外甥（女）、侄子（女）等近亲属参加。

十八　出（初）七、三七、五七、七七和百天

从人死后算起，每七天祭奠一次，称为"做七"或"过七"，逢奇数请灵烧纸，逢几七便称"过几七"。其中"一七"称"头七"，临渭区把过"头七"又叫"出（初）七"，三七又称"散七"，五七、七七又称"尽七"或"满七"，都是重要的时间节点，都要举行仪式。

七七这天，出嫁的女儿会做或买一把纸伞，置死者坟头，据说这样可躲避阎王爷的拷打。

人死后100天，即"百日"，也是一个隆重的祭供日，又称"百日祭"。

民间讲究，儿子在老人"百日"内不得剃须理发。

逢"七"前一天午后，主要孝子如女儿、外甥（女）、侄子（女）蒸几个大献恭前往丧家，点香烧纸，先去坟地招引逝者魂魄回家，供奉于灵堂之中，叫"请灵"。

次日，再按相应的程序将逝者魂魄送回坟地，仪式告成。

十九　周年、二周年

一个人死后，其子女要服孝三年，俗称"服三"。

满一周年烧纸祭奠，叫"周年"。第二个周年也要去坟地致祭烧纸。

周年和二周年仪式较为简单，形式和"过七"相同。

二十　三周年

孝子服孝三年后才算服孝期满。"三周年"要脱孝服。因此，在临渭区，有"脱服（脱孝服）"一说，也称"过三年"。

人死后三周年，孝子尽孝期满，也算是一个重大的日子，因此，民间会举行隆重的仪式为老人"过三年"。规模大的要做彩门、放高音、搭戏台、唱大戏、请乐队，非常热闹。热烈的气氛一扫三年尽孝期间的压抑与悲伤。

满三周年烧纸祭奠，死者家属的亲友毕至，各带供品、纸扎出门行礼。

近年来，随着社会风气的好转，许多人认为"过三年主要是孝子们脱服"，是孝子们的事情，与朋友无关，因此，只是告诉主要的亲戚参加，事过得很小。

三周年也有比较庄重的仪式：头天请灵，次日送灵。请灵、送灵均在午后举行。送灵时，孝子们将家里面所有的花圈、纸活拉到坟地烧掉。

到坟地后，孝子们行三叩首礼，烧火纸、纸钱、花圈，祭奠。

礼成后，孝子们按辈分大小绕逝者坟墓逆时针行走三圈，和逝者做最后的告别，然后脱掉孝服，包到一个包袱中，由几个孝子将孝服从墓堆上抛接三次即告礼成。

三周年礼成后，最后一次谢打墓的。

三周年过后，一个人的整个丧葬礼仪正式结束。

二十一　立墓碑

临渭区人有在坟地立墓碑的传统。旧时，多为有钱有势的家族才立墓碑。20 世纪 60 年代"破四旧"后，旧时的墓碑尽毁，以至到 20 世纪 80 年代初期，都没有人再立墓碑。80 年代中期以后，随着改革开放的进行，经济情况的好转，思想观念的解放，立墓碑的习俗又开始恢复起来。

旧时的墓碑用材基本上是上等青石材料；改革开放初期，多用水泥混凝土材料；90 年代以后又恢复为青石材料。

墓碑的正面中间一般书写格式为竖写："显考（妣）×××大人之墓"。主题词两侧书写逝者生卒年月以及立碑时间，最后按孝子辈分顺序署名。

复杂的，还要在墓碑背面写明逝者生平、主要事迹，一般为其歌功颂德之颂词。

旧时立墓碑，一般家庭不用"显"字，只有望族或者官位显赫或者有文化有地位的人才冠以"显"字。到了如今，一般墓碑上都冠以"显"字。

立墓碑一般在逝者三周年时立。

第七章

岁时节日习俗

第一节 春节前的习俗

一 糊涂饭（"五豆"节）

腊月是临渭区一年中最冷的一个月。一到腊月，年关将至，天寒地冻。地里的庄稼都收割完了，来年待收的麦子也进入了冬眠期。农民们基本上没多少事情可干。

腊月初五是进入腊月的第一个重要的时间节点，白天会慢慢变长。临渭区有"过了五豆，长一碌碡"的谚语。从腊月初五起，太阳逐渐向北方移动，白天逐渐变长。因此，就有了这样的说法。

腊月初五要"过五豆"。在临渭区方言中，豆字发 tou 音，取其谐音，"五豆"与"糊涂"发音相近。一到这天，人们会吃"五豆（糊涂）饭"。就是要用五种豆子，如黄豆、绿豆、红小豆、四季豆、大豆等和玉米糁子在大铁锅里熬，这样的饭叫"五豆饭"。

临渭区人吃饭有个习惯，就是把饭碗端到村道上，边谝（渭南方言，聊的意思）边吃，边吃边说："过五豆，过五豆，稀里糊涂的一年过来了。"吃"五豆饭"也含有"五谷丰登，五路财通"的意思。

关于"五豆"的来历，据民间传说与秦始皇修长城有关。据说当年修长城的人在某年的腊月初五这天断了粮，在天寒地冻的工地上，负责做饭的人将装粮食的所有容器扫了又扫，将扫来的各种粮食混合在一起熬成稀粥，度过了艰难的一天。长城修成后，人们为了纪念这艰难的一天，教育后世不要忘记了日子的艰辛，每到腊月初五，便会将各种豆类混在一起熬成粥喝，就形成了今天的"五豆饭"，一直流传至今。

从更广泛的意义上讲，"过五豆"是临渭区民间"过年"的序曲。

二 腊八面（"腊八"节）

腊月初八这天叫"腊八"，临渭区民间称为"过腊八"。

关于腊八节的来历，有这样一个传说：很早的时候，有一对老年夫妻，勤勤恳恳、和亲睦邻、礼敬神明，无奈他们的儿子、儿媳妇懒得出奇。老人快去世的时候非常不放心，便把儿子、儿媳叫到炕前语重心长地对儿子说："男人勤快有饭吃。"又对儿媳叮咛道："女人勤快有衣穿。"教育他们要勤勤恳恳、努力地生活。可是懒惯了的儿子、儿媳根本不把老人的忠告当回事，终于在一个冬天里，衣尽食绝，在腊月初八这天冻饿而死。后世人们为了教育自己的后代勤俭持家、善待老人、和亲睦邻、礼敬神明，就在这一天，找点杂粮，放在一起做顿饭吃，这就是"过腊八"的来历。不过，有的地方熬粥喝，有的地方做腊八面，所包含的意义是一样的。

临渭区"腊八"这天讲究吃"腊八面"。早上做"米饭"（"饭"读轻声，临渭区特指小米饭或苞谷糁子饭）时有意识地多做一点（取年年有余之意），到吃中午饭时将剩下的米饭和面条煮在一起吃，这就是腊八饭。后来，人们不再有意剩饭，而是先在开水里下米，待熬到一定程度后再将面条下到锅里煮，就做成了腊八面。

腊八面还有一种做法：把面擀薄，切一拃长，宽如韭叶。在锅里先煮一些红小豆，在确定红小豆煮烂后，再把擀好的面下到锅里烧两煎就行了。饭好后调些葱花，放些酱油醋即可。到了现代，配料很多，每个人都会根据自己的爱好做自己喜爱的臊子。

吃腊八面，相当于过年前的总动员。按民间说法就是"闻到年味了"。

旧时吃腊八面还有个讲究，房前屋后所有的花木，家中饲养的家禽，凡有生命的东西都要多少给吃上一点。给饲养的鸡吃腊八面，叫作"吹喇叭"，意思是让鸡吹着喇叭过腊八节早生蛋，多生蛋，按时"叫明（鸣）"。对于树木则是将面条搭挂在树杈树枝上就行了。因为中国文化讲究"和善"，民间认为，树木、家禽、牲畜都是有生命的，都要善待。这样做，可以教化人，有利于人与人、人与自然、人与社会的和谐，有利于净化人们的心灵。

民间有谚语说："过了腊八，长一杈把。"意思是说，从腊八这天起，白天比初五时变得更长了。

过完腊八节，年渐渐近了，年味儿也渐渐浓了。

三　祭灶火爷

腊月二十三又称小年，这天祭"灶火爷"（有些地方叫"灶王爷"）。

腊月二十三敬"灶火爷"，民间传说很多，有好多版本。《酉阳杂俎·诺皋记》里说：灶神姓张名单，张单娶妻丁香，丁香孝顺公婆，小日子过得有滋有味。后来张单外出经商发了财，移情别恋妓女海棠，回家休了丁香。丁香改嫁给了一个贫穷老太婆家靠打柴养家糊口的儿子。虽然家贫，但夫妻俩吃苦耐劳，精打细算，对老人又很孝顺，日子过得红红火火，村民们对他们赞不绝口。海棠则好吃懒做，一次烧锅时不慎失火烧光了家产，眼看在张家没法生活了，便丢下张单改嫁了。张单只好流浪讨饭，靠乞讨生活。有一年的腊月廿三这天，张单讨饭到了丁香家，此时正在烧火做饭的丁香，认出了张单。张单羞愧难当，一头钻进灶火里烧死了。玉皇大帝看在本家（都姓张）的份上，封他为灶王。于是，汉族民间就有了腊月二十三、二十四祭"灶火神"、过"小年"的传统（我国北方腊月二十三过小年，南方腊月二十四过小年），祈求来年平安，求得好的财运。

"腊月二十三，灶火爷上天。"这是临渭区民间流传很久的一句民谣。

人们认为，每年腊月二十三这天，民间所有的神都上天去了，不再管理民间事务。"灶火爷"是管民间口粮的神，且自古以来"民以食为天"，因此，为求来年好收成，腊月二十三这天，一定要敬灶火爷。具体做法是，在锅灶上设一神坛（其实是在墙角钉一木板），上面贴上神怪（灶火爷）图案，两边贴上"上天言好事，下界保平安（回宫降吉祥）"的对联，点上几支香，磕上几个头或者作上几个揖即可。

灶膛要掏净，地窑（农村土锅灶出灰的通道）要掏空，里面放些苞谷、麦子，意即这是灶火爷赐给了人间吃的，寓意来年有个好收成。

"过了二十三，灶火爷升天。"诸神都走了，没神再管民间事，天天都是好日子，谁想干啥就干啥。因此，腊月二十三之后，婚嫁是不用合日子的，哪天都行。

小年这天，吃饭没有统一的讲究。多数家庭吃饺子、碱面。

从某种意义上讲，"过小年"是民间"过年"的开始。且每天都有相对固定的说法与讲究。

四　二十四，大扫除

腊月二十四这天，家家户户都会大扫除。除旧迎新，扫除灰尘。这有两层意思，一是把屋子打扫干净，以崭新的气象迎接新年；二是尘与"陈"谐音，意即把不好的旧的东西，包括"倒霉运"一同扫掉。当然，这只是人们的一种良好愿望而已。

80年代以前，每逢过年，塬上人都会到沟里挖一些"白土"粉刷墙壁和灶台。这种"白土"细腻、光滑、白净，是一种天然的涂料，深得广大村民喜欢。

腊月二十四这天，东塬上有给出嫁的女儿"送时节"的风俗。去时会带些饦饦馍、红枣、柿饼、糖果、麻花之类的。寓意是告诉灶王爷，女儿的灶从此就搭在婆家了。红枣是期望早生贵子，柿饼和麻花是希望女儿在婆家的日子过得甜甜蜜蜜、事事如意，幸福得像花儿一样。

腊月二十四之后开始贴窗户、请门神。因为在古人看来，神是神圣的，要用"请"，不能用"买"。因此。民间有"请门神"的说法，不管是街上去买还是在自家门上贴，都叫"请门神"。贴门神一般在大年三十时和春联一并贴。贴法是：左秦琼、右敬德，门神要面对面，寓意合。

五　二十五，（做）买豆腐，糊窗户

农历腊月二十五，临渭区有"做豆腐、糊窗户"的习俗。

据考证，豆腐是西汉淮南王刘安发明的。豆腐的"腐"与幸福的"福"谐音，因此豆腐代表着"祈福""有福"之意。加之豆腐原料来源易，加工简单，有多种吃法，因此，豆腐是临渭区民间过年的必需品，每到腊月二十五这天，家家户户都会做豆腐或买豆腐准备过年。

"糊窗户"也是腊月二十五这天临渭区民间很讲究的一件事。过去民间的窗户都是中式的，木框中间都用白纸一糊，每到过新年，都要换上新的白纸，取辞旧迎新之意，讲究的还会用红纸剪上"喜上眉梢""年年有余"的图案庆贺新年到来。

也有一说，农历腊月二十五这天接玉皇。旧俗认为灶神（灶火爷）上天后，玉皇大帝会于每年的农历十二月二十五亲自下界，察人间善恶，定来年祸福，所以民间十分重视，家家祭之以祈福，这种仪式称之

纸糊的窗户

为"接玉皇"。这一天的起居、言语都要谨慎，争取用好的表现，博取卞皇欢心，降福来年。

六　有钱没钱，剃头过年

糊完窗户，做好豆腐，敬了玉皇，没事的男女老少都忙着理发去了。有句谚语："有钱没钱，剃头过年。"说的就是年前必须理发剃头。正月里一般不理发，民间传说正月理发会"死舅"的。

其实，正月理不理发与舅舅没有关系，这种说法与一个传说有关。清军入关时，为了维持统治，清朝统治者实行"削平四周，留守中原"的战略，遂决定推行一种奇怪的发式：将男子的头发从前额到头顶全部剃去，再将四周的头发也都剃光，只留下后脑中间的一块集中起来扎一个长长的辫子。

为了强推这一政策，清朝统治者便把全国各地的剃头匠，分别召集起来走街串巷，把人们的头发逐一剃掉。

然而，这条法令在刚开始实施时，推行得并不顺利。因为古人认为，头发乃父母所赐，岂能随便被他人剃掉？《孝经》有言为证："身体发肤，受之父母，不敢毁伤，孝之始也。"因此，汉人成年之后便不再剃发，男女都把头发绾成发髻盘在头顶。

清朝统治者强行剃发的政策受到了广大汉族人民，特别是一些文人士大夫及皇室遗族的坚决抵制，他们喊出了"头可断，发不可剃"的口号并奋起抵抗，全国相继发生了许多抗击清朝统治者的抗暴事件。

气急败坏的清朝统治者实行了"留头不留发，留发不留头"的政策，开始采取屠杀的方式，强制推行剃发令。实施中，全国各地接连发生了一些流血事件。

在清朝统治者的高压政策下，文人士大夫、皇室遗族们慑于淫威，也不再公开高喊"头可断，发不可剃"这样的口号，而是用"正月不剃头"等明志的方式来表达对明朝的思念，对清朝的不满，意为新年"思旧"，暗含"反清复明"之意。为掩人耳目，用其谐音，即为"死舅"。从此，"正月剃头死舅舅"的说法便在民间广为流传起来。

这就是"正月剃头死舅舅"的来历。由此可见，正月理不理头和舅舅的健康甚至生死其实并没有什么关系。知道了这个来历，该理发时还得理发，即使在正月理了发，舅舅也不会埋怨的。

七　腊月二十六，杀猪割年肉

每年腊月二十六这天，都要杀猪割年肉，开始置办年货。

过去，普通老百姓的日子都比较穷苦，平时很少吃肉。好不容易盼到快过年了，趁机改善一下伙食。家里的男劳力开始杀猪，留够自己家用的，多余的卖掉。没有养猪的人家，就到集市上去割一块肉回来。因此，就有了"腊月二十六，杀猪割年肉"的说法。

由于旧时的农耕社会经济不发达，人们往往在年节中才能吃到肉，故此称为"年肉"。肉本身就代表着富裕的意思，吃"年肉"期待来年的日子红红火火，富裕十足。因此，在临渭区民间有"有钱没钱，割肉过年"的说法。

八　二十七，宰公鸡

中国人对每个生肖，都寄予了各种美好的祝愿，有着特殊的情感。比如"羊表祥""猴寓侯""马成功""兔平安""龙、虎驱邪恶"……而

"鸡同吉"，是十二生肖中的吉祥物。正因为它的"口彩好"，所以深受国人喜爱。

旧时有个讲究，民间认为鸡在天上是酉官，是唯一化身在人间报时的吉神，且一向有"德禽"之称。《韩诗外传》曰："鸡有五德：头戴冠者，文也；足搏距者，武也；敌在前，敢斗者，勇也；见食相呼者，仁也；守夜不失者，信也。"

宰杀鸡是为了鸡能回天庭、可以休息，回去后给玉皇大帝汇报这家人是否勤劳，且在除夕夜给这家人报吉祥平安。杀公鸡的习俗有两层意思：一是封建社会男尊女卑，以雄为长，以公为大。公鸡为大鸡，与"大吉"谐音，宰杀公鸡取大吉大利之意；另一层意思是母鸡能下蛋，宰了可惜。当然，杀鸡还具有一定的现实意义，旧时物质不够丰富，肉制品不多，一些人买不起大肉，就杀一只鸡。从这个意义上讲，宰公鸡也有丰富节日餐桌的意思。

九　二十八，把面发

腊月二十八这天，女人们用家里的大斗盆，和上几大盆酵面，放在热炕头，借着炕头的温度让酵面发得更快，起得更欢，为蒸年馍做准备。

十　二十九，蒸馒头

过去没有电冰箱之类的电器，年馍蒸得过早，容易发霉，选择在腊月二十六七，或者二十八九，较为合适，距过年较近，便于年馍储存。现在有的人家二十四五就开始蒸年馍了。馍在关中农村，自古以来都是联系亲情的纽带，过年不蒸馍，就不像过年。户户冒炊烟，人人在忙碌，尤其是妇女，更是忙上加忙。城里人年上走亲访友都是拿些糕点食品烟酒之类，不拿年馍，唯有乡下古风犹存。

蒸年馍时，乡亲们互相帮忙，先东家后西家，你帮我、我帮你。有的人借着别人家的热锅，就把自己家饧好的面拿来一起做。但这里有个讲究：可以在别人家用别人家的案板，但不能用别人家的面扑。原因是，古人认为案板代表地，面扑代表天，你用了人家的地，但不能同时用人家的天，用一句民间俗语就是："你把人家的天地都拿去了。"这样讲究的现实意义是：邻里间相处还是生分点好，避免因小的事情引发大的矛盾。

蒸年馍工序烦琐，过程复杂。第一道工序是用酵头（塬上人把酵面叫酵头）和面。如果是干酵头，就要先掰成小块泡软后才能用，如果是软酵头就直接使用了。一般情况下一次和一大盆，起码有几十斤甚至更多。和面时，一般都是用上等的面粉，尽量用自家的粮食在村里的磨面机上加工好的上等白面。

第二道工序是起面。面和好了要起面，面起了才能做馍，不起的面叫死面。起面需要一定温度，一般放在有适量温水的锅里，或者放在火炕上，大约二十多度即可，温度过高面就烫死了，也不行。

第三道工序是揉面。在面板上把适量面粉撒匀，再加适量碱面，然后用双手揉，面块太大，就切成一小块一小块的。揉面，关中人也叫揌（方言读 cɑi）面，就是把面块放在一个大面盆里揌，有时候男人也能派上用场，男人有力气，面揉到了，蒸出的馍劲道好吃。由于年上出门走亲戚和待客需要蒸大量的年馍，因此蒸馍揌面的工作量很大，往往是几个妇女协作来干，一般叫来本家先后（妯娌），或者对门紧邻相好的，相互帮忙，甚或全家上阵。

第四道工序是做馍。女人们施展才华的时候到了，她们系上围裙，带上剪刀、梳子，三五成群，互相帮忙。先东家，后西家，揉面的、做花的、搭锅的、烧水的、做追巴（一种花馍）颡（音 sɑ，陕西方言，头的意思）的、给追巴身上贴花的、给油角角包油的，忙得不亦乐乎。又白又大的老虎馍，瞪着两只用大红枣做的红红的大眼睛，有模有样；张着用胡萝卜做的大嘴巴，憨态可掬；盘着腿卧在蒸笼里，身上沾满了各种造型的小花，活灵活现；油角角上黄灿灿的清油和面，渗着诱人的香味，比那时辰包子味更浓更香；油角角里的馅，香而不腻，非常可口，看得人垂涎欲滴，涎水直流。

烧馍是最后一道工序。一锅馍大约搭四五个算子，一大算子能搭七八个大（tuo）馍和角角。女人做馍，男人烧火，用硬柴大火一个劲儿烧，直到汽圆，然后游锅。游锅，就是用小一点的火烧，锅里搭的馍较多，火不可太大，也不能太小，游锅大约 30 多分钟，馍也就熟了。如果火烧得合适，蒸出的馍就好，白光放亮，香喷喷。如果没烧好，馍就小，看上去蹴头缩脑，不大气。泛过了，馍的面上就四分五裂，不好看。看着蒸出来的冒着热气的年馍，妇女们格外有成就感。

民间还讲究，一锅馍做好了，揭锅前从锅底下用炭锨铲一点热灰放在锅台上，蒸出的馍没有气死的，就是说没有撒撒馍。

小蒸馍相对大馍来说好蒸得多。做小蒸馍的过程不叫"做"，叫"圆"（方言读 wán，动词，使其变圆），俗称"圆（wán）蒸馍"，其实就是让馍的顶部变圆。功夫用到了，这种"圆"出来的蒸馍更好吃。这种馍平常农家是不常做的，只在年上做，主要是用来待客，自己也享用。

年馍蒸完了，顺便再蒸些包子。有大肉的、酥油的、糖料的、豆腐地软的或者豆腐韭菜的。蒸这么多包子，主要是年上家里人多，谁爱吃什么就吃什么，方便选择。

等女人们挨家挨户帮忙把馍蒸完，也就年三十了。

第二节　除夕（年三十）

一　关于夕的传说

传说古代有一只长有四足的恶兽——夕，因冬季大雪覆盖而短缺了食物，常到附近的村庄里去找吃的。又因其身体庞大、脾气暴躁、凶猛异常，给村民带来了很大的灾难。

但是夕却很害怕竹子燃烧引起的爆竹声，因此，每到除夕，村民们都要燃烧爆竹以吓唬危害村民的夕并形成了除夕与过年的习俗。腊月三十的夜里，大家齐聚一堂吃着年夜饭，一起守岁等待除夕的钟声。放爆竹，贴门联。等到天亮彼此走访邻里给予问候与祝福。

初一早上乡亲们彼此走访，说一些吉祥客气的话。希望来年的腊月"夕"不再来。

二　除夕习俗

年三十这天，女人们一大早起来就忙开了，揉面、擀面、燖臊子。

旧时讲究年三十吃"钱串子""银子颗"，也就是吃臊子碱面或水饺，求来年不缺钱花。吃完"钱串子""银子颗"，再去上个罢罢会（一年的最后一个集会）凑凑热闹，家贫的多少也得买点大肉，哪怕自家人一口不吃，总得备上待客用。临渭区人实诚，即使再穷，也不能怠慢了客人。

民间还有句谚语："有钱没钱，回家过年。"意思是说，不管在外混得咋样，年三十必须赶回家。传说"灶火爷"要在三十晚上查户口哩，因此，嫁出去的女子是不能在娘家过三十的。

除夕在临渭区民间也有"三十""年三十""腊月三十"等多种叫法。

除夕，是阴历年最后一天，也是"过春节"前的最后一天。因此，临渭区民间非常重视除夕的安排，可以说安排得非常扎实。旧的一年即将过去，新的一年将要到来。"过新年，穿花衣；耍龙灯，猜灯谜；敲锣鼓，唱大戏；提馍笼，走亲戚……"好不热闹。劳累了一年的人们，难得悠闲下来，歇息几天，穿得新，吃得好，一年日子熬到头了，寄望来年有个好收成，愉悦的心情难以言表，干起活来心劲十足。

除夕这天，家家户户都要把院子打扫得干干净净，牲畜的圈里也得清理一番，门口的粪堆要么堆得整整齐齐，要么在过年前就拉到地里去了。

水缸里要盛满水，柴房里要备满柴。因为讲究"初一水火不出门"。

大门上要贴上"天增岁月人增寿，春满乾坤福满楼"，"财源滚滚随春到，喜气洋洋伴福来"等寓意吉祥的春联，然后再贴上一些门神画。门神多为木版画，主要是秦叔宝、胡敬德以及钟馗等戏装人物画。窗子上要糊白纸，贴上大红的剪纸，多为喜鹊、牡丹、梅花、报喜娃娃等图案。凡与吃穿住行有关的地方都要贴上楹联。如二门上贴"抬头见喜"或"满院春光"，炕边墙上贴"身卧福地"，牛槽上贴"六畜（槽头）兴旺"，粮食囤上贴"粮食满仓"或"五谷丰登"，面缸上写"白面如雪"，衣箱、衣柜上写"满柜新衣"，锅灶上写"小心灯火"，石磨、石碾上贴"青龙""白虎"等寓意吉祥的话语，寄托良好愿望。贴得满屋子吉祥喜庆、红火热烈。

以上这些大多都是旧时的讲究。"破四旧"后基本没有了。但贴春联的习俗一直流传了下来。

过去的春联是村里有文化的老先生写的，现在款式可多了，样式也非常好看。

客厅里的布置也很讲究，内容随时代变化而变化。旧时主要挂一些神像、年俗画，20世纪50—80年代挂领袖像，80年代挂明星照，90年代香车美女，2000年后张贴城市风景山水画。

男人们有的跑出去敲锣打鼓去了；有的三三两两、四五成群打扑克、玩麻将；爱狗的小伙子领着自己的爱犬逛得老远，开心得不得了；耍信鸽的会带上心爱的鸽子，扎上自制的哨子跑得远远地放飞起来。特别要提的是，渭北有"细狗撵兔"的传统。除夕（或初一）这天，爱狗的小伙们早早地聚在一起，开着车，拉着狗，满河滩地撵兔去了，场面十分壮观，已成为临渭区民间过年的一道十分独特的风景。

还值得一提的是，这天无论是星期几，街上都有集市。因为是年前最后一个集会，因此，民间也称"罢罢（末尾的意思）会"或"穷人会"。有的人会拿上自己不用的或多余的东西到集市上去卖，以换取金钱贴补家用，还没置办好年货的会到集市上买到自己想要的东西，没事的人们会成群结队地去凑热闹。

女人们主要在锅灶上忙碌。早早地把院子打扫干净，烧大火煮肉，烧油锅油炸豆腐丝、麻叶，剁饺子馅，开始张罗初一的煮馍（饺子，临渭区叫煮馍），一家人围坐在热炕上，等女人们擀好面，拌好馅，全家齐动员包煮馍，把包好的煮馍放在蒸笼上，等初一早上蒸着吃。忙并快乐着。

过年是一年中的大事，岂能忘了祖先。过年，必须祭祖。

旧时，过年祭祖是一个必须要走的程序和仪式，而且要求很严格。

除夕傍晚，先要去祖坟烧纸磕头，将先祖接回，俗称"请先人"。先人请回后，由家中地位最高的男性率领家中年满12岁的男性成员行磕头礼。这是临渭区民间最隆重的祭拜仪式，大人会告诫孩子们祭祖时心必诚，要五体投地、毕恭毕敬、庄严肃穆。心若不恭、嘻嘻哈哈、敷衍塞责，则是对祖先的大不敬，被视为罪过。

如果家族大且有本族祠堂，在家里祭完祖后，还要去本族祠堂参加族祭。族祭有很严格的仪式和程序。

祭祀结束后，再吃一顿年夜饭（团圆饭）。

除夕的团圆饭，已不是简单的一顿饭，在更大意义上讲，是一个伦理上的需求，或者说是一个伦理上的象征。团圆意味着健康，意味着平安，意味着绵延昌盛。古人认为，一年的辛苦和汗水只有落实到团圆上才有意义。所以中华民族自古以来都非常重视大年除夕的团圆饭，人们认为一家人、一族人能不能坐在一桌上，已经不单单是一顿饭的问题，而是这个家的圆满程度、幸福程度、昌盛程度的大问题。因此，自古以来一直讲究，在外的儿女，不管远近，都要在年三十前尽量赶回家，一家团团圆圆，圆圆满满。

大年三十，讲究吃饺子。饺子既不同于面条，也不同于菜，它体现一种包容、一种和合、一种共享、一种圆融，象征团圆、幸福和美好。也因此，民间在许多重大节日或招待重要客人时都有包饺子的习俗。

2010年以后，随着社会发展，许多家庭喜欢在酒店过除夕，一家老少欢聚一堂，尽享过年之乐，免了劳顿之苦，大家纷纷仿效。

旧时，还有守岁的习俗。

守岁，就是除夕夜里整夜不睡觉，熬夜迎接新一年到来的习俗，也叫除夕守岁，俗名"熬年"。古时守岁有两种含义：年长者守岁为"辞旧岁"，有珍爱光阴的意思；年轻人守岁，是为延长父母寿命。新旧年交替的时刻一般为夜半时分。自汉代以来，在除夕的晚上，不论男女老少都会聚在一起守岁。因此，守岁早已是春节的习俗之一。

除夕夜讲究每个房子灯不熄灭，彻夜通明。除此，还要专门在床底点灯烛，谓之"照虚耗"，说如此照过之后，就会使来年家中财富充实。

这些习俗到20世纪50年代后就基本消失了，但民间还有这样的传说。

第三节　春节

一　正月初一至元宵节

汉武帝于元封六年（公元104年）五月，正式制定了以每年正月为岁首的历法，同时改年号为太初元年，史称"太初历"。从此，以正月为岁首的中国年成为中华民族的共同记忆。此后，春节经历朝代更替，凝聚了无数的节庆礼制、文化习俗。

陕西人如今仍把春节叫作"过年"，并流传下来一个关于过年的故事。

在中国古代传说中年是消灭了凶猛怪兽夕的神仙。夕在腊月三十的晚上出来伤害人，神仙年与人们齐心协力，通过放鞭炮赶走了"夕"。人们为了纪念年的功绩，把三十那天叫"除夕"，即除掉了猛兽夕，把初一称为过年。后来，便逐渐形成了过年团聚、守岁、挂红灯、贴对联、放爆竹、吃年饭的风俗习惯。

也有学者认为，年主要体现在感恩上。《说文》释"年"为五谷成熟。五谷成熟之后就要感恩。于是便有了"腊"，《说文》释"腊"为十二月合祭百神。把一年的收获奉献于祖先灵前或诸神的祭坛，对大自然和祖先来一次集中答谢，知恩思感，寻根问祖，祭天祭地，给老人大拜年，走亲串戚等，都是教人们不要忘本。连同一草一木，一餐一饮，半丝半缕，都在感念之列。

（一）过年

狭义上的过年是指正月初一这一天。广义的过年要到过了正月二十才算结束。

大年初一这天，从凌晨一点开始，就能听到噼里啪啦的鞭炮声，人们讲究鞭炮放得越早越吉利。因此，大年初一这天，人们都起得很早，大人们总是催促孩子们早点起床，院外院内去响炮。门开早了叫"开门红"，图个以后的日子过得红红火火。

初一早上，起床后的第一件事情就是给水缸添满水，取新年"财源滚滚"之意。然后开始敬先人，煮好的第一碗煮馍或蒸好的饺子要先敬献给先人，献完之后，才可吃饭。大人们忙着敬先人、做早饭，孩子们忙着响爆竹、滚铁环、展示自己的新衣服，互相追逐嬉戏。

过年讲究穿新衣。解放前，男子不论大小都穿长袍或长衫，戴上紫毡礼帽；妇女们则穿短袄长裙。孩子们的装束最讲究，一般都要穿上新衣服，衣服讲究"三新"，即里子面子和中间装的棉花都是新的。头戴虎头帽，脚穿猫娃鞋，上身穿肚兜，胸前挂个"长命锁"，长长的袖子把手包得严严实实的。

50年代以后，男人们的长袍马褂没有了，女人们的裙装不见了，孩子们都穿普通新衣，款式随时代发展而变化。

旧时还有拜年的习俗。初一一大早，大人们领着自己的孩子（大点的孩子会在大人指点下结伴而行）到族中给年长威望高的长辈拜年，行叩头礼，大人们会高高兴兴地给孩子们压岁钱。

晚辈给长辈拜年，祝长辈长寿安康。长辈给晚辈压岁钱，意在保佑孩子平安。据说压岁钱可以压住邪祟，因为"岁"与"祟"谐音，晚辈得到压岁钱就可以平平安安地度过一岁。

磕头礼在60年代后就被打倒了，但大人给孩子压岁钱的习俗还一直保留着。

初一这天讲究不"出门"（走亲戚）、不扫地（怕扫走财富）、"水火不出门"，就是说自己家里的水火不能外出，外人也不能到别人家里借火借水，否则，就会走了财运。

初一早上，一般的家庭都会吃饺子。过去做得最多的是萝卜丝豆腐（或大肉）馅。随着生活条件的改善，现在花样已经很多了。

早上十点多吃饭，比往常早。吃过饭后，各人玩各人的去了，再吃饭就到了下午三四点钟，比往常较晚，晚饭没有更多的讲究。

（二）出门（走亲戚）

正月初二开始走亲戚。走亲戚是有讲究的。在东西两塬，初二这天肯定是先走老舅家，再走舅舅家。渭北有些地方讲究初二去丈人家。俗语曰"初二初三，女婿外甥当先。"

在临渭区，舅家的地位至高无上，大小事情都要请舅家拿主意。分家要找舅家做主，红白喜事要第一个向舅家报告，男人死了也要吃一口舅家送来的馍。因此，初二这天肯定去舅家无疑。

在临渭区，去舅家也叫"去渭家"。其实是去"外家"的意思。旧时男尊女卑，一般认为父亲的家才是自己的"本家"，母亲的家算是"外家"了。久而久之，民间念转音了，就把"外家"念成了"渭家"。因此，在临渭区，口语中的"渭家"就是"外家"的意思。

传统习俗中，正月初三被认为是老鼠嫁女儿的日子。所以到了晚上要早早休息，不能打扰到老鼠嫁女儿。老鼠大有"谁不让我过好这一天，我让谁难受一整年"的味道，如果惊扰了老鼠嫁女儿，老鼠就要祸害这一家。为了地里的收成，为了一年的平安，讲究初三日要早早睡觉。所以，每到正月初三晚上，大人都会哄小孩早早睡觉。

大年初四是诸神由天界重临人间之时。有"送神早，接神迟"之说，所以送神从一大清早就开始了，而接神则放在下午。

相传大年初四这天，灶王爷要查点户口，所以家家户户都要守在家里，不宜远出，出门的人要早早地回来，准备丰富的果品，焚香点烛并放鞭炮，以示恭迎。

老鼠嫁女和初四接神的习俗在现在的临渭区民间已经淡化很多了，年龄大一点的人知道一点，年轻人已经很少有人知道了。

初三、初四走的亲戚主要是姑家、姨家。

出门所带的礼物是很讲究的。传统的"出门"都是拿些"出门"馍，诸如油角角、大（tuo）馍、追巴馍、旋旋馍等，很有讲究。角角馍状如梭形，中间装有油面，细心的人还会在油面里加一些花生米或核桃仁、瓜子仁。出锅的角角馍面色雪白，中间油面金黄，吃起来干酥爽口，油香四溢。这种馍一般是敬献给长辈的，寓意金银满堂、万寿无疆、好事成双。大馍一般形体较大，底部如盘，顶部多出两个旋状的犄角，模样很是好看。老虎馍、鱼馍个头一般比较大，状如老虎和鱼，大多会在上边画出纹理、点出眼睛，老虎也就虎虎威风，鱼儿也就活灵活现了。旋旋馍是回盘馍（此地讲究走亲戚回家时，不能空着馍笼，因此，要在亲戚回家时给馍笼里留几个旋旋馍），状似花卷，有回环顾望的寓意。角角馍、大（tuo）馍、旋旋馍为一组，一组两个为一对，敬献长辈。老虎鱼馍为一组，常伴有大红灯笼，多为舅舅送给外甥，或是干爸送给干儿（女），意为活泼如虎，灵动如鱼。这些"出门馍"，经常伴有旋旋馍，是为回盘，意为回盼，望亲情常在，亲密无间。

"出门"拿馍是有讲究的，不论什么样的馍，都得是双数。主家"丢（留）馍"更有讲究，长辈家通常丢一对油角角、四个大（tuo）馍、六个旋旋馍，"丢（留）馍"也不能留单数。

（三）破五

初五这天，也称为"破五"，"破五"是"破屋"的谐音，有"破除"的意思，取破除屋里邪气之意。也有初五破"五穷"（智穷、学穷、文穷、命穷和交穷——始见于韩愈《送穷文》）之说。还有一说是对妇女的约束。旧时，妇女地位低下，初一至初五不能随意出门，要在家里呆五天，只有过了初五，即"破五"了，才可打破五天之戒忌，外出走动。

旧时讲究"破屋"这天不出门（走亲戚）。现在已经没有这样的讲究了。

初五一过，一阵炮响，百忌解除，一切恢复常态。

妇女在初五这天主要是在家蒸追巴馍，男人则要上街去买送给外孙（外甥）的灯笼。

"破屋"响炮是有讲究的。早早起来，房前屋后都要响遍，据说这样可以驱邪，保佑家人幸福安康。天还没亮，家家户户就噼里啪啦地响起来。放炮前，先要将屋里所有的门打开，然后再放炮。放炮的顺序是从屋内向屋外、从后院到前院，最后在门外放，意思是将一切不吉利的东西，一切妖魔鬼怪都轰出家门，除灾、除妖、迎祥纳福。

初五吃煮馍（饺子）。吃完煮馍，就去上灯笼会。

（四）送灯

初六开始送灯，一般持续到初九就结束了，也有亲戚多的，一直会出到初十、十一二的。

渭北部分地区讲究正月初七、正月十三为"洋昏忌"，一般不出门（走亲戚），正月十三不送灯。

临渭区人对送灯很重视。外婆家初五就去集市上买灯笼去了，灯笼会上，人山人海，川流不息，热闹非凡；各种灯笼，造型各异，色彩纷呈，让年的味道更浓。街上卖的灯笼五花八门，有用红绸子做的圆圆的宫灯，有用绸面做的桃红色带点扁的宫灯，也有转转灯、火车灯、飞机灯、兔子灯、莲花灯等，五颜六色，形态各异，看得人眼花缭乱。既要买造型优美、装饰好看的，又要买时兴的、科技含量高的。选好灯笼后再买十根蜡，就算配齐了。女儿家早早买好了大肉，油炸好丸子、酥子、麻叶，摆好果盘，里面放好柿饼、花生、糖果、麻叶、葵花籽等，等待着娘家人的到来。

"早面午席"是送灯这天的标配。

孩子无疑是这天的中心，一家大小围着孩子玩，气氛轻松，其乐融融，十分惬意。

民间还有这样一个说法：女娲初创世，在造出了鸡、狗、猪、牛、马等动物后，于第七天造出了人，所以初七这一天是人类的生日，即"人日"，要以七种蔬菜，煮成七宝羹，也就是将七种蔬菜，煮成杂菜汤，期望吃了七宝羹，来年大丰收。

（五）点灯

正月十一或十二晚上，孩子们开始点灯。

晚上烫灯笼底，为次日的点灯笼做准备。

烫灯笼底的做法是，将火筷子放到火炉上，烧红后将灯笼底烧一个能穿过蜡烛梗大小的窟窿即可。

点灯时，开始吃追巴馍。孩子走时，大人们都要将切好的追巴馍给孩子带上。

天一黑，孩子们按捺不住激动的心情，纷纷催促自己的家长给自己点上心爱的灯笼，跑到街上，窜来窜去，追逐嬉戏。年龄小、胆子小的由大人领着，胆大的自个儿一个人就玩去了。一些"好事之徒"专门拿自己的灯笼去碰别的小孩的灯笼，常常会把别的小孩惹得大哭。还有的只顾自己玩，自己的灯笼着火了都不知道。有的一根蜡烛点完了就回去再要，直到村道里没人了才回去。

点灯一直持续到正月十五才结束。

二　元宵节习俗

正月十五是元宵节。很多地方讲究正月十五吃元宵。临渭区人爱吃面，80年代以前还是会擀上些长长的碱面，做上香香的臊子，美美地吃上一顿。后来，大部分家庭也吃元宵。其实，吃元宵是从南方引进的，那已是20世纪80年代以后的事情了。

元宵节是临渭区人非常重视的一个节日，其热闹程度不亚于初一，也要耍社火、敲锣鼓、扭秧歌、唱大戏。总之，民间能热闹的都会拿出来。

最热闹的算是孩子们的"灯笼会"了。正月十五这天晚上是孩子们点灯笼的最后一晚，孩子们都要抱上追巴馍，提上大灯笼，像赶集一样聚在一起，热闹非凡，大人也过来挤热闹，且嘴里念叨道："灯笼会，灯笼会，灯笼灭了回家睡。"特别是遇到晴天，月光铺满大地，孩子们打着灯笼星星点点，窜来窜去，十分好看。

正月十五晚上，临渭区民间有放天灯的传统。在皎洁的月光下，好动的年轻人耐不住寂寞，天一黑就着手做天灯。先用细铁丝绑一个灯形的架子，底部做一个放油灯的座子，再用白纸或麻纸将架子糊严，然后，几个小伙子抬着天灯，先点燃油灯，利用油灯燃烧产生的热量将灯内的空气加热，使其密度变小，待人感到张力到一定程度时，几人同时放飞，天灯就飞上天去了。天灯飞到哪儿，小伙们跟到哪儿，跑着打着闹着，好不热闹，有时能追几公里，给喜庆的节日平添了许多欢乐。

天灯又叫孔明灯，俗称许愿灯，又称祈大灯。这是一种古老的中国手工艺品，在古代多做军事用途。现代人放孔明灯多作为祈福之用。男女老少亲手写下祝福的心愿，象征丰收成功，幸福年年。天灯一般在元宵节、中秋节等重大节日施放。

相传五代（公元907—960年）时，有一名叫莘七娘的女子，随丈夫在福建打仗时，曾用竹篾扎成方架，糊上纸，做成大灯，底盘上放置燃烧着的松脂，灯就靠热空气飞上天空，用作军事联络的信号。这种松脂灯，在四川称孔明灯。相传这种灯笼的外形像诸葛亮戴的帽子，因而得名孔明灯。

有人说天灯是诸葛亮发明的。当年，诸葛亮被围困于平阳，无法派兵出城求救。孔明算准风向，制成会飘浮的纸灯笼，系上求救的信息，其后果然脱险，于是后世就称这种灯笼为孔明灯。

正月十五也是一年中的第一个月圆日。中国人自古喜欢"圆"，圆满、月圆、团圆等，婚姻也叫"花好月圆"，赋予了"圆"非常美好的含义。

一般意义上讲，正月十五一过，年就过完了。正月十六开始就要准备春季的农活了，出门做生意的开始准备自己要带的盘缠，想打庄基盖房的开始备料。

在临渭区，家里如果老了人，未满三年，十五晚上，逝者的儿孙们要给坟里点灯笼。

三 填仓节（正月二十）

旧时，人们把正月二十日叫填仓节，也有叫添仓节的。所谓填仓，就是填满谷仓的意思。

这一天黎明，家家户户都在自己的院子里或打谷场上，用筛过的炕灰撒出一个个大小不等的粮囤形状，并在里面放一些五谷杂粮，象征五谷丰登，或者往自家的粮仓里象征性地添一点粮食，表示填满了谷仓，寓意当年有个好收成。

在临渭区，正月二十讲究吃饼子。这种饼子现在也叫"家乡饼"，做法是把烫面摊成直径十多厘米大小的圆饼，在鏊子里烙或把起面做成一样大小的饼子在锅里蒸。再配些炒菜，如炒土豆丝、粉条炒白菜、青椒炒鸡蛋、大肉炒莲菜等，卷着吃就行了。

"饼子"是圆的，寓意"圆满"。

过了填仓节，春节就算过完了。

也可以说，正月二十是农历春节的最后一天。这天一过，人们有的下地干活，有的外出做生意，又开始了周而复始的正常生活。

第四节 其他节日习俗

一 二月二龙抬头

阴历二月初二，俗称"龙抬头"。人们供奉龙王，祈求当年风调雨顺，有个好收成。每年这个时候，天气开始变暖，万物复苏，百虫苏醒，所以，在这天要龙庆节，已成为这个传统节日的一个约定俗成的讲究。

二月二忌针线。"忌针线"是指妇女们在这一天不能做针线活，因为苍龙在这一天要抬头观望天下，使用针会刺伤龙的眼睛。

迎新年所蒸的花馍，要用红线捆扎着挂在炕头上表示吉庆有余。但在二月初一晚就要将这些花馍取下来，放在案板上捣砸成指头蛋大的小块，放锅内微火炒黄，第二天大人小娃都装在衣兜内当点心摸着吃，称为"咬虫虫"。

渭北部分地方的村民，讲究做饼子卷菜吃，说是"揭龙皮"；每年龙若退一层皮，就会朝气蓬勃，腾飞跳跃，一日千里。

民间也讲究吃"棋子豆"。在发面里加一些鸡蛋、茴香、大油、盐等，切成半厘米大小的小丁丁，在铁锅里炒熟即可。炒好的"棋子豆"面色金黄，里面洁白如雪，外脆里酥，口感舒适。

在临渭区民间，除了炒"棋子豆"外，还有给孩子们戴花花绳、理发、炒枣山、爆苞谷花的习俗。

戴花花绳据说可以防虫子咬。花花绳其实就是用几种颜色的丝线合起来拧成的绳子。拧绳时分别取红、黄、蓝、白、黑五色丝线拧合在一起。从阴阳五行学上讲，分别代表金、木、水、火、土；从方位上讲，分别象征东、西、南、北、中。据说花花绳蕴含着五方神力，可以驱邪除魔，祛病强身，使人健康长寿。佩戴花花绳很讲究，男左女右且系在手腕上。

二　清明节与寒食节

清明是我国农历的二十四节气之一，在每年的 4 月 5 日前后。清明一到，气温升高，正是春耕春种的大好时节，故有"清明前后，种瓜种豆"一说。

清明节作为节日始于周代，至今已有 2500 多年的历史。

民间的寒食节是禁火扫墓的日子，讲究吃凉食。由于寒食节和作为节气的清明在时间上接近，久而久之，人们就把寒食节叫作清明节了，以至于后世的人们只知道清明节而忘记了寒食节。

清明节最重要的事情就是扫墓。清明一到，人们都要给逝去的亲人烧纸、圆坟。

临渭区人讲究新坟在清明前的一两天烧，旧坟在清明节的当天烧，但不能超过中午十二点。旧时，清明上坟是男人的事情，女人是不能到坟地里去的。现在，这种讲究已经不很严格了，但大多数女人，在家里有男人上坟的情况下，是不去上坟的。

上坟时，带一把铁锹，把坟上的杂草除掉，把坟头缺失的部分补起来，这叫圆坟。

清明上坟时，有些人忘记了带火柴（火绳），一些人虽然连畔种地，祖坟也相距不远，但不能向人借火。原因是：古文化中，香火代表后代，岂有借人之理！

不上重坟。上坟只上一次，不重复上。比如逝者有三个儿子，长子带领其他弟兄以及晚辈一并上了之后，就不再上坟了。上坟时，坟头上压一张纸，表示坟主的后人已经上过坟了；如果某一儿子没有跟上，为尽孝心，也可单独去上坟，但不再压纸；如果分家另住，也可分别上坟，这样不算上重坟。

清明上坟压纸，谓之换夏衣，只能压单张的纸，秋祭时换棉衣才能压多张纸。

家住城里或在外地不能回去的人们就在城市街道的十字路口画个圈烧点纸就行了，也算尽到了孝心。

三 端午节与送时节

（一）端午节

端午节，当地人称"五月单五"，也有的地方叫"端阳节"。

端午节之所以又叫端阳节，有这么几种说法。其一是说我国古人用十二地支对应月份，正月建寅，二月为卯，顺次至五月为午，"五""午"相通，于是端午也叫作端五，又因为古人认为五是阳数，所以又叫作端阳。

还有一种说法出自于《荆楚岁时记》，其中记载：因仲夏登高，顺阳在上，五月正是仲夏，而它的第一个午日，正是登高顺阳天气好的日子，故称五月初五为"端阳节"。

端午节是我国汉民族的传统节日。这一天必不可少的节日活动有吃粽子，赛龙舟，挂菖蒲、艾叶，薰苍术、白芷，喝雄黄酒或在屋内撒雄黄酒以阻止蛇虫进得屋内等。吃粽子的习俗全国各地基本相同，据说是为了纪念战国时著名爱国诗人屈原。

在临渭区，过端午节最主要的表现特征就是做香包、插艾、吃绿豆糕和吃粽子。

端午节是年轻妇女做各种各样彩缎香包装饰自己的传统节日。香包形似桃心，下有尖，上有绊，内用丝棉包香料（香草或艾绒），绊两侧有间色丝线做短须。端午节的媳妇、姑娘们穿上红红绿绿的新夏装，将香包系挂在上衣大襟偏襟头的纽襻上，有红有绿，高低错落，甚是风雅别致。大人也给小孩们都系个香包。今天，由于服装的变化，工艺的改进，妇女们不大注重针工，做香包的少了，佩戴也不流行了。端阳节街市上虽有卖各样香包的，但很少有人将其挂在衣服卜作为装饰。

端午节这天，家家户户都要将新砍的艾叶插在门框上，据说艾叶可以辟邪。到了今天，即使有的人都住到城里了，还没有忘记端午这天在门框上插艾。古历五月初五，农村人说属于阳气生发之日。所以这天野生或家种的香艾，最好在清早太阳刚露岽时割回，可以作药或避岚瘴之气。因此，端午节民间有家家在门上插艾的习俗。

绿豆糕是端午节馈赠亲友最典型的糕点。晚辈多在这一天或端午节前几天借机会为长辈赠送绿豆糕，表示节日敬意。在绿豆糕兴起前，人们大多送点心、麻花一类的。绿豆糕时兴得较晚，大约在 80 年代后。那时乡镇企业兴起，各地都在加工绿豆糕，刚开始时做工粗糙，口感也不好。现在，随着加工业的发达，绿豆糕豆面磨得很细，配料也很讲究，口感很好，成为大家送节的好礼品。

吃粽子是端午节最重要的活动。人们早早地准备好了包粽子的原料。过去的人们常以芋子（芦苇）叶、江米和大枣作为包粽子的最主要的原料。每年的五六月份，当芋子叶长大后，人们就会将芋子叶掰下来洗净在锅里蒸十几分钟，蒸好的芋子叶柔韧性好，可塑性强，是包粽子的绝好材料。包粽子时，将两三片芋子叶叠好，中间对折拉回叠好成锥形状，先往里面放一些江米，然后放一些枣，再撒一些江米填充其中，最后包好用绳一扎即可。把包好的粽子在大锅里煮熟就好了。

改革开放后，随着社会发展，物质繁荣，南北交流融合迅速扩大，人们包粽子再不局限于江米红枣，呈多样化趋势，什么牛肉江米、松子果仁、大枣花生等，只要是好吃的尽可入列。

过去送粽子是长辈给晚辈送，特别是女子出嫁后，是娘家送时节时的必备品。改革开放后，端午送粽子呈多元化发展，既有长辈给晚辈送，也有晚辈给长辈送；既有同事给领导送，也有同事之间互相送。

随着传统文化的复兴，端午节在民间再次被重视起来。

（二）送时节

临渭区塬上人在女子出嫁的头一年，娘家妈要给女儿送两次时节。

在临渭区塬上和华州区部分地区有"麦稍黄，看老娘"的说法，这是出嫁女第一次正式地回娘家，以解结婚后的思母之情。

娘家妈在麦收后给出嫁女送去第一次时节。主要是买些凉席、竹门帘、风扇、蚊帐等能使女儿避暑纳凉的用品，粽子是必不可少的。有外孙后，还要烙两个大曲连馍，用拐杖一挑就送去了。

第二次送时节在腊月二十四，具体内容见本章第一节（四）。

四　六月六，晒丝绸

农村人常说：六月六，晒丝绸。六月六这天，天气处于极阳之时。在这一天将柜藏箱锁的丝绸衣服、皮衣皮袄等都拿出来晒烫后再存放。曝晒后的绸缎、皮衣不易被虫蛀或者霉变。

另外，六月六还是农村用大麦磨成粗粉发酵做曲的一天。酒曲、醋曲都在这一天做。这一天所做的曲效果极佳，是最上等的曲。

临渭区渭河边的村民在六月六还有捕鱼的习俗。

过去的渭河水从没出现过断流现象，六月六进入汛期，水量骤增，河里就会出现从上游冲下来的大小鱼群。

这些人捕鱼不为买卖，完全是一种乐趣。村里的小伙子也都跟着去帮忙、看热闹。最后满载而归，分给各家各户。若某一年捞鱼不多，不够各户分，凡去的人都有份；回来后烧成鱼羹，三邻四舍两对门子，都要给送上一碗。

由于地理条件的限制，六月六捕鱼只限于渭河两岸的村庄，塬上没有。但塬上人还是会晒衣服，制作酒曲、醋曲。

五　乞巧节

七夕，在古历七月七日。七夕夜是一年一度喜鹊搭桥，织女会牛郎的时刻。

七夕讲究乞巧，这是民间姑娘们的一种传统风俗。因为过去的姑娘不但讲究修饰仪容、衣着整齐、温柔贤惠，还须心灵手巧、能纺棉织布、描龙绣凤。在这一天，不但把她们的作品拿出来公之于众，还要在这天夜里，把她们培育好的豌豆芽拿来，跪在草绑纸糊的巧姑娘前，掐着豆芽向巧姑娘面前的水盆中丢，名曰"乞巧"，塬上人把"乞巧"也叫"掐巧"。

乞巧

心细者，慢拿轻放，豆芽漂于水面，犹似一朵花儿；心粗者，水中一丢，沉入水底，自然没有好的结果。这是检验姑娘们聪愚的一种手段，也是教育粗心者的一种方式，目的是叫姑娘们做事要虚心学习，巧思巧做，定能获得好的结果。

六　中秋节

八月十五中秋节。在这天，气候清爽，月亮正圆，是历代才子佳人置酒月下，畅怀吟咏的极佳时刻。

在临渭区，中秋节这天，家家户户都忙着包各种各样的包子。有圆的、尖的、长的、三角形的，形状的不同是为了区分不同的馅。这一天，蒸包子，吃包子，用包子在桌前设灵祭祖，还有两邻、对门相互交换或向老人赠送。在外边干事的晚辈，也尽量会在这天赶回家，买中秋月饼与全家团聚。

晚上一轮明月挂上树梢。在院子放个小桌、几个小木凳，一家人围坐在一起吃着月饼，喝着热茶，抽着旱（香）烟，谈天说地，议古论今或家长里短，憧憬未来，其乐融融。也有村院中的朋友相聚一起，交流致富经验、畅谈人生经历等。还有一些年轻人干脆将小桌子搬出，放在院子里，好多人围坐在院子里乘凉、赏月、喝酒、玩扑克、打麻将，兴尽方散。

中秋节也是未婚的青年男女互动的好时机。旧时，受传统观念影响，交通通信限制，订婚的青年男女很难有机会在一起。中秋前，男方准会给女方送节，走时邀请女方中秋节这天去男方家。女方去时，男方会尽心招待，走时也会给女方带回一些包子，让女方家里的老人小孩品尝。准媳妇去男方家时，往往是村里人关注的焦点，看模样长得俊不俊，姿态是否大方，穿着是否得体，胆大的还会找机会给准媳妇说几句俏皮话，搞得准媳妇很不好意思，这种场面也是对未来媳妇的一个考验。

七　重阳节与敬老节

每年的农历九月初九日为重阳节，是中华民族的传统节日。《易经》中把"九"定为阳数，九月九日，两九相重，故曰"重阳"；因日与月皆逢九，故又称为"重九"。

九九归真，一元肇始。古人认为九九重阳是吉祥的日子。古时民间在重阳节有登高祈福、秋游赏菊、佩插茱萸、祭神祭祖及饮宴求寿等习俗。传承至今，又添加了敬老等内涵，于重阳之日享宴高会，感恩敬老。

在临渭区民间，人常说：九月韭，佛开口。九月初九重阳节这天，农村家家户户都是要吃韭菜或大肉饺子。即使修道行善的人平时忌口，忌葱、韭、薤（音 xiè，俗称小蒜）、蒜、大肉腥荤的，在重阳节这一天都开戒例外。

古时，重阳节不论男女都要头佩野花相偕登高望远。故唐诗有"遥知兄弟登高处，遍插茱萸少一人"的诗句。宋徽宗时，还有皇上向大臣们赐花，大臣们佩花上朝的习俗。

中华人民共和国成立后，将重阳节改为"敬老节"，加上了敬老的内容。农村人在这一天普遍吃饺子，城里人的吃法则多元化了。在外不能回家者让人捎一点奶粉、糕点或补养的东西，表示小辈向老人们节日的敬意。

八　寒衣节

阴历十月一日为"寒衣节"。

阴历十月一日"寒衣节"这天，恰逢"冬至日"前后，天气慢慢变得冷起来。

为了怀念祭奠先祖，临渭区民间讲究在阴历十月一日前，要给逝去的父母及先祖"烧棉裤袄"。棉衣的具体做法是：用八开纸或专门焚烧的草纸一张，均匀地放上点籽棉，再盖上一张纸，有里有面，象征性地折叠成棉袄、棉裤。为什么要用籽棉哩？据说是表示儿女成群，家业兴旺。现在不管城乡，都有卖成品的。烧棉衣的同时再印些纸钱，方法是把一沓火纸平放在桌子上，用当时流通的最大票面的人民币按顺序从上到下，先正面再背面拓打，然后用指尖散划开。如果实在无法回家，就在十字路口画三个圆圈，郑重其事地跪在地上，将纸钱、棉衣在三个圈内点燃焚尽，然后再一齐叩三个头。

塬上讲究"烧棉裤袄"是女儿家的事情，有句谚语说："十月一，穿齐毕。"意思是说，阴历十月一日以前必须给逝去的父母和先人们"烧棉裤袄"。男人们只需要烧钱就可以了，意思是说，女儿已经烧了棉裤袄，儿子烧些钱，先人们在阴间想买什么就买什么。

总之，寒衣节前给先人们"烧棉裤袄"是一种追思的行为，是传统孝道的一部分。

九　过冬至

冬至是农历二十四节气中一个重要的节气，也是中华民族的一个传统节日。

冬至源于汉代，盛于唐宋，相延至今。《清嘉录》甚至有"冬至大如年"之说。这表明古人对冬至这个节日十分重视。

人们认为冬至是阴阳二气的自然转化，是上天赐予的福气。汉朝以冬至为"冬节"，官府要举行祝贺仪式，称为"贺冬"，例行放假。《后汉书》中有这样的记载："冬至前后，君子安身静体，百官绝事，不听政，择吉辰而后省事。"所以这天朝廷上下要放假休息，军队待命，边塞闭关，商旅停业，亲朋各以美食相赠，相互拜访，欢乐地过一个"安身静体"的节日。

在临渭区民间，冬至这天讲究吃煮馍（饺子）。煮馍一定要包成耳朵状，民间把包饺子叫"捏煮馍"，耳朵状的煮馍称为"银子颗"。人们认为，到了冬至，天寒地冻，会伤了耳朵，吃"煮馍"会避免耳朵受伤。因此，民间有"吃煮馍，长耳朵"的说法。

第八章

民间艺术民俗

第一节　民间音乐、舞蹈

一　民间音乐

临渭区历史上曾有过宫廷音乐、文人音乐、宗教音乐，这些音乐，是今天临渭音乐的基础。

1. 声乐

声乐是以人声演唱为主的音乐形式。辛亥革命后，群众歌咏活动延续不断。抗日战争期间，境内中小学开设音乐课，教唱"抗日救亡"内容的革命歌曲。20世纪50年代，以中小学校师生为骨干开展群众歌咏活动。境内民间艺人利用群众集会、喜庆活动及重大节日进行音乐演出。著名戏曲音乐家王依群（临渭籍）先后搜集整理出版了《秦腔音乐》《眉户音乐》《碗碗腔音乐》等。改革开放后，音乐创作步入正轨，群众性的演唱（奏）活动再次兴起。20世纪90年代以来，涌现出了不少曲作者、歌手和音乐指挥。2001年，由路树军作词、田林涛作曲的歌曲《我爱渭南山和水》获陕西省"五个一工程"奖。

2. 器乐

流行于临渭民间的演奏乐器十分全面，吹奏、打击、弹拨应有尽有，而最具临渭民间独特风格的是唢呐和板胡。

（1）唢呐

唢呐，俗称"喇叭"，据文献记载，唢呐最初流传于古代波斯即伊朗、叙利亚等阿拉伯国家。张骞通西域后带回了他们所特有的乐器，此后，这种乐器便被统称为"龟兹"，但读音却转为字本音 guīzi，因此，临渭区人将红白喜事中请来的乐人（以吹唢呐为主）称为"吹鬼子的"。

"唢呐"二字，即是古波斯语"Surna"的音译。金元时期唢呐自波斯传入我国新疆地区，之后便迅速向广大中原地区传播。据明代王圻所编《三才图会》中记载："唢呐，其制如喇叭，管制为木，七孔，首尾铜为之，当军中之乐也，今民间多用之。"这说明，唢呐最早曾用于军队之中，明代将领戚继光就曾把唢呐作为军乐，每逢作战，即排唢呐阵于军前吹打，以壮军威。由于唢呐发音激越嘹亮，再配以具有和弦音效果的芦笙烘托气氛，所吹奏的乐曲大多节奏明快，易于受众产生强烈的音乐共鸣，故而，在以后的岁月里，唢呐艺术便和婚、丧、典、祭等民间音乐活动结缘而迅速传播到中原黄河流域沿岸。

临渭区崇凝镇 50 多岁的张金鱼是十里八乡有名的唢呐吹技高手。从用口吹奏到口鼻同吹，从单唢呐到双唢呐，花样繁多。关于唢呐吹技的"十八般武艺"，张金鱼是样样精通、信手拈来。

唢呐吹技，是一种以唢呐为主要演奏乐器的民间艺术形式。和以往的唢呐演奏相比，它同时融入了杂技、魔术等多种形式，让略显单一的表演愈加饱满，更具有观赏性和趣味性，多了几分引人探寻的韵味。孩提时，张金鱼时常跟随父亲走街串巷，在各种红白喜事上吹奏唢呐，以此谋生。那时，父亲是"主力"，身单力薄的他只能帮助父亲敲打棒棒鼓。耳濡目染久了，难免会把这当作一种习惯。如今，张金鱼喜欢上了这个父辈相传的技艺，成了十里八乡的名人。不过，他觉得创新才是唢呐艺术的生命。在继承父辈们传统吹奏技巧的基础上，他融入一些民间戏法绝活，如双吹、转碗、五吹、吐火、吐彩带等绝技表演，令人耳目一新。在对祖传老技艺精心改良后，张金鱼的名声是越来越大。20 世纪 90 年代，中央电视台《东方时空》摄制组专程来渭南寻找张金鱼，对他的唢呐绝技演奏进行专题采访；随后，他还登上陕西电视台戏曲晚会的舞台，去了兰州军区战斗歌舞团特邀巡回演出。唢呐吹技，给予了父辈们战胜困苦生活的勇气，也传达着张金鱼对美好生活的诉求。如今，儿子张星在他的带领下，学习唢呐吹奏，成立了演艺公司。

（2）板胡

板胡，形似二胡，因琴筒上蒙木板而得名，也叫"秦胡"。琴杆多用红木、乌木等质地坚硬的木料制作，弓杆较粗。一般按四、五度定弦，音域三个八度。因其音色高亢明亮，成为北方梆子腔类的戏曲和曲艺的主要伴奏乐器，近年来多用于独奏，流传较广的有郭富团作曲的《秦腔牌子曲》、鲁日融作曲的《秦腔主题随想曲》。这些取材于秦腔曲牌和唱腔的独奏曲，塑造了西北人民豪放热烈的宽广胸怀。

民间艺人常宏卫（临渭区辛市镇）制作的中板、秦板、高板三种板胡在 2005 年 5 月 26 日全国第二届高档民族乐器制作大赛中全部获金奖，其产品已远销日本。

二　民间舞蹈

自古以来，临渭百姓深受《诗经》《乐府》以及汉唐乐舞的影响，喜欢在生活和劳动中，用歌舞的形式表达对生活的感受和向往，于是诞生了流传广泛、内容丰富的临渭歌舞。

境内流传的民间舞蹈，有秧歌、拟兽、杂耍、鼓舞、船舞、灯舞等类型。

"扭秧歌"历史悠久，是我国最具代表性的民间舞蹈形式之一，也是深受广大劳动人民喜爱的一种民间广场集体歌舞艺术。秧歌舞一般由十多人至百余人组成，表演者头饰彩球，腰系彩色长绸，边舞边唱，有的还扮成历史故事、神话传说或现实生活中的人物边舞边走，随着鼓声节奏，善于变换各种队形，再加上舞姿丰富多彩，深受广大观众的欢迎。

中华人民共和国成立初，群众性扭秧歌（秧歌舞）活动遍及城乡，每逢节日和重大庆祝活动，各地均组织盛大的扭秧歌队伍。人物大多化妆成工农兵形象，手持铁锤镰刀，伴随器乐（鼓乐吹奏乐）节奏，列队跳跃，扭动前进并不断变化队形（一般为一条龙、双牌楼、扭麻花、龙摆尾、梅花灯等）和表演动作（甩绸扭、挥肩扭、前进步、跳跃步、十字步、圆场步等），场面十分壮观、热烈。

进入 20 世纪以来，在全民健身运动的热潮中，群众性的秧歌舞再度兴起。现今的秧歌舞既有传统特色，又融入了民族舞和现代舞的表演技巧，令人耳目一新。

20 世纪 80 年代，新的秧歌舞、红绸舞、扇子舞、集体舞和反映现实生活的各种新型舞蹈蓬勃兴起。

近年来，一些健康、活泼的西方舞蹈，如探戈、拉丁舞、交谊舞、街舞等先后传入区内，进一步丰富了群众文化娱乐活动的内容。

第二节　民间书法、绘画

书法与绘画艺术伴随在广大劳动人民的日常生活之中，最为普遍的是节庆之日千家万户的春联、喜联、寿联以及异彩纷呈的年画、门神、窗花剪纸等。再就是建筑造型和装饰彩绘、家具设计纹饰图案以及民族服饰彩绣等；大户人家的楼台馆舍、祠堂、家庙以及宗教场所的庙宇、道观、门额牌匾，还有牌坊、墓碑、神道石像雕刻造型和楹联等。这些书法与绘画一部分是由当地颇有名气的书画大家用遒劲正规的馆阁体书写。但表现在广大劳动人民日常生活之中唯美的书画装饰作品绝大部分是来自民间的巧手工匠和地方文人的艺术创作，有着广泛的群众基础。

一　书法

历史上，临渭区境内曾出现了不少书法名人和书法佳作。秦代下邽人程邈改篆籀圆笔为方，创造新体文字（隶书）三千，成为中国历史上最早的书法家之一。北宋王著（祖籍渭南），书法造诣很深，曾指导宋太宗习字，深得太宗赞赏，被擢升。自西汉以来，区内书法流行，铭刻完整保留下来的很少，现保存有代表性的铭刻作品有：汉代莲勺宫铜炉铭，铭文篆书；宋代薛尚功用宋体注释；唐代王忠嗣神道碑（部分），碑首为篆书，碑文楷书；宋代"三贤故里"石刻，楷书，现存下吉镇西关村；明代重修渭南县城隍庙记碑（部分），碑文楷书，南居益撰，杨为栋书，现存渭南市印刷厂；清代大书法家黄自元手书碑，高 3.1 米，宽 1 米，厚0.3 米，现存信义乡南焦村；画家郑板桥的亲笔书联刻板，现存杜桥办居民家中；李口庵神道碑（四明碑），碑额上有"灵爽式凭"四个行草大字，为李含苞书，现存下吉镇高钞村；民国二十九年（1940），著名书法家于右任为杜桥小学题写了校碑，行草书"渭南私立杜桥小学校"，现存临渭区杜桥办事处盈田学校。

中华人民共和国成立后，书法艺术得到重视，也逐渐成为群众普遍喜爱的艺术形式。1982 年，渭南县书法家协会成立，在"弘扬书道，以老带新"的宗旨下，加强了书法艺术培训与交流，涌现出不少的书法新秀，一批书法篆刻作品在省级和全国大展中参展或获奖。渭南市工人俱乐部程平的篆刻作品常见于报端，其作品"政通人和"于1984年入选《中日第二届现代书道20人书法交流展》，在中国、日本各地巡展，被日本四次结集出版。迄今为止，程平的作品远播英国、美国、马来西亚等20多个国家，广为中外社会名流收藏。1990年后，境内书法研究与创作呈现繁荣景象，先后有一些书法专著问世，有多幅作品在全国各类书法展（赛）中获奖。同年11月，渭南市书法家协会、渭南市文化局，征集市书法家协会会员及渭南市在外地工作的书道同仁书法作品146幅，编辑成《渭南翰墨》，由陕西人民出版社出版发行。

程平篆刻作品

20世纪90年代以来，涌现了一大批书法大家，如尹天相（渭南师范学院）、左军贵（渭南市副食公司）、尹建鼎（在兰州市工作，临渭籍）、魏宪民（西安市邮政局，临渭籍）、史星文（市广播电视局，临渭籍）、史建军、骆培林（市文联，临渭籍）、张百成、尹彦保、师彦俊、夏长安（陕西北人印刷机械厂）、梁振林（市统计局）、张兴斌、王贵龙（公安临渭分局）、李如钢（渭南国际贸易公司）、田永昭、罗小平、闵荣波、周占江等。

村南无限
桃花发唯
我多情毁
自来日暮
风吹红淌
地无人解
惜为谁开

白居易忆郊花右桃花
乙夫仲夏　田永昭书

田永昭书法作品

至 2005 年，全区编印书法作品专集 30 余部，在省级以上报刊发表书法论文 20 余篇。有中国书法家协会会员 9 人，陕西省书法家协会会员 60 余人。

二 绘画

绘画艺术，是中华民族传统艺术中起源最早的艺术形式之一。从现在所能见到的资料看，早在新石器时代已经有表现力很强的绘画作品问世了。我们祖先所留下的大量的岩画、陶器上的图案等，都是人类祖先以绘画的形式表达思想感情的艺术形式，是珍贵的文化艺术遗产。

临渭区文化底蕴丰厚，受中原黄河文明的熏陶，绘画艺术在这个地区也起着传承历史文化、记载风土民情的重要作用，闪耀着时代和历史的光辉。明代，渭南籍人梁世熬，善画人物，曾根据他人口述为崇祯皇帝的母亲画像，栩栩如生，名扬京师。清代，董其瑞善画山水、人物，曾为巡游江南的康熙皇帝进献绘画，受到银牌嘉奖，因其擅长画仕女，在南京一带被誉为"董美人"。

中华人民共和国成立后，境内的绘画人才不断涌现。有擅长水彩画和油画的阎爽飞（渭南师范学校）、擅长国画的阎德馨（固市中学）、阎启新（少华中学）、善画人物的刘寿芝（县文化馆）、"文化大革命"期间的李天笾、苏双朝、李振斌、魏俊、左军贵等。

中共十一届三中全会以后，涌现出一批美术爱好者和优秀作品。县毛巾厂美工张春智、县剧团舞台美术设计李悌南（现渭南市艺术研究所专职画家）、西北林业机械厂高级工艺美术师李庆民、渭南东风电影院的刘淮昕（临渭籍）、渭南煤矿专用设备厂（渭南四号信箱）的何柳生、在西安美术学院工作的张立宪等。

2000 年后，境内的美术创作，个体特征凸显，形成了不同的绘画特长。如市文联的王鸣放（临渭籍）以人物画，尤以画仕女和智叟见长。王鸣放，男，汉族，1957 年生。陕西省政协第九届、十届委员；陕西省美术家协会副主席；渭南市美术家协会第一届、第二届、第三届主席。现在渭南市文联工作。1986—1988 年在西安美院进修，1991 年毕业于西安美院成人大专班，以人物画为主兼山水花鸟，着力于探索艺术个性，形成了独特的绘画风格，成为我市美术界领军人物。王鸣放现为陕西省政协委员、陕西省美术家协会副主席、渭南市文联秘书长、渭南市美术家协会主席。

王鸣放绘画作品

第三节　民间戏曲

　　临渭区地处关中东部的渭河平原，灿烂的古老文化对渭南的戏曲形成和发展产生了较大的影响。主要剧种的产生和形成，可以追溯到明末甚至更早。渭南戏曲在明末清初发展很快，达到鼎盛阶段。不少文人学士热衷于编创戏曲剧本，促进了戏曲事业的发展。

渭南老街大戏楼

　　辛亥革命以后，渭南戏曲事业有了新的发展，新出现了一些以演秦腔为主的班社组织。

中华人民共和国成立以后，戏曲事业受到党和政府的关怀和重视，在党的"百花齐放""百家争鸣"文艺方针的指引下，渭南戏曲事业蓬勃发展，出现了前所未有的好形势。

境内戏曲的主要种类有秦腔、皮影（碗碗腔）、迷胡、花鼓、木偶等，以秦腔、皮影（碗碗腔）、迷胡为主。

一 秦腔

秦腔又叫"梆子腔"或"桃桃子"，当地群众俗称"乱弹""大戏"，为境内的主要地方剧种。明朝初期，渭南秦腔初步形成了新的戏曲剧种，明末李自成收西调为军戏，同州梆子（老秦腔）随李自成领导的农民起义军广泛传播。清时在境内流行起来，并形成了一些专业的班社和演艺人才。道（光）咸（丰）年间，信义南焦村组建起同州梆子（老秦腔）班社焦家班，在全县巡回演出。随后，又出现了柳家班、兴盛班，每逢庙会，在各里（村）演戏助兴。一些民间艺人亦随其他班社在境内外演出，著名的有"盖陕西"白长命（原籍渭南县，后徙居蒲城）、秦腔"三绝"（绝技、绝唱、绝色）之一的申祥麟（河西乡崖底村）、"活韩信"王谋儿（交斜镇寨里村）、"猛开花"王德元（孝义镇孝北村）、"赛竹娃"李福有（南师乡扁家村）等。

辛亥革命后，同州梆子老秦腔逐渐衰微，代之而起的是新发展了的秦腔。时有永安社、化俗社、庄正社、庆义社、平原社等秦腔戏班活跃在全县各地以及邻县一带，演出剧目 70 多个。抗日战争时期，渭南赤水一带地下党组织领导的"哈哈剧团"活动于渭南、华县交界地区，演出了《放下你的鞭子》《马寡妇开店》《马百斗》等戏剧节目，动员民众抗日救国。

中华人民共和国成立后，渭南县的戏剧事业得到恢复和发展。先后成立了秦腔剧团新华社、人民剧社和新民社。新民社分甲、乙两班演出，剧目《白毛女》《穷人恨》《大家喜欢》《红娘子》《苏武牧羊》和现代剧《张兴柴》等，深受群众喜爱。1952 年该社演员李正敏、余巧云、张彩香、田正武和琴师王东生参加西北戏曲演出代表团赴京演出。1956 年，渭南新民剧团参加陕西省第一届戏曲观摩演出大会，演出的《铡美案》获集体一等奖，余巧云获演员一等奖，田正武、张彩香获演员二等奖。

1958 年 10 月，渭南县文光剧团代表陕西参加西北五省戏曲观摩演出，秦腔现代剧《九员女将》《寻矿》《新婚之夜》和《跃进歌》受到好评。1959 年，渭南大县成立，设立"渭南县戏曲剧院"，下有新民剧团、文光剧团等 6 个专业文艺团体，还成立有演员训练班和专业从事戏装生产的"服装厂"，固市、官道、城关、崇凝、阳郭等区都有专业剧团。至 1963 年，全县业余剧团已发展到 152 个，渭南的戏剧活动进入鼎盛时期，多次在省、地文艺会演中获得荣誉。

1966 年，"文化大革命"开始后，传统戏禁演，戏箱被封，传统剧目被"革命样板戏"代替。1971 年渭南县文艺工作团成立，主要配合时政宣传，演出一些现代剧目。

1976 年 10 月，"文化大革命"结束，一批禁演的传统剧目恢复上演，一些老戏剧工作者如田正武、申正坤、赵定国等重返舞台，境内秦腔充满生机，涌现出赵亚玲、田莉、张永利等一批富有艺术才华的青年演员。1978 年 5 月，渭南县文化馆举办了全县小戏创作会演。8 月，渭南县秦腔代表队参加了渭南地区文艺调演大会，演出了秦腔现代剧《收石场上》。1980 年渭南县秦腔剧团，先后排演传统戏《十五贯》《生死牌》《四进士》《孙安动本》和新编历史剧《青丝吟》等。1981 年 7 月，在渭南地区举办的青年演员观摩演出大会上，演员赵亚玲获一等奖，田莉获二等奖，张永利、敬小花获三等奖。

1983 年后，县文化馆曾多次举办全县戏剧会演和农村业余文艺调演，下吉、龙背、南七等文化站分别成立了戏曲学校，招收学员，培养戏剧人才。1985 年 1 月，渭南市（县级）戏剧学校排练《杨门女将》《宝莲神灯》两部大型秦腔剧在境内演出。1986 年 4 月、1987 年 5 月，渭南市秦腔剧团先后两次赴甘肃巡回演出秦腔古典剧《金碗钗》《周仁回府》《生死牌》和秦腔现代剧《豆腐世家》等 15 个剧目，演出计 420 余场，观众达 45 万人（次）。并先后参加了 1990 年陕西省的丑角表演赛，1991 年的西北五省区《太阳杯》民族戏曲邀请赛和 1992 年陕西电视台春节晚会。2002 年渭南市青年秦腔剧团演员韩民主参加首届中国秦腔节演出，获演唱一等奖。2003 年，青年秦腔剧团排演的《居水桥畔》获得由国家计生委、文化部等七部委主办的第 11 届中国人口文化奖戏曲类银奖，受到党和国家领导人接见。至 2005 年，全区除专业剧团外，还有 8 个乡镇业余秦腔剧团定期或不定期地为群众进行演出。

民间乱弹（工公昌摄）

历史上，秦腔传统剧目共 4700 多个，流传至今还上演的有《铡美案》、李十三的"十大本"、易俗社本等近百个。中华人民共和国成立以来，全区创作改编演出的秦腔剧有《包待制智斩鲁斋郎》（根据关汉卿的同名剧改编）、《袁大娘》《张兴荣》《文成公主》《假金牌》《双冢记》《婚姻自主》《饮马川》《祭岳坟》《青丝吟》《王鼎尸谏林则徐》《居水桥畔》等。

二　皮影

皮影，又称灯影子或影子戏。境内皮影采用碗碗腔演唱（属东路碗碗腔），唱腔委婉细腻，曲调典雅优美，舞台设备简单。一台戏只需 5 名演员（即前首、签子、帮签、二股弦、后台），便于流动演出。因其舞台简易，民谣有"七长八短（指木橡），五页大板，四条撒绳一挽，十二根钱串（指细麻绳），六页芦席一卷，撇下一撅，你别再管"之说。

据现有资料记载，早在清代乾隆年间（1736—1796 年），碗碗腔就产生了，各种唱板已经基本形成，皮影戏在境内开始流行与发展。

清乾隆三十二年（1767 年），蔺店乡李十三村李芳桂始编碗碗腔皮影戏剧本。

到清末民初时，境内皮影戏发展到鼎盛时期。这时创办有"一杆旗""十四红"培坛、同乐会等 32 个皮影班社，涌现了王育夫（参苗子）、杜升初（一杆旗）、肖景文（十四红）等一批颇有名气的皮影艺人。"十四红"皮影社曾赴四川、山西等地演出。杜升初的碗碗腔《月下来迟》《三娘教子》《换颜》《店遇》《玉燕钗》《庚娘杀仇》等6个唱段，1939年由上海中国唱片社录灌成胶木唱片发行。

中华人民共和国成立后，皮影戏得到重视和发展。皮影艺人谢德龙、石永庆、郭向荣、李映凯、肖振华等不仅长期活跃于民间，而且多次参加省、地文艺调演。在1956年11月召开的"陕西省第一届木偶皮影戏演出大会"上，阎村镇申郭村郭向荣、信义乡上太庄村李映凯分别获得挑签演唱一等奖。郭向荣的《跑马》挑签精湛技高，获皮影"亮子"（银幕）一幅。1957年，交斜镇皮影艺人谢德龙，把皮影的"亮子"放大两倍，将7寸大小的皮影人改为一尺二寸，还让皮人按步调走路，使皮影表演更加完美生动，并设女声、男声，改变了以前"前首"（即演唱者）由一男手包揽的传统。1959年，赴北京参加了全国皮影木偶小戏调演。

"文化大革命"中，视皮影为"四旧"，被封箱禁演。

1978年后在渭南县文化馆的组织推动下，民间皮影重新活跃起来。阎村、龙背、信义、交斜、下吉、南师、凭信等乡镇的皮影队先后结社，公开演出。1989年9月3日，西安电影制片厂在蔺店乡文化站拍摄了肖振华演唱的皮影《店遇》《庙遇》《游园》，石景亭演唱的《杀船》《撑船》，皮影新秀惠真慧演唱的《黑军》等6个选段。

2003年6月，乐天皮影社成立，先后演出《十王庙》《万福莲》《火焰驹》等皮影剧目四五十本，并参加了电视连续剧《侠客行》的拍摄。2005年5月20—23日，渭南市皮影协会举办了建市十周年首届皮影调演。临渭区以石景亭为首的乐天皮影社演出了《白玉钿》中的"戳纸墙""游园"，《玉燕钗》中的"杂船"等四折戏，获集体二等奖。石景亭获得优秀演唱奖，张田娃获优秀表演奖，石志杰获演奏奖。皮影老艺人肖振华、蔺成江、白兆武获特别贡献奖。

境内流传的皮影剧目有近百个，经常演出的有《金碗钗》《香莲佩》《万福莲》《蝴蝶媒》《青素庵》《火焰驹》《挖蔓青》《黑审》《跑马》等。

三　迷胡

迷胡，又称"曲子"。最初流行于华阴、华县一带，在唱腔韵调上特别富于抒情，被称为"东路曲子"。民国时期由华县传入境内。演出形式是"地摊子"清唱，伴奏少则一人用三弦弹唱，多则有三弦、板胡、瓦子。

中华人民共和国成立后，迷胡被搬上舞台，成为境内人们喜爱的剧种之一。1958年，县文化馆的赵文光结合农村火热的劳动生产场面创作了迷胡表演《钢铁九姊妹》《歌唱双王》，参加了陕西省群众戏曲会演，获创作奖、演出奖。1959年渭南县（大县）戏曲剧院设立迷胡团，3月参加"陕西省群众业余戏曲音乐舞蹈会演大会"，迷胡剧《夫妻修渠》获演出奖。1960年又参加"陕西省青年演员会演大会"，演出了迷胡剧《借亲配》。

1978—1983年间，渭南县文化馆曾先后举办了全县小戏创作会演、农村业余文艺调演活动，迷胡剧《老两口》（南七）、《碾沟桥》（南师）、《退工票》（阎村）、《支农新歌》（线王）、《巧送猪》（崇凝）、《育花人》（城关）等参加了演出。在渭南地区举行的"纪念毛主席《在延安文艺座谈会上的讲话》发表三十六周年文艺会演大会"上，渭南县代表队演出的迷胡剧《育花人》获二等奖。1984年县改市后，渭南市秦腔剧团曾排练演出了迷胡现代剧《杏花村》、迷胡古典讽刺剧《张古董借妻》，场场观众满座。进入20世纪90年代，迷胡剧处于低迷状态，只有一些迷胡爱好者和民间自乐班进行迷胡演唱。

迷胡剧唱词通俗，形式活泼，音调淳朴细腻，悦耳动听。剧目在境内流传的有30余个，以生活小戏居多，大本戏很少。常演的剧目有《张连卖布》《李亚仙》《梁秋燕》等。

2017年1月，下邽镇文化人屈世文先生牵头成立了"渭南市迷胡协会"的民间组织，并组织了新的迷胡剧团，多次参加省区调演及节庆活动，使迷胡剧获得了新生。

四　戏曲人物小传

1. 李十三

李十三（1748—1810年），清乾隆、嘉庆年间的戏剧家，是我国历史上深受群众爱戴的一代戏剧创作名人。原名李芳桂，渭南蔺店人，因其始祖排行十三，人称李十三。一生坎坷，生计艰难，19岁考中秀才，后因生活所迫，只好在家乡附近的胡家、吴章等地教书糊口。教书之余，李十三常与皮影艺人密切往来，遂对碗碗腔皮影戏产生了浓厚的兴趣，为碗碗腔皮影戏著有《香莲佩》（又名《钉呆迷》）《春秋配》《十王庙》（又名《如意簪》）《玉燕钗》《白玉钿》《紫霞宫》《万福莲》《蝴蝶媒》《火焰驹》《清素庵》等十大本，另有《古董借妻》《四岔捎书》《玄玄锄谷》三折戏，史称《李十三十大本》。

李十三 62 岁时，因诏谕禁演皮影戏，闻讯出逃，终因贫病交加，结束了穷困坎坷的一生。

李十三的碗碗腔剧本，大都表现战乱中青年男女的悲欢离合，表现出强烈的正义感和对真善美的呼唤。200 多年来被几十个剧种移植，盛演不衰。《白玉钿》是 20 世纪 30 年代"秦腔正宗"李正敏常演的名剧。《万福莲》先由著名戏剧作家黄俊耀改编为《女巡按》，后由戏剧大师田汉改为京剧《谢瑶环》，名振京华。《火焰驹》曾被拍成电影在全国放映，轰动一时，影响久远。

李十三的作品，思想内涵深刻，情节曲折起伏，人物形象鲜明，结构奇巧精妙，语言清新典雅，为中国的戏曲事业做出了突出贡献。因此，李芳桂被誉为东方的莎士比亚。

2. 余巧云

余巧云（1932—2019 年），原名余葆贞、余宝珍，著名秦腔表演艺术家，国家一级演员，中共党员，国家级非物质文化遗产项目秦腔代表性传承人，秦腔"余派"青衣创始人。先后在三意社、尚友社、易风社担任主要演员，新中国成立后到渭南市秦腔一团。

余巧云自幼聪慧，十几岁就受到秦腔名家王文朋的赏识，被推荐到三意社学艺，深得著名艺术家吴立真的真传，又得到晋福长、苏育民、刘毓中等人的指点，14 岁登台以一出《别窑》风靡秦腔剧坛。余巧云的做功细腻自然，唱腔迂回缠绵，一唱三叹，讲究气息的把握，特别是小腔的处理很有特色，因为以"巧"取胜，故取艺名"巧云"。余巧云的喷口好，道白在生活化和韵律的把握上很有分寸，一些不合韵辙的唱腔，处理得很别致。另外，余巧云的哭情戏造诣很高，40 年代即有"秦腔皇后"之美誉。

余巧云开了秦腔缠绵风气之先，直至今日，几乎成了秦腔旦角艺术的主流。她戏路宽，正旦、花旦、小旦皆能，演出的剧目繁多，代表作有《铡美案》《五典坡》《乾坤带》《白玉钿》《梁山伯与祝英台》《打金枝》《汾河湾》《贩马记》《三上轿》《黑叮本》《藏舟》《双下跪》《安安送米》等戏，70 多岁仍能登台，而且音色表演不走样，实在难得。

2019年6月19日逝世，享年88岁。

3. 郝心田

郝心田（1893—1982年），爱国剧作家，渭南市临渭区蔺店人，幼年于下吉景贤书院习孔孟之道。1912年考入西北大学，毕业后就读于陕西吏治研究所。曾任军界"胡景翼部秘书"；政法界"省公安局秘书""省法院秘书""省模范监狱秘书"；农界"陕西棉产改进所秘书"等。抗日战争期间他以文化御敌唤起民众，团结抗日，先后编写了《烛影斧声》《焚屋救艳记》《一箭缘》《对玉坠》《狄青平南》《平民革命》（又名《日月重光》）《皇觉寺》等戏本，由易俗社同其他剧团演出后，在当时反响很大。一生编写了十大本，四小折，堪称爱国剧作家。

4. 姜炳泰

姜炳泰（1913—1980年），戏曲理论家、作家。陕西渭南市临渭区蔺店人。早年参加共产主义青年团，曾担任共青团西安市委宣传部部长，民国二十七年（1938年），任渭南县下邽小学校长，并加入"青救会"。民国三十一年，奔赴延安，先在陕甘宁边区民众剧团任教员，后入延安大学学习。民国三十四年以后，回到关中师范学校任教。民国三十七年，任关中分区文协副主席，并加入中国共产党。中华人民共和国成立后，担任陕西省文工团协理员、西安市文化馆馆长、省秦腔实验剧团团长、省戏曲研究院副院长。1955—1966年任中国戏剧家协会理事、剧协陕西分会副主席。在工作之余，他改编了秦腔《法门寺》、《屈原》（与袁光合作）、《游西湖》（与马健翎、黄俊耀、张棣赓合作）。改编本《法门寺》保留了"拾玉镯""狱中相会""告状"等精彩场子，删除了烦冗的情节和不健康的语句，增强了剧本的文学色彩，在陕西省第一届戏剧观摩演出中获剧本一等奖。

戏剧理论研究方面，撰写有《神话与艺术》《论劳动人民的求实精神》《古为今用推陈出新》《论古典戏曲的人民性》等文，坚持马克思主义的唯物论，阐发党的戏曲方针和政策，探讨戏曲的艺术规律，对戏剧实践和理论发展起了积极的作用。1961年以后，他的戏剧观点受到错误的批判，但他仍然努力工作，在陕北深入生活中创作了反映老区人民革命斗争生活的大型话剧《郭家湾》。在"文化大革命"中，受到残酷迫害，下放陕北农村劳动锻炼十年。1980年4月19日在西安病逝，终年68岁。

5. 赵静铭

赵静铭（1947—2011 年），渭南市临渭区蔺店人。渭南市艺术研究所专职剧作家，曾在《剧本》《当代戏剧》等刊物发表过大型剧《玉玦吟》《青丝吟》《涝池岸边》《矿井深深》等，曾获曹禺文学提名奖和中国戏剧文学银奖，并多次获省创作奖。2011 年 10 月去世，终年 64 岁。

第四节　民间社火

境内的民间社火，是在历代劳动人民驱傩、猎祭、祈雨、迎春等活动的基础上演变发展而成的，其形式融民间音乐、舞蹈、美术、说唱、戏曲、杂技、武术为一体，粗犷豪放、活泼风趣、滑稽诙谐，为广大人民群众喜闻乐见。

民间社火在白天演出的叫昼社火，晚上演出的叫夜社火。昼社火由社火头、社火身、社火尾三部分组成。社火队排在最前面的有三眼枪、对牌、旗仗、神轿、祭品和吹鼓乐，称之为社火头。紧随其后的是社火身，由擎令牌手、旗旌灯笼、挠杆队及锣鼓队、芯子组成。最后是由"血故事"车为主体的社火尾。整个社火队伍长约三百米，参与者百余人。夜社火主要是各种舞蹈和杂耍，包括跑竹马、跑旱船、耍狮子、龙灯、踩高跷、扭秧歌等。

清代至民国时期，每逢春节、元宵节、庙会或重大喜庆活动，许多村镇都要组织"耍社火"，有的还与毗邻村开展比赛，争奇斗胜。在社火队伍中比较有名气的是孝义的芯子、狮子、龙灯，交斜的牛虎斗，南师的"血故事"，田市的八仙鼓，线王的竹马、旱船，阎村的高跷，河西的秧歌等。

中华人民共和国成立后，群众"耍社火"较前灵活简洁，并赋予"社火"以新的内容和活力。20 世纪 50 年代，社火队伍一般由红旗队、字牌、锣鼓队、秧歌队及高跷、竹马、旱船、芯子组成，参加者下自七八岁的儿童，上有七八十岁老翁，大都打扮成工农兵形象，在行进中作队形变化演示。

中共十一届三中全会后，随着群众文化生活的活跃，每逢新春佳节，各乡镇和城区街道办事处都要组织民间社火活动，走街串村为群众表演。正月十五元宵节，全区组织乡镇社火进城，举行盛大的欢庆活动。社火队伍中增加了"彩车"，用以宣传区内社会经济的发展和企业的"名、优、特"产品。

平时一般性的喜庆活动，只举行各有特色的社火单个项目表演，境内流传至今的民间社火项目主要有：

一 高跷

用柳木制作成圆或扁形两只长木腿（分为"三尺腿""四尺腿""五尺腿"等），中下部置踏板，人踩立其上，扮成剧中人物，锣、鼓伴奏，列队表演。社火队踩高跷的活动一般在白天进行，大多扮演《回荆州》《白蛇传》《火焰驹》等戏剧人物。有的在高跷队伍最前边，排一二位武功演员扮演孙悟空或其他小丑，跳跳蹦蹦，逗人嬉笑，亦可为高跷队伍在前边开路。

高跷

二 芯子

包括"抬芯子"和"背芯子"。抬芯子是将骨架（铁棍）分支岔竖于底座（多为方形木桌）上，扮演者的身子被固定在分支骨架上，高约数米，由若干人抬着行进。根据戏剧内容，一台芯子少则二人，多则七八人。扮演者基本是10岁左右的儿童，造型以剧情分层排列，亦可在行进中用手脚做简单动作，玄妙惊险，引人入胜。背芯子是由人背着"芯子"进行表演，扮演角色的儿童身子捆在芯子竿上，穿上戏装，并用彩纸做

芯子

"树叶"伪装。用特制铁架将扮演者固定在背芯子人肩上，外穿表演服装，扮演者似立于"树枝"上，随着锣鼓节奏，背芯子人踏舞步行进，杆上的扮演者双臂摆动，楚楚动人。过去的抬芯子、背芯子现已改为在拖拉机、汽车上安装，芯子扮演多为传统剧目《刘海打柴》《白蛇传》等戏剧，锣鼓伴奏。

三　竹马

用竹子制作马架，糊上彩纸（布），用线或麻丝制成马鬃、马尾，马背留洞，马身系在表演者腰部，马项挂铃铛。

表演时，演员一手扯马缰，一手挥马鞭，随着锣鼓音响，有节奏奔驰。一人饰马量（指挥者），引竹马变换队形，摆成多种战斗方阵，进行骑兵战术表演，场景雄伟，如临战场。多与高跷、旱船等社火团队配合演出。

四　旱船

俗称"跑旱船"。其船体用竹或木棍结扎而成，用彩纸、彩花、彩绸、彩灯装饰。船头船尾翘起，在船体象征入水部位围以白布或蓝布（以不露演员脚为原则）。表演时，演员扮作俊俏少女，稳坐船中，由老艄公执桨划船，表演各种划船动作。"少女"小步走动，双手操作船体微微舞动，似船在水中漂游。行船搁浅时，艄公即兴编唱一段引人逗趣的唱词，不时赢得观众的掌声与欢笑，再伴以锣鼓声乐，更加增强了热闹气氛。"跑旱船"一般在农历正月十五日举行，除随社火队伍进行表演外，主要以圆场演出为主。

五　骡车

俗称"跑骡车"，在境内流传已有上千年的历史。骡车大都是由胶轮车或木轱辘车与四匹骡子组成，每匹骡子颈系铜铃，头挂彩色叉子，挂梢的骡子背上还插五面彩色小旗。每辆骡车配备车手4人，锣鼓手6人，他们身着民族服装，各司其职，英武艳丽。各骡车队都有自己的一套鼓谱，称之为"鼓歌"。鼓歌既有祖上传下来的无名老鼓歌，也有他们自创的新歌，一来营造欢乐气氛，二来寓意锣鼓驱到。跑骡车时，吆骡人鞭子"吧嗒"一甩，骡子即狂奔，同时锣鼓声、铜铃声和观众的欢呼声、喝彩声响成一片，当骡车跑到表演场地后，则表演"璞鸽（信鸽）趔窝"、"事事如意"、"五谷丰登"和"八仙过海"等绝活，使跑骡车表演达到高潮。跑骡车主要盛行于故市、官道、下吉、田市、辛市、蔺店、南师、孝义等几个乡镇，每逢喜庆，必相邀请数挂骡车前来助兴，以壮声色。

第五节　民间手工艺品

临渭区境内北刘遗址中发掘的三足钵、尖底瓶、单耳罐等陶器是境内最早的工艺遗物（新石器时代）。商周时期的工艺美术器物，有阳郭镇南堡商墓出土的青铜虎头车车辖，虎头上两耳耸立，双目眈眈，额现"王"纹，额下为虎食水牛式制器，造型工艺十分考究。汉以后有线王乡（今属崇凝镇）仁村金墓出土的相扑俑，与日本相扑运动员形象极似。现存慧照寺的5尊铜佛，为明代所铸，其像高约2米，坐于莲台，神态各异，莲台雕铸花瓣百数，每瓣均有一小铜佛，甚为别致。清代以后工艺美术品多姿多彩，有孝义镇雕花石栏石砌涝池、信义乡南焦村清代节孝石牌坊、崇凝镇石马坊雕刻及一大批民宅建筑雕刻等。目前流行于民间的工艺美术种类较多，较普遍的有刺绣、面花、剪纸和雕塑等。

一　刺绣

刺绣又称丝绣，在境内广泛应用，世代相传。旧时，受男耕女织生活方式影响，一般女孩子十三四岁时就开始学习绣花。为了讨巧，女子们每逢农历七月初七，即"七夕"之夜，要在庭院中设供祭月，相互比试穿针引线的技巧，并开始给自己准备嫁衣，绣荷包、鞋垫、钱包等作为男女青年之间的定情物。刺绣时在绷于撑子（民间称绷子）的绸缎布上描绘或剪贴图样，依图案或用途可选用"铺绣"或"抽绣"的不同绣法。抽绣（即单色线绣）是用双股细丝线沿着图案线条，用针挽穿纯色丝线，即可绣出犹如"白描"一样的空心线条图案或白底红花，或蓝底白花，粗犷质朴，富有乡土气息。铺绣（即彩绣）则选用单股漫粗丝线，用各种颜色线搭配将图案绣满，浓淡相兼，栩栩如生，有立体感。在民间，抽绣多用于绣鞋垫、袜底、枕巾、信插、小孩衣饰及老妇穿的裹肚等；铺绣多用于新娘子的盖头、披肩、长裙、荷包、围巾及长者的寿帐、寿鞋等。20世纪80—90年代刺绣多用于被罩、沙发罩、电视机罩、洗衣机罩等，且多用机器绣制，手工刺绣的越来越少。

"七夕"穿针

二　面花

俗称"花花馍"。境内农村妇女几乎人人都会制作面花，其中尤以年长的妇女技艺更为高超精湛。她们以上等面粉为主料，借用手指和简单工具剪刀、梳子、篦子、竹针等，靠捏、剪修缀成各种栩栩如生的塑像。面花主要出现在嫁娶礼品、殡葬供品中，也用于寿辰生日、馈赠亲友、祈祷祭奠等方面。如年节走亲戚，常送盘花馍、角角馍；给外甥送灯笼常送追巴馍（鱼花馍）；祝寿要送寿桃馍；送女出嫁常送各种形态的小花馍；丧葬有的送花老虎馍，有的送大花馍，插排花。

做面花已成为农村妇女的喜好，也是妇女心灵手巧的标志。在农村做面花至今依然盛行。

面花

三　剪纸

剪纸在境内广为流传，为广大劳动妇女所喜爱。民间剪纸多单色，但技巧多变化。根据黑白、阴阳关系在画面上所占主次的不同，从形式上可分为"阳刻法""阴刻法"和"阴阳混刻"等多种形式。熟练的民间艺人只打腹稿就可以直接用剪刀把纸剪成图形，专业艺人则用刻刀在蜡版上制作，可以一次刻透多层纸，提高效率。剪纸者根据自己喜好自由构思，巧妙地剪出人物、鸟兽、虫鱼、花卉、山川、房舍、戏曲故事和神话传说，以表达劳动人民对美好生活的向往和祈求吉祥、人寿年丰的美好愿望。剪纸中以窗花最为多见。旧时，逢年过节，几乎每家每户都贴窗花。新婚夫妇婚后第一个春节前，要剪多种剪纸，装饰全家房舍，赠送邻里亲友，显示自己心灵手巧。

中华人民共和国成立后，县文化馆曾多次深入农村，挖掘整理民间优秀剪纸，先后于1976年、1983年举办了民间工艺美术展览，1990年举办了剪纸艺术展览，吸引了数以千计的剪纸爱好者，剪纸创作由民间推广到各行各业。杜桥办事处干部苏方亮，酷爱民间剪纸，曾先后在省市级报刊发表《老鼠嫁女》《红楼梦人物》《西游记人物》等作品，其中剪纸《载歌载舞迎港归》获全国书画大赛"和平杯"优秀奖。市公安局退休干部任爱国，以雕刻、剪纸见长，其剪纸作品《中国十大元帅》作为礼品与日本国家社团交流。民间剪纸能手张明贤、宋东柏、杨恩线、李东元的作品亦受社会各界喜爱。

任爱国剪纸作品

四　雕塑

境内主要有石雕、木雕、泥塑等。石雕木雕多见于明朝以来修建重建的庙宇、祠堂、牌坊和戏楼等古建筑物。清代以后，民宅建筑雕刻兴盛，在许多富裕家庭的门框、窗身、炊具、祭祀桌案及棺板寿材上亦较多见。其中孝义镇的民居、府第、饰物建筑之类的雕刻比较考究，外观富丽，做工精美。堪称艺术上品的有"大夫第""廉坊第""文昌阁""五凤楼""五幢壁""拴马桩"等20多处。中华人民共和国成立后，民间工匠中此种艺人越来越少。良田张丙发木雕《西游记》人物栩栩如生，造型优美。泥塑艺术兴盛于20世纪50—60年代，白杨乡的泥塑娃娃，良田乡的泥陶玩具在境内较有名气，曾参加渭南地区举办的民间艺术展览。

第六节　民间游戏

旧时的临渭区民间，儿童们上学都很晚，直至20世纪70年代，孩子们到7周岁才去上学，有些家庭经济情况不好的要等到8周岁甚至更晚。因此，孩子们经常聚集在村道里玩，非常开心。

男孩子玩耍的项目主要有捉迷藏、打柏、碰马城、摞田、斗击、滚铁环、打面包（四角）、玩弹子（玻璃球）、打弹弓、捕麻雀、狼吃娃、四桃顶、炮子筒（子弹壳）、跷跷板、开火车、荡秋千等；女孩子玩的游戏有捉迷藏、荡秋千、踢毽子、玩沙包、抓样、击鼓传花、掐巧、翻交（翻红绳）等。

下面介绍一些主要的儿童游戏的玩法。

一　打柏

道具是木头桃桃（短木棍），游戏者可两人也可多人。游戏时，先确定一个点放木头桃桃，再在几米外画一道线，一方将自己的木头桃桃放在这个点上，另一方用自己的桃桃击打放置在地上的桃桃，击出线外即胜，这个桃桃归己。如果没有击出线外算输，轮对方击打。游戏可反复进行。

二　碰（跑）马城

玩者最少三人，一般为两支队伍，攻方和守方。防守方两个人或多人手拉手组成"马城"（防御线），攻方选一个人从两三米开外冲击"马城"，冲击开算赢，否则为输，换人再碰，可重复进行。碰城者如果没有碰开城，就成了防守方的俘虏；如果碰开了，就会拉一个防守方的人员归己方。哪一方战到没人就输了。

游戏开始时，"马城"方（防守方）先手拉手，碰城者做好准备，"马城"方说道："野鸡翎，碰马城，马城开，叫谁来，叫的××碰城来。"或者说："碰马城，马城开，叫的××碰城来，你娃有胆碰过来（你是娃子你过来）。"话音一落，碰城方就冲了过来。这种游戏，常常使玩者浑身是汗，非常开心。

三　撂（方言，掷的意思）钱

两人游戏。道具是铜钱，以后演变为铧角，最差就是瓦块了，只要对等就行。

玩法：先找一个点，是两人站立的位置，在三四米外画一条线，两人先后轮流掷，压线者为胜。可重复进行。也可这样玩，一方先掷过线，另一方后掷以碰到前者所掷物为胜。

四　斗击

斗击为两人或多人游戏。

两人游戏为两人互相对垒。多人游戏则为一人对多人或两人为一组互相对垒。

两人游戏时，游戏者将一只脚抬起，至另一条腿膝盖上下，用手握住抬起的腿，双方用膝盖碰撞，击倒对方或将对方抬起的腿击到落地算获胜。

多人游戏时，一个人可以同时对其他人发起攻击，多人也可从不同的角度对对方进行攻击。胜负规则同上，游戏可重复进行。

五　滚铁环

器材：做木桶的铁圈。

玩法：用铁丝做一钩子推着铁圈滚滚向前。一路上会发出"沧浪沧浪"的响声。有的孩子上学时也要带上铁环玩，很开心。

六　打面包

面包在渭北叫四角。是用两张纸对折后上下十字交叉再折对接而成，形状方形，正面为对角十字线，背面为正方形。

玩法：一个人将面包放到地上，另一个用自己的面包击打，翻过为胜，据为己有。可重复进行。

七　玩弹子

临渭区民间把玻璃球叫弹子。

玩法：在平地上沿一条直线挖三个小洞，直径五六厘米不等，每洞相隔2—3米，离首洞1.5—2米画一条线，玩者站在线外掷弹子进洞，若没进去，轮对方掷，弹子停留的位置不能动，这个位置就是下一次掷时的起始位置，进洞后可以继续玩。规则中，如果一方的弹子在攻方的前面，进攻方可以先击打对方的弹子，若击中轮攻方继续，若未击中，则轮对方掷。情况允许的话，攻方也可以将对方的弹子击得远远的，增加对方进攻的难度。三个洞进完再折回，先返回者胜。

八　打弹弓

改革开放前，经济不发达，但环境很好，鸟类很多，尤其是麻雀，经常吃人们晾晒的粮食，被称为"四害"（另外三个分别是老鼠、苍蝇和蚊子）之一。孩子们就用树枝杈和汽车轮胎自制弹弓打鸟，玩得很开心。

九　捕麻雀

一到冬季下雪后，树上的麻雀觅食吃，叽叽喳喳叫个不停。小伙们便在院子里扫一片空地，放上筛子，拿一根长担绳，一头将筛子支起来，一头拿在手中，在筛子下面放一些谷物，待麻雀钻到筛子底下吃食物时，猛地拉一下绳子，麻雀就被扣在筛子里面了，再想法把麻雀捉住。

十　狼吃娃

狼吃娃是一种棋类游戏。

用树枝在地上划六条横线、五条纵线组成棋盘。一方为"狼"，一方为"娃"，相互对立。最顶端放置三只"狼"，一般占据1、3、5的位置。最下边的位置放三排"娃"。

游戏规则：（1）"狼"先走。所谓"'狼'动弹，'娃'叫唤"；（2）一方一步，一次一格，左右均可；（3）"狼"的前后左右若有"娃""娃"的后方若是空格，则"狼"可越过"娃"的头顶，将"娃"吃掉，轮"娃"方走；（4）若"狼"将"娃"吃得围不住"狼"时，则"娃"方失败；若"娃"方将"狼"方围困住，"狼"方不得动弹，则"狼"方失败。

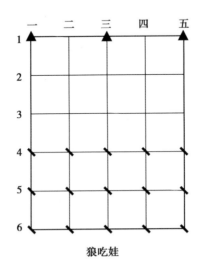

狼吃娃

十一　四桄顶

四桄顶也是一种棋类游戏，因过去常用树枝（另一方用小石子、小土块均可，以示区别即可）做棋子，因此，民间叫"四桄顶"。

玩四桄顶

　　玩法：在地上划纵横各四道线，双方各执自己的"棋子"下在交叉点上，一方一步，不管纵横，只要后下的一方两个"棋子"正对着对方的一个或两个"棋子"，就要将对方揩掉，轮对方下，直到将对方的"棋子"吃得剩下一个为止。这里还有一个特殊的规定，若一方连续三个"棋子"，则后下者可以将对方的三个"棋子"一并揩掉。

十二　抓羊

　　这个游戏源于老鹰抓羊，是一种锻炼女孩子心脑手配合的一种游戏。过去经常是女孩子将小瓦片磨成不到一厘米大小的球状或找些小石子放到地上，少的一个到两三个，多时可达七八个，最多十几个，手里拿一个先抛到空中，然后将地下的石子抓到手里再将抛到空中的石子抓住，地上的石子抓得多的获胜。玩时，也可将抓到的石子先放到另一只手里，再去接抛在空中的那颗石子，这样抓得比较多，需要较高的技巧。

十三　翻交（翻红绳）

　　翻交是一种两人或多人游戏，有的地方也叫翻红绳，因常用红色的线绳或毛线绳做道具，故得名。就是取细绳子若干，两端连在一起，用自己的几个手指头撑起来变换若干几何图形，变的花样越多越好。

十四　打嘚

　　塬上人叫打嘚，渭北人叫打猴，全国大多数地区叫打陀螺。塬上人叫打嘚，是取其击打时所发出的声音。

　　嘚一般用洋槐木、枣木等硬杂木料制作而成。取直径约 5 厘米左右的硬杂圆木，用斧头将一端削尖，再用锯子将其锯成高约七八厘米的下锥上柱形状即可。找一长约六七十厘米的小木棍，一端绑上粗线绳子做成鞭子。玩吋，先将鞭子上的线绳子在嘚的上部缠几圈，一手执鞭，一手拿嘚，放于地面，猛然抽动鞭子，使嘚立起并快速旋转，待嘚速度降下来后，再用鞭子抽打，以维持嘚长时间的转动。

　　有的人在制作嘚时将两头削尖呈芦锤状。

十五　细狗撵兔

　　细狗撵兔是陕西关中地区一项历史悠久的民间竞技活动，已有很长的历史了。《史记·李斯列传》就有"牵黄犬俱出上蔡东门逐狡兔"的记载。到了唐代，皇室狩猎娱乐活动流传至关中民间，产生出细狗撵兔这一民间竞技习俗，主要在元宵节、端午节、腊八节前后进行，细狗撵兔至今还流行于陕西关中一带，临渭区也是流行地区之一。

2009 年，渭南的"细狗撵兔"已成功申报陕西省非物质文化遗产保护项目。

临渭区的细狗撵兔传统、方法、竞赛规则和周围其他县市区基本相同。

细狗撵兔

第九章

地方语言民俗

人们常说，"一方水土养一方人"，而方言也一样，"一方方言反映一方文化"。渭南市临渭区位于陕西省关中平原东部，此地的方言属中原官话关中片区，反映了关中人的文化特质和心理素质。关中人无论走到什么地方，只要彼此说话中带一句地方方言，大家便心照不宣，情感立即沟通，其作用并非一般的普通话所能完全取代的。因为它不仅是存活至今的陕西关中地区的通用语言，而且还因为关中地区曾作为中国古代 13 个王朝，特别是周、秦、汉、唐各朝的建都之地，具有特别意义。

关中方言和关中这块古老的土地一样，经历了漫长的历史和无数次的辉煌，关中话在中国历史上很多时期是全国语言的主宰。关中方言有 3000 多年的历史。普遍认为，自建都陕西的西周开始，关中方言就被称为"雅言"。到了秦代，秦始皇吞六国，平天下，统一全国后，一致了包括文字在内的很多东西。汉代的大一统和民族大融合更促使了关中话的发展。唐代到达鼎盛，上至皇帝、妃子、大臣，下到黎民百姓、国外使节，均说关中话。总的说来，关中话大体经历了周代"雅言"、汉代"秦话"、魏晋"关西语"、唐宋"关中语"、明清"关中话"五个阶段然后形成了现代的关中方言。作为历史上全国的政治、经济、文化中心，关中方言同繁荣的中华文化、诸家经典有着千丝万缕的联系。方言的词语、音韵，孕育了许多辉煌的文化典籍，是民族文化兴旺发达的重要源泉。其方言中保留了大量的古代文言词、文言句式和古音，是周秦汉唐文化长期积聚沉淀的产物。可以说，关中方言是汉语的活化石，是研究汉语史的宝贵财富。

第一节　民间俗语

一　四字格俗语

四字格俗语是临渭区方言中富有表现力、地方味很浓的一种表达格式，在渭南方言中占有很大的比例，是方言词汇中不可忽视的一种语言现象，如"可里马嚓""圆圪嘟嘟""瓷麻咕咚""利汤寡水"等。这些词语最大的特点是口语性和通俗性。它生存的空间是人民大众的口头，是靠口耳相传的，很少有正规的书籍予以记载，也就较少受到正规的书面语的规范和影响，因此表现出很多独有的特征：通俗、灵活，读起来上口，无须刻意学习就能记忆。这些词语在一定程度上反映了汉语的构词特点，具有浓郁的地方文化色彩。

临渭区方言中的四字格俗语有以下几个显著的特点：

（一）个性化的词缀

临渭区方言中的四字格俗语和普通话中合成词的构词类型基本相同，有复合式、附加式、重叠式三种，但后两种类型在渭南方言中占的比例很大，而且结构形式独具特色。

附加式由词根和词缀构成。普通话词汇中的附加式主要有前缀和后缀两种，中缀很少。而在临渭区方言的四字格俗语中，前缀数量较少，主要是中缀和后缀。

中缀常见的有"里""不""圪"三种，具体格式有"A 里 BC""A 不 BB""A 圪 BB"。如：

A 里 BC	A 不 BB	A 圪 BB
可里马嚓	棉不腾腾	干圪巴巴
圪里拐弯	黏不兮兮	绿圪英英
毛里杂碎	蹺不登登	齐圪簇簇
稀里哗啦	软不塌塌	软圪笼笼
杂里哇嘞	热不烘烘	硬圪铮铮
吱里哇啦	甜不唧唧	圆圪嘟嘟

后缀常见的有"棱登""赖害""麻咕咚""咕隆咚""刺刺""兮兮""四兮""麻失确"，如：

词缀	例词
棱登	瓷不棱登、二不棱登、红不棱登、花不棱登、蹠不棱登
赖害	普稀赖害、瓜不赖害、松稀赖害、稀不赖害、奴不赖害
麻咕咚	瓷麻咕咚、黑麻咕咚、乱麻咕咚、黏麻咕咚、油麻咕咚
咕隆咚	黑咕隆咚、泥咕隆咚、软咕隆咚、稀咕隆咚、稠咕隆咚
刺刺	红不刺刺、水不刺刺、甜不刺刺、松不刺刺、稀不刺刺
兮兮	黏不兮兮、奴不兮兮、瓜不兮兮、可怜兮兮
四兮	扁塌四兮、黏麻四兮、奴麻四兮、肿胖四兮
麻失确	干麻失确、奴麻失确、土麻失确

这些复音词缀在普通话中很少见，有以下几个明显的特点：

1. 用于单音节形容词之后，描绘人或物的某种状态。如"瓷不棱登""黑麻咕咚"等。

2. 使形容词带上程度意义，因此，前边不能再受"很""非常""特别"等程度副词的修饰。

3. 多为贬义，表示厌恶、不喜欢。形容词加上这些词缀后主要用于对某些人和事的消极描写，大多表示对人的侮辱、蔑视或者幽默、挖苦、讽刺，如"二不棱登""瓷不棱登""瓜不赖害"等。

4. 虽然没有明显的词汇意义，但有些词缀还残留一点附加意义，如中缀"不"大多表示"不喜欢、厌恶"之义。

（二）叠音成分多

叠音主要表现为两种，一种是叠音词缀，一种是重叠式合成词。

叠音词缀常见的有"腾腾"（慢不腾腾、棉不腾腾、蹠不腾腾、雾不腾腾）、"刺刺"（绿不刺刺、黏不刺刺、水不刺刺、白不刺刺）、"兮兮"（黏不兮兮、奴不兮兮、二不兮兮、瓜不兮兮）、"唧唧"（甜不唧唧、酸不唧唧、软不唧唧）、"巴巴"（干圪巴巴）、"铮铮"（硬圪铮铮）、"嘟嘟"（圆圪嘟嘟）等。这些叠音词缀主要用于单音节形容词之后，起一种摹状绘色的作用，多形容事物的性质、色泽、容貌、状态等，前边再加上一个"不"或"圪"，凑足四音节，增加节奏感，读起来朗朗上口。

重叠式合成词在临渭区方言的四字格俗语中比较多，常见的格式有：

1. AABB式，这类词主要是形容词，如：

般般数数　刺刺拉拉　刺刺畏畏　挡挡瓜瓜　癫癫懂懂　豁豁牙牙

迷迷瞪瞪　暮暮囊囊　扭扭捏捏　碰碰瓜瓜　松松垮垮　洋洋昏昏　急急火火

2. ABAB 式，这种格式有动词和形容词两种。

动词：拾掇拾掇　试伙试伙　称（chen）端称端

形容词：黑瘦黑瘦　白胖白胖　细长细长　酸臭酸臭　黑亮黑亮　黑红黑红

3. A 里 AB 式，如：咳里咳呆　灵里灵醒　流里流气　麻里麻达　黏里黏兮　消里消停

（三）音节匀称，和谐悦耳

四个音节的语音段落在音节和语义结构方面构成对称，整齐和谐，节奏感强，读起来铿锵有力，是人们喜闻乐见的一种语言格式。我国最早的诗集《诗经》就多为四言，童蒙读物《千字文》《百家姓》也是四言。方言大量使用四字格俗语也符合汉民族在表达方面喜欢和谐对称的特点。

在人们的口语中，总是采用各种方法，求得音节的整齐匀称。从临渭区方言四字格俗语的结构可以看出，很多词缀和叠音的使用，往往是为了凑足音节，读起来顺口，听起来悦耳。单音节、双音节、三音节，在人们的口语中稍加变化，就成了具有均衡之美、便于记忆的四音节。方言中凑足四音节常用的方法有：

1. 加词缀使单音节变成四音节，如：

瓷（笨）——瓷不棱登、瓷麻咕咚

干——干圪巴巴、干麻失确

瓜（傻）——瓜不兮兮、瓜瓜不兮、瓜不赖害

黑——黑咕隆咚、黑咕咚咚、黑麻咕咚

慢——慢不腾腾

棉——棉不腾腾

2. 重叠使双音节变成四音节，如：

挡瓜（阻挡）——挡挡瓜瓜

暮囊（慢）——暮暮囊囊

迷瞪——迷迷瞪瞪

扭捏——扭扭捏捏

麻达（麻烦）——麻里麻达

灵醒（聪明）——灵里灵醒

3. 改变结构或增加同义语素使单音节、双音节、三音节变成四音节，如：

吹——胡吹冒撂

缩头——就头爽脑

窟窿——窟窿眼睛

死狗——死狗烂娃

寻死——寻死害活

瞪眼——裂眉瞪眼

怪眉眼——怪眉失眼

贼眉眼——贼眉失眼

五六月——五黄六月

（四）反映了本地区的民风民俗

渭南地区流传着这样几句顺口溜："刁蒲城，野渭南，不讲理的大荔县。"虽然各地人站在不同的角度对这句话有不同的解释，但我们从中可以看出，渭南民风中最典型的特点就是"野"。这里的"野"不能简单地理解为"野蛮"，其中隐含着渭南人率真、淳朴、粗犷的个性特点。

俗语负载着比一般的词语更为丰富的文化内容，折射着生动的人文世界，表达了深刻的处世哲理，并直接地反映了世态人心。渭南方言中的四字俗语以其丰富的内容、独特的形式直观地映射出本地区人们的个性特点。渭南以农业经济为主，农民人口占90%以上，这种人口结构就决定了本地民风淳朴、粗犷，他们毫不掩饰自己的感情态度，对待自己不喜欢、看不惯的人和事，就用在某些形容词后加词缀或重叠的方式，强化感情，极力挖苦、讽刺甚至侮辱，表明自己鲜明的感情态度，如"你看他瓜不棱登的样子，什么都不懂""屋子里乱麻咕咚的，简直没法住人""你看你舞舞咧咧（行动轻浮，向人炫耀）的，好像你能上天"；对待自己喜欢的事物或现象，尽情地夸张，喜悦之情溢于言表，如"这被褥摸着棉不腾腾的，真舒服""她穿得姿干棱峥（整洁精干的样子），干活也很麻利""孩子的脸蛋圆圪嘟嘟的，真好看"。总之，透过这些四字俗语，人们能感受到渭南人民鲜明的爱憎之情。

正因为人们对四音节的偏爱，使这些俗语在临渭区方言中数量不断扩大，能产性强，成为本地方言词汇中独具魅力的一部分。下面是我们收集的临渭区四字格俗语。因为时间仓促，收集的数量可能有限，希望能为临渭区方言俗语的研究提供第一手资料。

临渭方言四字格俗语集锦

说明：

1. 词语的顺序按音序法排列。

2. 例句中重复出现前面的词语时，用"～"符号代替。

白不确确：颜色发白。例：她的脸色～，好像有病。

般般数数：不必要的讲究。例：你～准备这么多的东西。也指爱叙说琐碎小事。例：她～说个不停。

扁塌四分：扁形。例：你蒸的馍～，难看死了。

冰锅冷灶：寂寞冷落。例：家里～的，平常很少有人来。

不言答传：做事不声张，不言语。例：这娃平时～，是个乖娃。

长天吊日：白天长（指夏季）。例：现在～，能多干些活。

稠咕隆咚：很稠的样子。例：今天的饭～，不好吃。

出出溜精：行动不光明正大。例：他这人～的，一点都不招人喜欢。

疵牙害口：想说又不好说出口的样子。例：他见了人～，连几句话都不敢说。

瓷不棱登：反应迟钝。例：你看你～的样子。

瓷麻咕咚：同上。例：他见了人～的，都不知道问呼一声。

刺刺拉拉：上面有刺，不光滑。例：你拿这东西～，小心把人戳了。

刺刺畏畏：行动缓慢或做事不果断。例：你快点，别～了。

挡挡瓜瓜：受到阻碍，行走不畅。例：你把这东西拿开，放到门口～的。

癫癫懂懂：指年长而思维不清。例：人老了，做事～的。

吊吊不兮：半吊子，愣头愣脑得什么也不怕。例：这娃～的，谁他都敢打。

吊儿郎当：自由散漫，不守纪律。例：他平时～，不遵守纪律。

耳不挂色：不听话，毫不重视的态度。例：你再骂他，他～心不跳。

二不棱登：反应迟钝，或者一副愣头愣脑的模样。例：你看他～的样子，说话没有分寸。

二不兮兮：同上。例：你～的，啥话都敢说。

二木沟子：脑子不健全或爱忘事的人。例：我现在成了～了，前边说的话后边就忘了。

嘎达码兮：杂乱。例：屋子里～一大堆。

干帮硬正：自信，认为没有漏洞或差错。例：你没有拿出证据，他～的，不承认。

干圪巴巴：干燥，有时指又干又硬。例：这馍～的，咬不动。

干麻失确：干巴巴的样子。例：你的脸～的，快去擦点油。

疙瘩乱垂：零碎的东西很多。例：你～拿这么多东西。

圪里拐弯：弯曲。例：这根木头～的，没汰用。

隔三岔五：三天两头，经常。例：他～到我家米。

瓜不赖害：傻里傻气的样子。例：你看他～的样子，真好玩。

瓜不兮兮：同上。例：你看你～的样子，就知道笑。

瓜瓜不兮：同上。例：这孩子～的，别跟他玩。

瓜眉失眼：多讽刺那些智力低下、说话做事异想天开的人。例：他站在那儿，～的，一看都不灵醒。

瓜模奋象：傻模傻样。例：这女子长得～的，倒挺有福气。

怪眉失眼：难看或奇怪的样子。例：这娃长得～的，难看死了。

光杆连稀：形容家里很穷，没有什么摆设。例：他家～的，什么都没有。

滚骨碌圆：圆滚滚的样子。例：那猪吃得～。

咳里咳呆：累得精疲力尽。例：这几天活太多，已经做得～了。

黑咕洞洞：光线很暗。例：～的，你咋不点灯。

黑咕隆咚：同上。例：屋子里～的，啥也看不见。

黑呼满呆：什么都不知道。例：我进了门～，啥也不知道。

黑麻咕咚：光线暗或颜色深。例：你把脸抹得～的，快去洗洗。

黑漆半夜：夜很晚。例：你怎么～才回来。

黑瘦黑瘦：又黑又瘦。例：这人长得～

红不棱登：很红的样子。例：树上的柿子都熟了，～的，真好看。

猴年马月：指时间过得很慢，也指没有希望的意思。例：你～才能来呀。

胡吹冒撂：说大话，吹牛。例：他说话就爱～，别信他的。

胡球嘛哒：随便做。例：～做完算了，那么细心干吗？

花不棱登：很花哨的样子。例：她穿得~的，像个新媳妇。

黄不剌剌：黄色（带有贬义）。例：这饭~的，一看都不想吃。

豁豁牙牙：不整齐，有缺口的样子。例：你把纸裁得~的，一点都不齐。

急急火火：着急。例：你~地去干啥呀？

挤眉弄眼：使眼色。例：你看他那~的样子，想哄谁呢！

紧圪绷绷：绷得很紧。例：衣服太小了，穿上去~的。

就头爽脑：不大胆，畏缩。例：见了生人大方些，不要~的

可里马嚓：快。例：你~些，不要叫大家等你。

可木可楔：恰好合适，没有一点余地。例：衣服穿上~，再小一点就不行了。

窟窿眼睛：有很多小洞。例：衣服烧得到处都是~。

冷圪森森：（天气）冷。例：屋子里~的，让人直打颤。

利汤寡水：饭菜的汤和料没有很好地混合。例：今天的饭~的，不好吃。

列眉瞪眼：很凶的样子。例：你~的样子，把人能吓死。

灵里灵醒：聪明。例：~的娃，怎么净干傻事。

零三八四：零零星星。例：村里~地住了几个人。

流里流气：二流子。例：你看他~的样子，一看就不是好人。

乱麻咕咚：非常凌乱的样子。例：你把屋子摆得~的，人都没地方下脚。

绿不剌剌：绿色（带有贬义）。例：这衣服~的，不好看。

绿圪英英：形容禾苗旺盛。例：满地里庄稼~的，看着很舒服。

麻里麻达：麻烦。例：~地做了这么多好吃的。

慢不腾腾：很慢的样子。例：你看你~的样子。

毛里杂碎：凌乱。例：你拿来的豆子~的，什么都有。

迷迷瞪瞪：迷迷糊糊。例：我~地睡着了。

棉不腾腾：很柔软。例：这被子摸上去~的，真舒服。

明剌朗仓：很明亮。例：这不锈钢锅~的。

谋儿财呼：非分的企图与打算。例：他看见别人的东西，心里老是~的。

暮暮曩曩：行动缓慢。例：你快一点，~的到啥时候才能做完。

泥咕隆咚：沾满了泥巴，很脏的样子。例：你看你娃脸上抹得~。

黏不剌剌：形容东西很黏。例：这糖吃了~的。

黏不兮兮：同上。例：饭~的，不好吃。

黏里黏稀：形容东西很黏，有时也指人的思维缺乏逻辑。例：你看你~的样子。

黏麻咕咚：同上。例：你说的话~的，我就没听懂。

黏麻四兮：同上。例：你~的样子，我们跟你没法说。

蹑不棱登（蹑不腾腾、蹑不登登）：不爱说话或不爱动。例：这娃今天~的，半天不说一句话。

扭扭捏捏：不好意思的样子。例：你见了人大方一点，别~的。

奴不兮兮：很脏。例：你看你的衣服~的。

奴麻咕咚：同上。例：屋子里~的，赶快收拾干净吧！

奴麻失确：同上。例：桌子上~的，好久没打扫了。

奴麻四兮：同上。例：你看你脸上~的样子，快去洗一洗吧！

碰碰瓜瓜：视力不好或能见度低导致走路不稳，或地方狭窄到处碰撞。例：把旁边的东西拿开，要不走路~的。

皮皮活活：物体的外表和内里脱离。例：这衣服穿着~的。

普稀赖害：不整洁，不利落。例：你看你~的样子。

齐咯簇簇：整齐。例：麦苗出得~的。

浅门失户：庄基短浅，易看到后边。例：这院子~的。

清汤寡水：形容饭菜汤多料少，没有油水。例：饭~的，吃了不耐饥。

取不离手：脱不了干系。例：这件事情你也~。

热不烘烘：（天气）热。例：屋子里~的，快把外套脱了。

软不塌塌：很软（贬义）。例：这西红柿怎么~，可能放的时间太长了。

软圪笼笼：同上。例：这东西~的，拿不到手里。

三天两头：经常。例：他~往城里跑，不知道要买多少东西。

上房揭瓦：胆子大，什么都敢做。例：三天不打，~。

生撑冷倔：简单急躁，爱发脾气。例：他这人脾气不好，~的。

生家生事：情况不熟。例：到了那里~的，不知道问谁呀。

失急慌忙：慌张忙迫。例：你~地跑来，有啥急事呢？

术毛烂怪：不踏实、好表现，行动诡秘，不好琢磨。例：这娃~的，一点都不诚实。

水不刺刺：含水量太大。例：这红苕~的，不好吃。

死狗烂娃：无赖之徒，不讲理的人。例：那人是个~，你千万别借给他钱。

松不刺刺：不坚固，不紧凑。例：这水泥墙质量不好，~的，手一戳都掉渣。

松松垮垮：物体不坚固，不紧凑。也指人懒散、松懈、不紧张。例：学习这么紧张，你怎么还~的。

松稀赖害：松散。例：你绑的鞋带~的，没走两步就开了。

淘气挖嗓：惹人生气。例：你整天在家~，还不如出去别回来。

踢里倒腾：指乱翻东西（器具）的声音。例：你在家~干啥哩，把人家吵得睡不着。

甜不刺刺：味道太甜或太淡。例：这菜盐放少了，~的不好吃。

甜不唧唧：同上。例：我就不爱吃糖，~的。

挖脓不唧：与泥水之类的东西接触，显得脏兮兮的样子。例：这东西~的，别动它。

呜里呜啦：哑巴说话的情状。例：你~了半天，我一句也听不懂。

五黄六月：指农历五月、六月间天气炎热的时候。例：嵌梆梆（啄木鸟）死到~——嘴硬的梆梆。

五麻六道：乱七八糟。例：白白的墙让你抹得~。

舞舞咧咧：行动轻浮，向人炫耀。例：儿子考上了大学，他整天~的。

雾不腾腾：形容雾气大，看不清楚。例：外面~得看不清楚。

细长细长：又细又长。例：她擀的面条~。

消里消停：不紧不慢。例：你~的，别着急。

寻死害活：以死来示威，吓唬人。例：跟别人吵架了，她整天~的。

眼泪吧擦：伤心流泪。例：一说到死去的父亲，她就~的。

洋洋昏昏：头脑不清楚，不明白。例：我这几天~的，总是丢三落四。

喈喈落落：哭声拉得很长。例：她~哭个没完。

一时三刻：短时间内。例：我~也做不完。

硬咯铮铮：很硬。例：这鞋底~的，穿上肯定结实。

油麻咕咚：到处都是油渍。例：这衣服~的，要好好洗洗。

有多没少：很多。例：他养成了乱花钱的坏习惯，~的钱他都能花完。

圆圪嘟嘟：饱满圆润。例：这娃脸长得~的，真好看。

圆骨辘辘：形容体格结实健壮。例：这人身体~的，看起来很结实。

杂里哇唰：形容东西不光滑或人爱说话，不安静。例：①枣吃到嘴里~的。②这孩子不管到哪儿都~的，一点都不乖。

杂里杂哇：爱说话，不安静。例：你看你~的样子，一点都不安静。

栽跌爬步：慌慌张张，快要跌倒的样子。例：孩子走路不稳，~的。

仄棱半坡：不稳当，也形容人办事不稳重。例：这娃~的，靠不住。

贼眉贼眼：鬼鬼祟祟的样子。例：你看你~的样子，不偷人都像个贼。

争色欠火：头脑不健全。例：这人~。

睁眉豁眼：气势汹汹。例：你~的，吓死人了。

吱里哇啦：纷乱无序的叫喊声。例：会场里~乱喊叫，秩序乱极了。

肿胖四兮：很胖的样子。例：看她~的样子，真难看。

姿干棱峥：整洁精干的样子。例：看她穿得~的，好像要出门。

二　谚语

说明：

1. 先按意义将其分为三类，每类再按音序法排列。

2. 有些难以理解的在后面的括号里释义。

（一）天文、地理、时令、农事类

白露种高山，秋分种平川。

饱不加鞭，饥不急喂。

不怕伏里旱苗，单怕秋里旱籽。

杈头带火，锄头带水（多翻场麦子干得快，多锄地可以保墒）。

长虫（蛇）过道，大雨来到。

吃了冬至饭，天气长一线；过了五豆（五豆节），长一斧头（碌碡）；过了腊八，长一杈把；过了年，长一椽；过了（正月）十五，一下长的没暮。

　　重阳不下看十三，十三不下一冬干。

　　初冬一场白树架，捞饭白馍憋死娃。

　　初四不见月（月亮），暮囊半个月。

　　初一晴，百事成。

　　除虫没有巧，只有动手早。

　　（苞谷）处暑不出头，割了喂老牛。

　　锄到的谷子，打卡到的棉花。

　　寸草铡三刀，无料也上膘。

　　打马菩挈牛。

　　东虹日头西虹雨，南虹呼噜下白雨。

　　东晴西暗，等不得端碗（就下雨）。

　　冬到寒食一百五（150天），收麦还得六十天。

　　冬耕深一寸，春天省堆粪。

　　冬季积堆草，春来就是宝。

　　冬季栽树树做梦，春季栽树树换性。

　　冬上金，腊上银，正月上粪净哄人。

　　冬天麦盖一层被，来年丰收没怀疑。

　　冬走十里不明（夜长），夏走十里不黑（昼长）。

　　二月耙麦，一场小雨。

　　伏里深耕田，赛过水浇园。

　　干锄浅，湿锄深。

　　隔山不算远，隔河不算近。

　　狗洗脸，猫吃草，不到三天雨就到。

　　谷雨前，不种棉。

　　过了惊蛰节，犁地不用歇。

　　过了小暑，不种糜子稻秫。

　　黑云接爷，等不到半夜（傍晚黑云接太阳，等不到半夜就要下雨）。

　　呼噜大，白雨小，雷雨不过道。

　　花锄三遍，桃子好像鸡蛋。

　　花见瓜，四十八（天）。

　　惊蛰刮一股，倒冷四十五。

惊蛰晴，百样成。

九九八十一，穷汉顺墙立；虽然不害冷，肚里可害饥。

九月韭，佛开口（形容九月的韭菜味道鲜美）。

九月雷鸣，庄稼受穷。

九月响雷大旱一百八十天。

立秋不见耙，误了来年夏。

立秋犁地不带耱，不如吃了在屋坐。

立秋五寸高，穑穄都收了。

立秋一十八日寸草生籽。

立夏不下（雨），犁耙高挂。

六月韭，驴不瞅。

六月立秋秋不收，七月立秋好收秋。

六月六日不下雨，野兔黄鼠跑满地。

蚂蚁垒窝，大雨滂沱。

麦黄谷黄，秀女下床。

麦黄看芒，豆黄看荚（角）。

麦上囤，谷上仓，豌豆捎在肩膀上。

麦收八（八月）十（十月）三（三月）场雨。

麦熟八成收十成，麦熟十成收八成。

麦熟-吋，茧老一刹。

麦要种成，谷要锄成。

麦种不选，产量对半。

穄子地里卧老牛（穄子宜稀不宜稠）。

棉花好，三件宝，肥足、除虫、多除草。

南山戴帽，伙计睡觉（南山有厚云层就会下雨，所以伙计就不用下地干活了）。

牛要满饱，马要夜草。

浓霜树架，白馍埋娃。

耙耱不早，浮墒难保。

七阴八下九不晴，十日下得太阳红。

荞怕胡基，麻怕柴，扁豆睡的石板床。

清明麦地藏老鸹。

清早立了秋，晌午凉飕飕。

秋锄一寸，强似上粪。

秋耕深，春耕浅，旱涝不用管。

秋种黄墒麦种泥。

热生风冷生雨，久旱必定有久雨。

人的衣服常换，地的庄稼勤倒茬。

人哄地一时，地哄人一年。

人怕胎里穷，秋怕小苗荒。

日出胭脂红，不雨便生风。

闰年闰月不种花（棉花），丢上埴地种芝麻。

若要猪牛不生病，做到窝干食草净。

三伏不热，五谷不结。

三九三，冻破砖。

三九四九，冻了锅里的米粥。

湿锄糜子干锄谷，露水地里锄芝麻。

收秋不收秋，先看五月二十六，五月二十六滴一点，耀州城里买大碗。

树不修，果不收。

霜前暖，雪后寒。

水草喂到，胜似吃料。

四六不开天，开天晴半天。

桃三杏四梨五年，枣树栽下当年见。

天黄有风，人黄有病。

瓦格云，淋死人；扫帚云，晒死人。

瓮根石头潮，雨水不久到。

五九半，冰消散。

五九尾，六九头，立春就在人前头。

五月十三不下（雨），犁耙耩子高挂。

五月小，河边少栽稻。

西风不过午，过午连夜吼。

下雪不冷消雪冷。

夏季少除一窝草，秋季半天锄不了。

小麦不离八月土。

星星眨眼，阴雨不断。

烟扑地，有潮气。

淹不死的白菜，旱不死的葱。

盐罐还潮，大雨难逃。

燕低兆雨，燕高兆晴。

羊马年，广收田，怕的鸡猴饿狗年。

养猪养羊，本少利长。

要收花（棉花），旱五八。

要知来年闰，冬至数月尽。

一芒（麦芒）两芒，四十天上场（麦子吐穗后大约四十天就可以收割了）。

一日南风三日暖，一场秋雨一场寒。

一日西风三日暖，三日东风冻破脸。

有料没料，四角搅到。

有钱难买五月旱，六月连阴吃饱饭。

月儿背弓，必定刮风；月儿背圈，水到河滩。

云打架，雨下大。

云向西，水滴滴；云向东，一场风；云向南，冲破潭；云向北，晒干糜子晒干麦。

早看东南，晚看西北。

早上日头辣，傍晚有雨下。

早烧（霞）不出门，晚烧晒死人。

枣芽发，种棉花。

（麦子）正月怕热，二月怕冷，三月怕霜，四月怕风，五月怕雨。

正月响雷墓谷堆，三月响雷麦谷堆。

芝麻瓜，怕重茬。

中伏萝卜末伏芥，秋后再种蔓菁菜。

中秋下一星，正月十五雪打灯。

种树十年，强似种田。

庄稼要吃饭，立夏十日旱。

（二）修身养性、日常生活类

八十老，门前转，各人都为两碗饭。

八十老，向的小。

拉屎逮虱，一借两得。

白日游四方，黑来熬油补裤裆。

拜佛烧香，不如在家孝爹娘。

甭信神，甭信鬼，多做善事少吃亏。

补漏趁天晴，读书趁年轻。

不懂装懂，永世饭桶。

不读一家书，不知一家礼。

不怕慢，单怕站。

不说过头话，不做过头事。

不走的路也要走三回。

插一斜，近半截。

成材的树不用扩（修剪）。

吃饱穿暖，闲事不管。

吃饱拉净，点点不剩。

吃得多，拉得多，上到地里打得多。

吃饭穿衣亮家当。

吃饭照影影，睡觉看星星。

吃亏是福，人人都不；贪利是害，人人都爱。

吃了个包子放了个屁，权当没到肚里去。

（正月）初二初三，女婿外甥当先。

葱辣鼻子蒜辣心，只有辣子辣得深，先辣嘴唇子，后辣尻门子。

从小卖蒸馍，啥事都经过。

从来世事都不齐，人骑骏马我骑驴；回头再看推车汉，比上不足下有余。

大（爹）妈心在儿女身上，儿女心在石头身上。

打到的媳妇揉到的面。

打了骂了还来哩，亏了心了誓死不来往。

打着亲，骂着爱，不打不骂划得外。

戴手表的爱呼口号，穿皮鞋的爱过街道，补金牙的爱笑，留洋楼

（一种发型）的不爱戴帽。

石（dan）八（一石八）命，收入两石就害病。

当妈的在屋做饭哩，媳妇抱娃胡转哩。

得宜不可再往（占了便宜后不能再去了）。

低借高还，再借不难。

冬至黄昏年半夜（给祖先烧纸钱的时间）。

多行善事有好报，多做恶事天不容。

伐倒的树不卖了，拆倒的房不要了。

房是招牌地是累，攒上银钱是催命鬼。

风不刮，树不摇，老鼠不咬空空瓢。

夫妻同床睡，人心隔肚皮。

富是穷之怨也。

割草不离苜蓿地，拾柴不离麦秸积。

跟上好人学好人，跟上巫婆学拜神。

狗不嫌家贫，儿不嫌母丑。

狗离不了吃屎。

过了这个村没有那个店（比喻机会难得）。

好厨子一把盐。

红屁眼绿怪，见啥都爱。

哄死人不偿命。

话说三遍没味气，屁放三遍没臭气。

会说的想着说，不会说的抢着说。

活着孝顺（老人）吃一口，胜过死后献一斗。

积福行善没一个，杀人放火儿女多。

家和不宜分，家不和宜早分。

家家都有一本难念的经。

家有千斤丝，邻居一杆秤。

家有贤妻，丈夫不遭横祸。

嫁给坐官的当娘子，嫁给杀猪的翻肠子。

嫁鸡随鸡，嫁狗随狗，嫁个猴子满山走。

交友靠真心，戒烟靠恒心。

交一个朋友多一条路，得罪一个人多一堵墙。

脚心咬（痒），手心挠，亲人就在路上跑。

金窟窿，银窟窿，不胜咱的穷窟窿。

酒肉的朋友，米面的夫妻。

酒色财气四堵墙，人人都在内边藏，谁能跳出墙儿外，不是神仙便是王。

君子命穷不怨天，小人贫困心生奸。

君子之交淡如水，小人之交黏如漆。

看贼吃饭，夒看贼挨打。

口是杀场舌是刀，心是狼虎未长毛（形容恶人）。

来讲是非者，必是是非人。

浪子收心，换来黄金。

老虎不吃人，恶名在外。

老鼠眼，看不远。

龙生一子定乾坤，猪生一窝拱墙根。

路是走出来的，事是闯出来的。

萝卜快了不洗泥。

麻糜子婆娘走扇子门，风吹帽子气死人。

麻鸦雀，尾巴长，娶了媳妇忘了娘。

马不吃夜草不肥，人不得横财不发。

马槽里没马了，拿驴充数哩。

马瘦毛长肋子短，穷人常把富人舔（巴结）。

骂人不揭短，打人不挖（抓）脸。

满瓶子不响，半瓶子咕撞。

满堂儿女，不如半世夫妻。

面揉千把，白如雪花。

馍糊煮馍，香死他婆

馍馍不熟气不匀（比喻做事不公道）。

木匠住的棍棍房，医生守个病婆娘，阴阳家里鬼上墙。

男人是个耙耙，女人是个匣匣，不怕耙耙没齿，就怕匣匣没底。

年好过，月好过，日子难过。

宁吃鲜桃一口，不吃烂杏一筐。

宁和清白（明白）人讲，不和糊涂人嚷。

宁叫挣死牛，莫叫打瓜住车。

宁可憋出病，不在人前扫了兴。

宁娶大家（大家族）奴，不娶小家女。

宁生浪子一脚踢，不生窝囊被人欺。

女大不中留，留得久了结怨仇。

盼邻居养条大牛，不盼邻居出一个官。

便宜没好货，好货不便宜。

妻贤夫祸少，子孝父心宽。

前檐水不从后檐流，滴滴入旧沟。

钱是人身上的垢圿。

强龙不压地头蛇。

强贼害怕弱主。

亲戚不交财，交财两不来。

穷到街头无人问，富到深山有远亲。

朋友要好勤算账，亲戚要好远离乡，邻家要好高打墙。

穷不与富斗，富不与势斗，势不与懒斗。

穷了给一口，强如富了给一斗。

穷要志气富要德。

人不可一日无事。

人吃地一世，地吃人一口。

人过四十，日到未时。

人狂没好事，狗狂挨砖头。

人没理了胡说里，驴没劲了胡曳哩。

人没尾巴比驴难认。

人怕输理，狗怕夹尾。

人情薄如纸，官情比纸薄。

人穷理短，树瘦根浅。

人善被人欺，马善被人骑。

人生向的碎（老小），临老受洋罪。

人无廉耻，无法可治；狗无廉耻，一棍打死。

人闲说媒，驴闲啃槽。

人闲长指甲，心闲长头发。

人硬伤钱，弓硬伤弦。

人有一亏，天有一补。

人予我一尺，我予人一丈。

忍一时之气，免百日之忧。

三句好话当钱使。

三年还等不到一个闰月（总会等到机会的）。

三人一条心，黄土变成金。

三天不打，上房揭瓦。

山高高不过脚面，水深深不过船沿。

善欲人知，不是真善；恶恐人晓，便是大恶。

少年受贫不要紧，老年受贫贫煞人。

身正不怕影子斜，佛正不怕香炉歪。

省下的就是挣下的。

虱多不咬，账多不愁。

受人一日恩，当以千日报。

树挪死，人挪活。

树怕伤根，人怕伤心。

树长天高，叶落归根。

顺筒子不利，斜筒子呼呼。

死猪不怕开水烫。

土地是刮金板，生意是水上漂，圪咋一声响，两手挂住（撑住）腰。

退一步天高地宽，进一步祸事难免。

为人不做亏心事，半夜敲门心不惊。

外行人说不了内行话。

文魁武魁，不如半斤锅盔。

我卖你嫑笑，你卖没人要。

稀泥抹光墙。

媳妇不中惯，伙计年年换。

媳妇多了怕（不想）做饭，伙计多了怕垫圈（牲口圈）。

媳妇好与瞎，一半看娘家。

小了不补，大了就得尺五。

笑一笑，十年少，嘻嘻哈哈人不老。

心里没冷病，不怕吃西瓜。

兄弟分家比钢硬。

养儿一百岁，操心九十九。

姚婆（后妈）打娃不心疼，黑来打，白天拧。

要饱家常饭，要暖家常衣，知热知冷自己的妻。

要打当面锣，莫敲背后鼓。

要知父母恩，怀中抱儿孙。

一处乡俗一个理，十里乡俗九不一。

一个槽里拴不下两个踢踢骡子。

一个好儿女能顶十个，十个赖儿女也顶不了一个。

一个老子能养十个儿，十个儿养不起一个老子。

一句好话三冬暖，恶言出唇六月寒。

一个小青蛙还能翻个啥浪。

一窍不得，少挣几百。

有理不打上门客。

有理的孙子问住爷。

有理走遍天下，无理寸步难行。

有钱难买回头看（免得落下东西）。

有钱人家过年哩，没钱人家过难哩。

遇事不惊不恐，见人不卑不亢。

远亲不如近邻，近邻不如对门。

扎脚夫妻情义重，半路夫妻不同心。

贼没赃，硬似钢。

知理不怪人，怪人不知理。

捉贼捉赃，捉奸捉双。

做事要用心，做人要用情。

做贼一辈子，落个穷棍子。

（三）勤俭、健身类

饱备粮，晴备伞，丰收还要备歉年。

不干不净，吃了没病。

吃不穷，穿不穷，划算不到一世穷。

吃啥饭喝啥汤，强似开药方。

春雨虽小湿衣裳，酒杯虽小败家当。

冬吃萝卜夏吃姜，不劳医师开药方。

酒多伤身，气大伤人。

面面土，贴膏药，不到三天就好了。

千补万补，不如食补。

勤勤俭俭粮满仓，大手大脚仓底光。

勤是摇钱树，俭是聚宝盆。

人勤地生宝，人懒地生草。

若要小孩保平安，常常三分饥与寒。

三勤加一懒，想懒不得懒；三懒加一勤，想勤不得勤。

说嘴大夫没好药。

剃头洗脚，强似吃药。

修得身子健，强如钱万串。

一勤遮百丑，身懒必受穷。

一勤生百巧，一懒生百病。

早起早睡，精神百倍。

指亲亲，靠邻邻，不如自家学勤勤。

三　歇后语

（一）谐音类

爆仗皮上写字哩——不是好纸（子）（坏人，骂人话，临渭方言中"纸"与"子"同音）

被窝里放屁——能闻（文）能捂（武）

鼻子上挂灯泡——闻（文）明

裱糊匠的妹子——要画（话）光有（只说话，不办事）

穿的靴子和泥哩——不捅（懂）

长虫缠到辘轳把上——把（爸）不缠你你缠把（爸）呢（我不惹你你找我事呢）

吃挂面不调盐——有盐（言）在先

瓷瓦子（瓦块）包饺子——难咽（言）

打灯笼往厕所里跑——寻屎（死）哩（临渭方言中"屎"与"死"同音）

大麦掉到乱麻里——芒（忙）无头绪

倒翻桌子抬娃——也是个轿（窍）（临渭方言中"轿"与"窍"同音）

电灯上点纸烟——其实不燃（然）

肚子里撑船—— 内航（行）

甘露寺的埋伏——假化（假话）

尻子（屁股）拴绳绳——拌（办）屁（胡说八道）

过河扯胡子——牵须（谦虚）过渡（过度）

皇上吹的玉石喇叭——君之所号（好）不同

皇上的茅坑——没咱的粪（份）

豁豁打口哨—— 呜（务）哩（炫耀）

火烧眉毛——只秃（图）眼前

搅屎的木棍——闻（文）不得的舞（武）不得

精（光）身子背猪肉——肉磨（辱没）人

精（光）身子穿袍子——转（赚）头大

扛的铁锨上坟哩——修（羞）先人（给先人丢脸）

空棺材出丧——木（目）中无人

涝池长草——荒塘（唐）

两个寡妇对面哭 ——为男（渭南）

六月戴手套——保手（守）

六月的萝卜——少窖（少教）

马背上钉掌——离蹄（题）太远

茅子（厕所）沿跌一跤——离屎（死）不远了

木匠拿了个没牙锯——寻地挨锉（戳）哩

脚尖上抹油 ——又尖（奸）又滑

纳鞋底不用锥子——针（真）好

脐带里头冒烟哩——腰（妖）气

腔子（胸部）挂笊篱——捞（劳）心过余

墙上挂口袋——不像画（话）

三尺高的梯子——搭不上檐（言）

上集不拿口袋——心存不量（良）

十文钱掉了一个——九文（久闻）

数九寒冬穿裙子——美丽冻（动）人

西瓜地里的梨瓜——瓜蛋（傻蛋）一个（临渭方言中"傻"与"瓜"同音）

瞎子拿毡——胡铺（扑）哩（比喻没有目标）

做梦吃西瓜——想甜（钱）了（临渭方言中"甜"与"钱"同音）

（二）喻意类

鹌鹑飞到供桌上——你和爷争嘴哩（跟我争着吃）

白菜熬豆腐——没油水

白菜豆腐汤——谁也没沾谁的油水

白萝卜调蒜——吃出没看出（比喻做事比较低调）

包公断案——铁面无私

披的被子上天哩——张得没领了（比喻太张狂）

背的老笼看戏——失眼占地方（比喻人没眼色）

背的石头上山哩——瞎出力

背着儿媳妇上华山——出力不讨好

鼻涕流到嘴里——各吃各哩（自己吃自己的）

茶壶里煮饺子——肚里有货倒不出来

场里的撒权——股股多

炒面捏娃娃——熟人

秤锤过河——不飘

吃了包子开面钱——混账

吃着甘蔗上楼梯——步步高来节节甜

大雨天打麦子——难收场

带的调料下井哩——味道深

单眼唱旦——瞎拧次（乱跑）

单眼法官断官司——对谁都是一眼相待

戴着草帽亲嘴哩——差得远

独眼龙相亲——一眼看中

额颅带镯子——抹不下脸

二八月的天气——忽冷忽热

二十一天不出鸡娃——坏蛋

二月的韭菜——头一茬

擀杖（擀面杖）吹火——一窍不通

格格核桃——砸着吃的东西

隔墙撖搋胡子（木偶）——丢人不知道高低

隔席抓蒸馍——手长（贬义，比喻那些喜欢用手动别人或拿别人东西的人）

狗吃牛粪——光图多

狗逮老鼠——多管闲事

狗戴帽子——人起来了（张狂起来了）

狗喝凉水——耍舌头（说得好听）

狗揭门帘——耍咀头（同上）

狗看星星——一片明（比喻看不懂）

狗咬石匠——寻的挨錾哩（找打）

瓜地里的庵子——搞料料（临时凑合）

瓜娃子进饭馆——给啥吃啥

光尻子睡凉炕——全凭火气旺

哈巴狗立在粪堆上——充大狗哩

饸饹床子——眼眼稠（心眼多）

和尚的帽子——平铺塌

猴子的屁股——坐不住

胡同里赶猪——直来直去

红萝卜敲磬——不是正经槌槌（坏人，骂人话）

红萝卜调辣子——吃出看不出（比喻做事低调）

花盆栽娃——务人哩（炫耀）

黄瓜打驴——争了半截（差了半截）

黄河撒尿——随大流

黄鹂鸟在树上叫哩——不知所云

火烧纸货铺——鬼才得了个便宜

鸡尻子拴线线——扯闲蛋（说闲话）

糨子锅里煮秤砣——混蛋加砸锅

脚底下抹油——溜了

姐姐穿的妹妹的鞋——步步紧

精尻子（光屁股）撵狼——胆大不知羞

孔夫子腰里挂的剑——文才武略

裤裆里放屁——走了两岔了

腊月穿裙子——美丽冻人

腊月三十看日历——没日子了

癞蛤蟆尻子上插鸡翎——不知道是飞禽还是走兽（到底是个啥东西）

癞蛤蟆上公路——冒充绿色大吉普

癞蛤蟆跳门汉（门槛）——又蹲尻子又伤脸（伤自尊）

烂车放到雨地里——打烂账哩

老汉叫门哩——没事

老和尚撞钟——盼不得那一声哩

老虎不吃人——恶名在外

老鼠跌到面缸里——瞪白眼

老鼠钻到书箱里——咬文嚼字

老太婆的嘴——吃软不吃硬

两个和尚打架——谁也抓不住谁的辫子

两亲家母比麻子——一对丑

六月的狐子（狐狸）——不顾皮不顾毛

聋子的耳朵——样子货

驴粪蛋蛋——外面光

驴踢圈门子——不是吉祥之兆

骆驼放屁——气高

麻袋绣花——基础太差

马槽里伸出个驴头——多你一张嘴

马尾串豆腐——提不起

买眼镜去买了个车铞——一眼就看透了

卖肉的请客——拿肉扛哩

茅子（厕所）沿的石头——又臭又硬

猫吃糯子——在嘴上挠哩（贪吃）

帽根梢上拴辣子——耍红人

没毛飞了四十里——你倒是个啥虫蚁（你算哪根葱）

庙背后的高粱——你和爷比高低哩（和我争高低）

庙背后的割条——专门缠爷（专门找我的事）

庙后头的南瓜蔓——爷不缠你，你还寻的缠爷哩（我不惹你，你倒找我的事）

木匠吊线——睁一只眼，闭一只眼

拿的被子撵骆驼——撵上搭不上

拿的喇叭丢盹（打盹）哩——把事全没当事

南院门的叫花子——嘴头高

碾盘子放光——大宝

尿泡打人——虽说不疼，臭气难闻

袍子改小褂——大材小用

鸹梆梆（啄木鸟）死到五黄六月——浑身稀烂，嘴还硬得很（在铁的事实面前还要狡辩）

墙缝里的柱子——出暗力

墙角的柱子——出闲力哩

墙头上的麦子——野种

荞麦皮打糨子（抹糨糊）——不黏

秦始皇筑长城——千古奇迹

秋后的黄瓜——蔫了

三个粪权支了付案板——摆了一副臭架子

三九天要绸子——还有些冷彩哩

三十晚上看黄历——有今没明

三张麻纸糊了个头——好大的面子

纱布子擦尻子——露一手

砂锅子捣蒜——一锤子买卖（一次性的）

筛子里放屁——不知道从哪个眼里跑了（比喻人不会过日子）

山西骡子不拽车——坏毛病

十二个寡妇哭男人——各有各的愁肠

十亩地一株苗——独苗

十字路口跌一跤——端南正北

石灰堆里撒一砖——白气冲天（冒傻气）

石榴开花——老来红

屎巴牛（屎壳郎）跌到尿缸里——活受罪哩，你还当你漂洋过海哩

屎巴牛哭他妈哩——两眼墨黑（不识字）

屎巴牛打立股庄（屁股朝上）——显自己的黑尻子哩（形容人好表现）

屎巴牛支桌子——硬撑哩

屎巴牛钻竹竿——过节哩

输了个彩电，赢了个天线——赔得多，赚得少

树梢上的鸟叫——你说的啥话嘛

顺治他妈拾麦——出外散心哩

死人顶门——硬抗

碎娃打架大人出来了——把事情弄大了

孙悟空的紧箍咒——遂心如意

提上尿罐推碾子——臭了一圈圈

天上下猪娃子——缺少你挨刀子的种

头上生疮脚底流脓——坏透了

头上顶筛子——百眼开

推磨吆骡子——图邻家好听（比喻死要面子）

王妈的裹脚布——又臭又长

武二郎开店——比他高的一律走人

西瓜掉到油篓里——又圆又滑

西瓜上刻十字——瓜种一个（傻瓜一个）

瞎猫逮了个死老鼠——碰到向上了（比喻运气好）

瞎子吃蛋柿（树上成熟的柿子）——一股一股清，心里有数

瞎子穿针——冒碰哩（碰运气）

瞎子看戏——听梆声

向和尚要梳子——专拣没有的要哩

小孩放鞭炮——又喜又怕

小和尚念经——有口无心

小炉匠焊飞机——做开大活了（干大事了）

鞋内跑马——没多大发展

袖筒揣棒槌——端出端入（直来直去）

丫鬟拿钥匙——当家不做主

鸭子过河——嘴向前（只说不做）

哑巴吃黄连——有苦难言

哑巴吃饺子——心中有数

羊群里的骆驼——数你大

杨家将上阵——全家出动

1059（一种农药）拌辣子——又毒又辣

药铺开倒灶了——方子多着哩（办法多）

一个鼻孔出气——一股子

一个指头剥葱——耍能哩

一条蔓上的瓜——苦都苦，甜都甜

一碗水泼到地上——揽不起

一只脚踩两只船——左右为难

油炸麻花——十脆

雨后送伞——空空人情

月亮地里杀秃子——明砍（直说）

早晨的露水——不长久

皂角核掷色子——没点（形容人缺乏心计）

张飞使计谋——粗中有细

正月十五贴门神——迟了半个月了（太迟了）

蒸馍打狗——有来无回

猪八戒背稻草——要人没人，要行李没行李

诸葛亮吊孝——装模作样

猪鼻子插葱——装洋相哩

猪娃子拱墙根——嘴上的劲（说得好听，但没有实际行动）

猪娃子往蒜地里跑——寻的吃疙瘩哩（找打）

竹筐里吃柿子——专拣软的捏呷

竹筒里倒豆子——可里倒腾

装烟的开瓦窑哩——烟冒大了

嘴上抹石灰——白吃

做梦吃西瓜——想得甜

四　谜语（说曲）

白胖白胖，牛牛朝上——茶壶。

半墙一个老鼠窝，里头臭的没法说——屄门子（肛门）。

半崖里一个瓮，想摇摇不动——肚脐眼。

穿了一身黑缎子，颡（头）上两把好扇子，沟子（屁股）吊个长辫子，见了恶水扑腾腾，见子杏核咯崩崩——黑狗。

出南门，跌一跤，拾了一碗冷甑糕，瞎瞎（坏）枣，咪咪虫，还嫌甑糕没蒸成——牛粪。

从小绿鳖鳖，长大黑鳖鳖，刮风下雨鳖打鳖，宝（猜）对是灵鳖，宝不对是笨鳖——皂角。

从小绿裤裤，长大红裤裤，老了老了穿个叉叉裤——花椒

大哥在州，二哥在县，只听说话，不得见面——风箱。

黑瘦黑瘦，上树不溜，杀了没血，吃了没肉——蚂蚁。

忽然不见忽然有，像虎像龙又像狗，太阳出来它不怕，大风一吹它就走——云。

姜子牙稳坐帐中，竹将军三路发兵——一种麦篓。

口里布拉拉，布儿窝（肚脐眼）会说话——一种麦篓。

木门墩，铁门扇，一人磕头一人奠——铡墩。

南山来了一群猴，趴到地上就磕头——锄头（生产队时的劳动场景，村民集体锄地）。

奇怪奇怪真奇怪，肠子长在肚子外——辘轳。

墙上一片肉，敢看不敢逗（摸）——蝎子。

青枝绿叶红梗芽，一树开了两色花；先开金花结绿果，后开银花落我家——棉花。

四四方方一座城，城外有人城里空，忽见城里灯光亮，有说有笑闹盈盈——收音机（四四方方一座城，城外下雪城里晴，打开窗子一片明，带我到处去旅行，山山水水都游遍，帝王将相在里边——收音机）。

四四方方一座城，里面下雪外面晴——箩面柜。

弯弯树来弯弯材，弯弯树上挂银牌，别看它的身材小，能把地皮翻过来——犁。

为我打它，为它打我，打破它的皮，流出我的血——蚊子。

我的曲多着哩，还在墙上却（粘的意思）着哩——麦糠。

兄弟五六个，围着柱子坐——大蒜。

一个蛋蛋笼，七个窟窿窿——颡（头）。

一个黑贼，一黑来（一晚上）在被子窝钻几回——便盆。

一个黄狗，圪里圪劳刨土——笤帚。

一个老牛盘盘坐，百样草都吃过——铡蹲。

一个庙，两头翘（音糙），只喝水，不尿尿——鸡。

一个树五个股，上面卧个白虎——手端碗。

一个娃娃一祚高，努（站）到墓子上打呼哨——黄鼠狼（临渭区人把关中地鼠叫作黄鼠或黄鼠狼，毛色黄）。

一个娃娃一拃高，推个车车卖核桃，问它核桃咋数哩，推个车车光走哩——屎巴牛子（屎壳郎）。

一个碗，撂过硷，叫娃拾去娃嫌远——月亮。

一个枣核大不大，三间上房放不下——油灯。

扭两扭，家家户户都有——抹布。

一条绳，撂过城，城叫唤，屙鸡蛋——纺线。

一物生得弯，尾巴翘上天，自己不会走，要用鞭子赶——耧子。

一物生得真奇怪，腰里长出胡子来，拨开胡子往里看，长出牙齿一排排——苞谷。

有眼无珠一身光，穿红穿绿又穿黄，跟着懒人它就睡，跟着勤人它就忙——针。

姊妹仁一排，脚上穿个银鞋（音 hái）——一种麦篓。

第二节　临渭方言词语考释

一　曲连

在临渭区东西两塬，有个"烙曲连"的习俗，每年麦收之后，也许是为了庆贺丰收，外婆家总要烙两个直径约两尺左右的锅盔馍，给外孙送去。这两个锅盔一大一小，中间各有碗口大一个孔，用包袱从孔中穿过，打个结，系在结实的棍子上，由舅舅或外爷背着送去。现在，随着烙馍工具及交通工具的改变，一般人都烙两个大小一样的锅盔，用自行车驮着送。但无论大小如何变化，中间的孔是绝不能少的。人们给这两个锅盔取了个令人琢磨不透的名字"曲连"。

《现代汉语词典》《词源》《汉语大词典》都没有收"曲连"一词，虽然渭南东西两塬的人无人不知"曲连"为何物，但为什么将这种中间有孔的两个锅盔馍叫"曲连",人们不得而知。汉民族词语讲究顾名思义,只要知道构成双音节词的两个语素义,词义也大概能猜出来,但从"曲""连"这两个字及其结构根本看不出它与物体本身有何联系。

其实,"曲连"就是"圈",因为馍形圆且中间有孔而得名。那么,汉语单音节词"圈"如何变为双音节词"曲连"呢?这同古代汉语一个音变规律有联系。

在汉语语音发展过程中,常有一个字缓读变为两个字或两个字急读变成一个字的现象。前者称为"缓读词"或"分音词",后者称为"急读词"或"合音词"。古人统称为"切脚语",今人又统称为"反语骈词"。如《仪礼·大射礼》中的"奏貊首",郑玄注曰:"貊,言不来也。"意思是说"貊"就是"不来"二字的合音,即"不来"二字急读则为"貊"。《尔雅·释器》:"不律谓之笔",是说"不律"是"笔"字的分音,即"笔"字缓读则为"不律"。这种"缓读词"或"急读词"的特点是:单双音节对照,单音节词与双音节词第一个音节为双声,与第二个音节为叠韵;双音词的两个音反切即为单音词。依照这个规律变化的词很多,如"叵"为"不可","诸"为"之乎","哄"为"胡弄","壶"为"葫芦","钲"为"丁宁","茨"为"蒺藜"。这种反语骈词,第二个音节多为"L"声母,如:

孔 kong——窟窿 kulong

杆 gan——圪栏 gelan

浑 hun——囫囵 hulun

哗 hua——呼啦 hula

在现代汉语中,也存在着这种"反语骈词"的现象。如:

甭 beng——不用 buyong

巯 qiu——氢硫 qingliu

与古汉语不同的是这几组词的单音节与相对应的双音节词不仅读音有联系,而且字形也有关联,即单音词是由双音节词的两个字通过会意的方法而形成的。

还需要说明的是,这种缓读或急读而形成的词大部分保留在方言中,而且在西北方言中尤其多,如:

浑——囫囵

哄——胡弄

孔——窟窿

"曲连"一词就是由"圈"这个单音节词缓读而形成的双音节词，"曲连"就是"圈"的分音。"圈"与"曲"构成双声，与"连"构成叠韵。从馍的形状看，人们烙两个直径两尺左右、厚三寸左右的大馍，要送到亲戚家实在不容易，过去农村的交通工具又极为落后，因此，聪明的农民在锅盔馍中间挖个碗大的窟窿，用包袱或带子从中穿过，以便携带，于是，这个中间有孔且形圆的大馍便以"圈"命名。由此可以得出结论：临渭方言词"曲连馍"其实就是"圈馍"，是根据事物的外部形态命名，使这个词具有形象色彩。

其实，"曲连"一词在元代已经使用。睢景臣在《般涉调·哨遍——高祖还乡》　曲中有这样两句描写："一面旗白胡兰套住个迎霜兔，一面旗红曲连打着个毕月乌，……"朱东润主编的《中国历代文学作品选》注解为："胡兰，'环'的复音，即圆圈。""曲连，'圈'的复音，红圈，日之形状。"由此看出，渭南方言中"曲连"一词正是古汉语词汇的保留。

二　号村

在临渭区东塬的丰原乡有个村子叫"号村"，听老人们说这个村子曾出过一个有名的"孝子"，所以此村便取名为"号村"。那么，孝子与"号村"有什么关系呢？

其实，"号村"就是"孝村"，那么当地人为什么要将"孝村"读为"号村"呢？这同古今语音的演变有关。虽然从现代普通话语音的角度看，"孝"声母为"x"，属舌面音，"号"声母为"h"，属舌根音，即使它们韵母相近，声调相同，读起来差别还是很明显的，但在中古时期，"孝"与"号"同音。

中古声母以《广韵》反映出来的声母为代表，共36个，每个声母用一个汉字作代表，称为字母。这36个字母分别为：帮、滂、并、明、端、透、定、泥、来、知、彻、澄、精、清、从、心、邪、庄、初、崇、生、章、昌、船、书、禅、日、见、溪、群、疑、影、晓、匣、云、以。"孝"在中古时期属于喉音"晓"母，发音相当于普通话的舌根音"h"，"号"的声母属于喉音"匣"母，与"晓"母发音部位相同，只是发音时声带有颤动，属浊音。后来，由于浊音清化的发展规律，"匣"母与

"晓"母合流了，"孝"与"号"在中古同音。到了普通话语音中，"晓"母、"匣"母由于受韵母洪细的影响而分化成舌根音"h"和舌面音"x"，"h"只跟开口呼、合口呼韵母相拼，"x"跟齐齿呼、撮口呼韵母相拼，形成互补。如"晓"母字"灰、花、火、荒"属合口呼，"匣"母字"侯、害、号"属开口呼，到了普通话中声母一律演变为"h"，"晓"母字"稀、孝、向"属齐齿呼，"匣"母字"限、效"属齐齿呼，"穴"属撮口呼，到了普通话中声母一律演变为"x"。

"孝"在中古时属"晓"母，声母读 h。大约在 18 世纪，"晓"母分化出舌面音 x，"孝"的韵母为齐齿呼，在现代普通话语音中声母演变为舌面音 x。"号"的韵母为开口呼，所以至今声母仍为舌根音 h。渭南方言中，"孝村"之所以读为"号村"，正是中古语音在渭南方言中的保留，因为"孝"与"号"在中古同音。

在临渭方言中，不仅"孝村"一词保留了古音，还有"孝衫"（丧服）读"号衫"、"孝帽"读"号帽"。在渭南乃至陕西方言中将普通话"x"声母读为"h"声母的字很多，如"瞎、匣、吓、下、鞋、咸、闲、涎、巷、项、杏、孝"等，这些字的声母在中古时期都属喉浊音"匣"母，读音相当于现代普通话声母 h，因此，临渭方言中这些字的声母发音正是古代语音的保留。

渭南市临渭区位于陕西省关中平原东部，此地的方言属中原官话关中片，其中保留了不少的古音成分，这些方言材料是研究古代语音的重要依据。赵振铎先生说："韵书和韵图对于考求中古音系起了重要的作用。但是，这种考求更多偏重在声母和韵母的分类和归类方面，而对于它们的音值多少是无能为力的。如果要弄清这些声母和韵母的面貌，它们在当时是什么样子，那就要依靠现代汉语的方言。汉语的方言是研究古代汉语的重要材料。"一方面，可以通过这些方言材料来印证古今语音的演变规律，另一方面可以利用语音演变规律对方言现象进行合理的解释。

三 先后

临渭方言中读作"xiānhu"，是对弟兄们的妻子的合称，即妯娌。如"你们先后几个要把关系处好。""先后"在陕西方言中不能分开称呼，属于单纯词，但在古代属于合成词，由"先""后"两个语素构成，"先"是弟媳对嫂嫂的称呼，相当于"姒"，"后"是嫂嫂对弟媳的称呼，相当于"娣"。《史记·孝武本纪》："见神于先后宛若。"司马贞《索隐》引韦昭曰："先谓姒，后谓娣也。"《释名·释亲属》："少妇谓长妇曰姒，言其先来，己所当法似也。长妇谓少妇曰娣，娣，弟也，己后来也。或曰先后，以来先后言也。"晋郭璞注《尔雅》云："古谓之娣姒，今关中俗呼为先后，吴楚俗呼之为妯娌。"陕西早在西汉时期就这样叫了。细想，兄弟俩娶媳妇总有先有后，妯娌称先后，形象贴切。

四　绺娃子

小偷的另一种说法，如"贼娃子，绺娃子，偷了人家的狗娃子。""绺"的本义是丝缕合成的线。《说文》："绺，纬十缕为绺。"引申为系物的带子，如唐沈全期《七夕曝衣篇》："上有仙人长命绺，中看玉女迎欢绣。"后来将系钱包的带子也称为"绺"。由此引申出一个动词义，即绺窃，剪断人家系钱包的带子或剪破人家衣袋以窃人钱财。渭南方言中给这个动词后加上一个极具地方色彩的名词性语素"娃子"，于是转化为名词"绺娃子"。有些方言中将土匪称为"绺子"，如萧军《八月的乡村》："还不如现在去到那个绺子挂个'注'，混二年，弄几千。"此处的"绺"也与偷窃有关。

五　愣娃

指倔强而鲁莽的人，什么都不怕。如"你简直是个愣娃。"

"愣"也作"楞""冷"，是形容词，表示倔强、冒失的意思，经常放在人物称呼语前起修饰作用，如"楞爷、楞小子"等，《三侠五义》第十回说："这位愣爷跑到里面，恰遇包兴。"柳青《铜墙铁壁》第六章也说："银凤活像个楞小子，二攀两攀上了树，扯住树枝就摘起来。"渭南（乃至陕西）方言中的"愣娃"与以上用法相似。

"愣"在"倔强"义的基础上又引申为"一个劲儿地"，用来修饰动词，如《儿女英雄传》第四回："只见他'噗'的一声，吹着了火纸，就把那烟袋往嘴里给愣入。"这种用法在陕西方言中也普遍，如柳青《创业史》第一部第五章："娃们一饿，哇哇地愣哭，他心里怪不是滋味啊！""娃们有馍吃了嘛，青稞，娃们吃了肚里难受，楞闹哄哩。"

六　勾子

也写成"沟子""钩子"，即尻子，指臀部，俗称屁股，如"精沟子（光屁股）撵狼——胆大不知羞。"此方言词在陕西方言通用。

《说文·尸部》"尻，臀也。从尸，九声。"段玉裁注："尻，今俗云沟子是也。臀，今俗云屁股是也。拆言是二，统言是一。""九"、"沟"古代同属"见"母，声母相同，韵母相近。不仅陕西方言将"尻子"读为"勾子（钩子、沟子）"，山西、四川、甘肃等地的方言亦如此，章炳麟《新方言·释形体》："今山西平阳、薄绛之间谓臀曰尻子，四川亦谓臀为尻子，音俏侈如钩，九声之转也。"可见，方言中读"勾子"是"尻子"音转的结果。

方言中有时也称"勾门子"，如"这两天没挨打，勾门子痒痒了。"《中国民谣资料二集上·陕西山阳民歌》："腰撇子，六轮子，拉住百姓要银子，不给就烙他尻门子。"

七　老鸹

指乌鸦。如"一群老鸹又飞来了，黑压压一大片。""鸹"在临渭方言读"wa"。这个词语在文学作品中多次出现，它的使用范围不仅仅局限于渭南方言。如《红楼梦》第五十七回："众人笑道：'这更奇了！天下老鸹一般黑，岂有两样的。'"秦朝阳《幸福》一："全身干瘦，背有点弯，头发像老鸹窝，手像鹰爪子。"孙犁《风云初记》四："平原的孩子们欢喜这些小石头，偶尔才能从田地里拾到一块，说是老鸹从山里衔回的枕头。"

八　发落

指女子出嫁。如"他家今天发落娃哩，把女子发落到山里去了。"《警世通言·蒋淑真刎颈鸳鸯会》："妈妈老儿互相埋怨了一会，只怕亲戚耻笑……央王嫂嫂做媒，'将高就低，添长补短，发落了罢。'"

"发落"本义指处理、处置，后引申出打发、使离去、送别之义，如《二刻拍案惊奇》卷十三："只是此言未可走泄，望大人主张，发落去了这一干人，小生别有下情实告。"这个义项现在在某些方言中还用，如杨苏平的《固原方言俗语》："他全家人到车站上发落亲戚去了。"但是，在渭南方言中，"发落"词义缩小，仅仅表示"女子出嫁"之义。

九　谝

1. 说大话，显示，夸耀。如"你听他胡谝哩，没有那么可怕。"

元关汉卿《陈母教子》第二折："我劝这世上人，休把这口忒谝过了。"清蒲松龄《增补幸云曲》第十六回："这奴才不弹琵琶，光谝他的汗巾子，望我夸他。"魏巍《东方》第一部第二章："就一面嘟嘟地吹着，跑到那边孩子群里谝他的柳笛去了。"宋清海《鸡鸣店》第一章："你可好，不但不哭穷，还显谝。"

在此义的基础上形成一个合成词"大谝"，即爱说大话的人，如"他是个大谝，你别信他的话。"

2. 能说会道。如"这人谝得美得很，他到哪儿哪儿就热闹。"

《说文·言部》："谝，便巧言也。"《字汇·言部》："谝，与便同。巧言也。"《书·秦誓》："惟截善谝言，俾君子易辞，我皇多有之。"孔颖达疏："谝，犹辩也。"宋徐梦莘《三朝北盟会编》卷四十九："进君子，退小人，无以利口谝言为足信。"

十　打捶

打架，如"他两个又打捶哩，拉都拉不开。"

《陕西通志·风俗》："打捶者，撕打也。"也作"打锤"。清陈世爵《笑林广记·讼诨》："鸡冒顶与扁四嫂口角斗殴，打的鸡冒顶垂头不语，身受内伤，同赴肚大老爷案下喊控。……老二说：'鸡冒顶在里头打锤，小的在门口挤不进去。'……马兵说：'小的实在没看见。小的下了班，他们才打锤的。'"

十一　缯

绑、扎。如"头发乱得像个疯子，赶快把头发缯住。"元代秦简夫的《剪发待宾》第二折："将自己顶心里头发剪了两剪，缯做一绺儿头发。"明代曹昭《新增格古要论·制琴法》："神农氏始削桐为琴，缯丝为弦。"《爬山歌选·灵芝草送在沤麻坑》："缯一缯带子抽一抽鞋，拍一拍黄土走起来。"除渭南方言外，其他方言也用到这个词，如梁斌的《播火记》十五："女孩子白牙齿，染着青牙根儿，头发挺黑，放出蓝色的光亮；梳着一条油亮的大辫子，缯着鲜红的绒绳。"

十二　瞀乱

思绪烦乱。如"这几天心里瞀乱得坐不住。"

瞀（临渭方言读 mú）：乱，错乱。《字汇·目部》："瞀，思念乱也。"
"瞀乱"一词，属同义语素并列而成，在古代典籍中多处使用，如《文选·宋玉〈九辩〉》："慷慨绝兮不得，中瞀乱兮迷惑。"张铣注："叹与相绝而不见，使中混乱迷惑也。瞀，昏也。"《后汉书·廉范传》："融怪其貌类范而殊不意，乃谓曰：'卿何似我故功曹邪?'范诃之曰：'君困厄瞀乱邪！'"清蒲松龄《聊斋志异·乐仲》："瞀乱中觉有人抚摩之，目微启，则母也。"现代文学作品中也有用例，如鲁迅《华盖集·忽然想到三》："我想，我的神经也许有些瞀乱了。否则，那就可怕。"

十三　胡拉海

性格随和，热情开朗。如"这娃是个胡拉海，跟谁都能谝得来。"其实，在古典文学里，"胡拉海"也登过大雅之堂。元杂剧《陈州粜米》里，有个角色是"刘衙内的孩儿小衙内"，他到陈州开仓粜米，克扣百姓，被张撇古指斥。这小衙内恼羞成怒，便骂道："你这个虎剌孩作死也，你的银子又少，怎敢骂我。"据专家考释，这"虎剌孩"也写作"忽剌孩"或"胡拉海"，是蒙语里的一个词，含有土匪、强盗的意思，汉语音译时书写上出了差错。

原来，元朝时期，统治者难免将自己民族的语言渗透到汉语里，剧本中小衙内骂人"虎剌孩"，便是蒙汉语言混杂的表现。不过，"胡拉海"一词在关中方言里，骂人的含义已经淡化了。

十四　倭曳

1. 顺当，顺心。如"你看人家有吃有穿，日子过得多倭曳。"
2. 顺眼，好看。如"穿得多倭曳""房子收拾得多倭曳"。
3. 停当，如"这下房子盖倭曳了。"

"倭"的本义就是"顺"。《说文·人部》："倭，顺貌。"《广韵》："倭，顺貌。"临渭方言中对这一词语的使用，就是在"顺"的基础上引申而来。这个词语还有几个变形用法，如"倭倭曳曳""倭姿咯曳"。

十五　嫽

好。如"他是个嫽人"，也作僚。

这个方言词语颇具地方特色，不仅在陕西方言中通用，而且在其他方言中也经常出现，《方言》卷二："僚，好也。青徐海岱之间曰嫽，或谓之僚。"《诗·陈风·月出》"佼人僚兮"传："僚，好貌。"孔颖达疏："形貌僚然而好……言色美身复美也。"陆德明释文："僚，本亦作嫽。"崔八娃《一把酒壶》："嘿，这壶做得嫽，像个金瓜样。"

十六　恓惶

也做"西惶"，悲伤的样子。如"你看娃哭得多恓惶。"

《旧唐书·李重福传》："天下之人，闻者为臣流涕；况陛下慈念，岂不悯臣西惶？"唐韦应物《简卢陟》诗："恓惶戎旅下，蹉跎淮海滨。"元高文秀《黑旋风》第三折："阁不住两眼恓惶泪，俺哥哥含冤负屈有谁知？"明沈鲸《双珠记·姑妇相逢》："当此际不觉西惶，骨肉相看惆怅。"《三国演义》第四十二回："玄德望西哭曰：'十数万生灵，皆因恋我，遭此大难！诸将及老小，皆不知存亡。虽土木之人，宁不悲乎？'正恓惶时，忽见糜芳面带数箭，踉跄而来……"

恓惶也可重叠为恓恓惶惶，如"你看他日子过得恓恓惶惶的样子。"

十七　毕

完；完蛋，没救了。动词。如"你吃毕了赶快去学校。""我看你这辈子毕了，等下辈子吧。"

这个方言词在古汉语中也常用，如《孟子·滕文公上》："公事毕，然后敢治私事。"《汉书·王莽传上》："原诸章下者皆寝勿上，使臣莽得尽力毕制礼作乐事。"《史记·项羽本纪》："若入前为寿，寿毕，请以舞剑。"沈括《梦溪笔谈·活板》："此印者才毕，则第二板已具。"《西游记》第六十八回："国王看毕，十分欢喜。"《金瓶梅》第七回："薛嫂说毕话，提着花厢儿去了。"《红楼梦》第一回："说毕，二人一去，再不见踪影了。"清代周容《芋老人传》："老人语未毕。"清代方苞《左忠毅公逸事》："公阅毕。"

在清代李芳桂的皮影戏剧本中也多次出现这个词，如《香莲佩》第十一回："诸葛暗：把呆迷尸首借去，支应一时，等官验毕，着我官人埋了，省得你叫人打墓。"第十四回："（牛二）我车户牛二毕了。"《十王庙》第十七回："零干，只把她的头割下来还他，一场事岂不毕了。"《四岔捎书》第四场："纪明母：请你和叔与我把信看，看毕信我婆媳才了然。"

十八　的（方言读 di）实

确实；真实；实在。形容词。如"我爸的实没在家，不信你到家里看一下。"

唐寒山《诗》之二八七："自怜心的实，坚固等金刚。"宋苏轼《奏论八丈沟不可开状》："臣窃详适（罗适）若曾用水平打量见的实丈尺，必不谓之约量。"元无名氏《赚蒯通》第二折："今日个萧何反间施谋智，黑洞洞不知一个的实。"《西游记》第六回："菩萨闻言，即命惠岸行者道：'你可快下天宫，到花果山打探军情如何。如遇相敌，可就相劝一功，务必的实回话。'"《儒林外史》第二十六回："你替我说这事，须要十分的实。"清李芳桂皮影戏剧本《十王庙》第十一回："吴绛仙：有贼人名王十的实凶犯，那夜晚忽来在小房内边。"第十三回："吴绛仙：杀我贼名王十的实凶犯，我今去叫我父禀明知县。"第十六回："吴绛仙：这贼人叫王十的实凶犯，与朱家新解元有何相干。""吴绛仙：项而肩还有那刀痕一线，这便是换头的实政见。"

十九　捅

1. 搅和。动词。如"你今天给咱捅（含贬义）了一锅汤。""你再不要管了，越捅越黏。"

《说文·手部》："捅，撞引也。汉有捅马官，做马酒。"王筠《句读》："盖撞捅之器重，须两手抱之，故曰撞；须往来推引之，故曰引也。"用马奶做酒，类似用牛奶打酥油，必须使劲推拉拌动，使奶汁里的奶油分离出去，留下奶酪发酵才能做酒。《汉书·礼乐志》："其七十二人给大官捅马酒。"颜师古注引李奇曰："以马乳为酒，撞捅乃成也。"综上所述，"捅"有推拉、拥抱、搅和、拌动之义，引申为"搅和"。

清代方以智《物理小识·饮食类·洗面筋法》："俟其发起，按之捅之，牵开有筋，则入水洗之，可得半成。"清代李芳桂皮影戏剧本《香莲佩》第十二回："曹也参：军需加人命，捅成蜜蜂窝。"第十六回："诸葛暗：前日验尸挏成酱。”《十王庙》第十八回：“棱吾：依我说来，这个姑娘，先胡斯收拾下，拿住那个姑娘，着她外边挏去罢!”《玉燕钗》第十七回：“贾充：艄公作县公，事事挏不清。”“苗润：咱今日就当烂事挏。”《白玉钿》第十一回：“董寅：好事都莫成，还算没挏洇。”《紫霞宫》第八回：“宁继愈：挏清一件是一件。”“宁继愈：咳，怎么连一样儿也挏不清了。”“男人夹女子，俗人搅和尚，真真挏成一盆酱。”《万福莲》第十六回：“萧九三：为恩人也不怕挏下烂酱，劝妹夫胆放大何用商量。”

2. 惹（祸）。动词。如“你再不要给咱挏烂子了。”清李芳桂《香莲佩》第十六回：“〔蒋松〕你与我官人挏烂子加。”《万福莲》第十三回：“〔袁华〕到今日哪怕你主意不定，管与你挏一个天大事情。〔谢瑶环〕这声总多半是要将祸挏，谢瑶环在三堂胆战心惊。”第十六回：“〔萧九三〕妹子，你害怕挏下烂子咧。”清高培支秦腔《夺锦楼》：“谁料到这事儿越挏越大。”

这个词在西北大部，山西运城、河津、永济，河南的三门峡、灵宝、卢氏等地用得很普遍。都当搅和讲。陕西人把胡搅乱拉叫“胡挏”；拉乱了叫“挏乱了”；把搞脏了叫“挏脏了”；闯祸了叫“挏乱子”；甚至把挥霍浪费也叫“胡挏”。有的作品中用“董”或“懂”是不准确的。

二十　聒

声音嘈杂，使人厌烦。如“不要吵了，聒死人了。”《左传·襄公二十六年》：“左师闻之，聒而与之语。”孔颖达疏：“声乱耳谓之聒，多为言语欢哗乱其耳，故聒为欢也。”宋王安石《和惠思岁二日二绝》之一：“为嫌归舍儿童聒，故就僧房借榻眠。”《西游记》第二十七回：“独自个凄凄惨惨，忽闻得水声聒耳。”《金瓶梅》第六十八回：“他要便痰火发了，晚夕咳嗽半夜，把人聒死了。”《醒世姻缘传》第二十七回：“如今雇的那人，看了这个景象，怨声聒耳。”《二十年目睹之怪现状》第六十三回：“大约继之被他这种话聒得麻烦了。”清李芳桂《蝴蝶媒》第十二回：“柳碧烟：不嫌聒耳，听奴道来。”

二十一　停当

齐备；完毕。如“你拾掇停当了咱就走。”

章炳麟《新方言》：“今谓物之安，事之定曰停当。”清李芳桂《香莲佩》第十一回："蒋松：不知乡约将尸棚搭停当莫有，待我先看来。"《白玉钿》第一回："李清彦：启程在即，行李可曾停当否？董寅：行李倒也停当，只是本领莫有停当，所以再来叮咛。"《清素庵》第十四回："囊斋：你快将行李收拾停当，等到黄昏时候，走到他家后垣。"第十五回："囊斋：停当了，待我背了包袱，起身了吧。"《醒世姻缘传》第六回："到了五月尽头，过了三伏，晁大舍拣了七月初七日从陆路起身，预先雇骡子，雇轿夫，收拾行李停当，只等至日起身。"《警世通言》第十一卷："徐爷只推公务，独自出堂，先教聚集民壮快手五六十人，安排停当，听候本院挥扇为号，一齐进后堂汕拿六盗。"

二十二　饦饦

烧饼。如"我不吃蒸馍，要吃饦饦馍。"

《方言》卷十三："饼谓之饦。"清李芳桂《香莲佩》第十一回："蒋松：到你娘家，你二嫂还给我一个灶火爷饦饦。"

陕西方言中"饦"不单用，主要以叠音词的形式出现，古汉语中，"饦"单用，如北魏贾思勰《齐民要术·大小麦》："〔青稞麦〕堪作籹及饼饦，甚美。"清潘荣陛《帝京岁时纪胜·元旦》："猪肉馒首，江米糕，黄黍饦。"

二十三　稀诧

稀罕。可以用作动词、形容词，如"小气鬼，见了什么东西都稀诧。""这娃见了人稀诧得很。"有时也用作名词，相当于"稀罕物"，如"没吃过这个东西，吃稀诧哩。"

近代汉语一些文献也写作"希诧、希差、希咤、希姹"。《永乐大典戏文三种·张协状元》："婆婆纣卓来看，甚希姹！"元无名氏《盆儿鬼》第一折："我为甚闹喧哗，累的你猛惊呀，只为这适间梦里多希诧。"清李芳桂《春秋配》第四回："李华：如花女坐荒郊此事稀诧，看她的年纪儿不过二八。"第十三回："何德福：井内有白米出此事稀诧。"

在临渭方言中，"稀诧"多用于"喜爱"之义，如"她见了人稀诧地抱住不放手。""我给她买了一件礼物，她稀诧得不放手。"

二十四　真个

真的；确实。副词。如"你真个厉害，把人家骂得不敢还口。""人家虚情假意地邀请你，你真个来了。"

唐王维《酬黎居士淅川作》诗："侬家真个去，公定随侬否。"宋杨万里《多稼亭前两株梅盛开》诗："君不见侯门女儿真个痴，獭髓熬酥滴北枝。"明高明《二郎神·秋怀》套曲："夕阳影里，见一簇寒蝉衰柳，水绿蘋香人自愁，况轻拆鸳交凤友。合得成就，真个胜似腰缠跨鹤扬州。"《金瓶梅》第五回："武大道：'真个有这等事？'"《警世通言》第八卷："说得一般，想必真个有鬼，只消得叫崔宁来间。"《醒世姻缘传》第四十六回："晁凤说，'你休胡说！若真个来历不明，还不够叫俺族里的几个强盗掀腾哩！'"清代李芳桂《香莲佩》第十七回："魏绛霄：我母亲因金镯强作凭证，这人命真个是捉影捕风。"《春秋配》第一回："张雁行：真个是读书人出言太懦，俺敢为哪怕他将广兵多。"第十三回："何德福：未动身信步游真个潇洒，那壁厢许多人为甚喧哗。"《玉燕钗》第十一回："山精：你真个不识字么？"

第三节　临渭区长寿塬的亲属称谓

渭南长寿塬（东塬）是一个相对比较独立的地理单元，一边靠山，三面临河，相对较为封闭，外来人口很少，加之具有"见苗收一半"的独特气候特征，因此，千百年来，形成了比较独特的文化现象。这种独特性在亲属称谓上表现尤为突出。与普通话称谓相同的本文不再赘述，只将含义与称谓有地方特点的列举如下：

老巴巴：太曾祖父母。

巴巴：曾祖父母。（曾祖父称男巴巴，曾祖母称女巴巴。）

爷：祖父。

婆：祖母。

渭爷：外祖父。

渭婆：外祖母。

大（音达）：父亲。

妈（音麻）：母亲。

伯：岳父。

娘：岳母。

老大（音达）：伯父。

老妈（音麻）：伯母。

爹爹（音碟）：叔父。或称大大。

妈妈（音麻）：婶母。

姑：父母亲的姐妹。有的地方将父母亲的姐姐称为姑妈，妹妹称为姑。

姑父：姑夫姨夫的统称。

舅：母亲的弟兄。有的地方将母亲的哥哥称为舅大（音达），母亲的弟弟称为舅。

妗子：舅母。有的地方将母亲哥哥的妻子称妗妈，母亲弟弟的妻子称妗子或妗妗。

老姑：父母亲的姑或姨。

姥姥爷：父母亲的舅舅。

姥姥婆：父母亲的舅妈。

担子或挑担：妻子的姐夫或妹夫。

亲儿：亲家。

亲儿母：亲家母。

阿公：公公。

阿家：婆婆。

哥：兄长和姐夫的统称。

姐：姐姐和嫂子的统称。

从上述举例可以看出，此地的亲属称谓有其明显的地域色彩，如姑姨不分（统称姑，姑夫姨夫统称姑父），嫂姐不分（统称姐），姐夫哥哥混称（统称哥），叔父爹爹混称等。

长寿塬民间有这样的一种说法："姑比姨亲。"因此，姑姨不分这种称谓似乎说明了父母的姐妹同等重要，都是自己的至亲。从传统意义上讲，也是以父权为中心思想的具体体现。

说到姐姐和嫂子的叫法，显然姐姐的称呼要亲切得多。另外，旧时男女之间的婚约要在媒人的撮合下先定下来，叫订婚，然后经过一段时间的交往（一年或数年不等）才能结婚。在这个过程中，因为男女双方还没结婚，叫嫂子（此时还只是准嫂子）显然不合适，叫姐姐就显得合理多了。等哥嫂结婚后，叫姐姐已经习惯成自然了。这可能是长寿塬民间把嫂子叫成姐姐的最直接原因。同理，把姐夫叫成哥哥也是这个道理。

在长寿塬的称呼习惯中，把嫂子叫姐姐虽然亲切，但一些嫂子的年龄可能还比小姑子小，显得有点不伦不类。但在农村，大家见怪不怪，也就习以为常了。这种习俗，至今还保留着。

近年来，随着普通话的普及，亲属称谓也逐渐规范起来。

第四节　临渭方言中的逆序词

一　什么是逆序词

逆序词也叫同素逆序词、同素异序词，是指构词语素跟普通话相同，但排列顺序跟普通话相反的词或固定短语，如熬煎、量力、失遗、快爽、悟醒、疑猜、巧语花言、舞爪张牙等。从汉语词汇史来看，这种异序词语在先秦就已经存在了，如《诗经·桃夭》第一章有句云"之子于归，宜其室家"，第二章则为"之子于归，宜其家室"。"室家—家室"互为逆序。《诗经·东方未明》第一章云"东方未明，颠倒衣裳"，第二章为"东方未晞，颠倒裳衣"。"衣裳—裳衣"也互为逆序。又如《左传·襄公十四年》有"士有朋友"句，《左传·庄公二十二年》则有"畏我友朋"句，"朋友—友朋"互为逆序。其他如"易简—简易""心腹—腹心""长久—久长""物类—类物"等。两汉典籍中这类词更为常见，如汉蔡琰诗中的"离别—别离"，《后汉书》中的"训诂—诂训""忌讳—讳忌"等等。郑奠《古汉语中字序对换的双音词》（《中国语文》1964 年第 6 期）一文列举这类词 64 组。历史上同素异序词数量很多，这种语言现象突出地体现了汉语构词方法的灵活便巧特点。在现代汉语中，因为普通话有了较明确的词汇规范，将一部分意义完全相同的异序词淘汰掉其中一种，保留更符合语言习惯、更具词语社会性和概括性的同义词，如"室家""快爽""悟醒""疑猜"等词几乎不用。

二　临渭方言中的逆序词

临渭方言中有很多逆序词，如"熬煎""管保"等，如"你没回来，我熬煎得一黑来睡不着觉。""今大的饭做得多，管保你吃个够。"下面列举一些临渭方言中的逆序词，例句中重复出现前面的词语时，用"～"符号代替。

【保准】准保。例：你只要按我说的去做，我～你的病两天就能好。

【才刚】刚才。例：我～吃了饭，现在一点都不饿。

【地土】土地。例：我村～面积宽，一人平均三亩多地。

【妒忌】嫉妒。例：把自家的日子过好，不要老～别人。

【粉芡子】芡粉。例：给锅里多打些～，汤就稠了。

【愤气】服气。例：人家日子过得好，你老是不～。

【害祸】祸害。例：不如将她送人算了，留下她将来是个～。

【俭省】节省。例：这些钱要～着用，不然就用不到月底。

【急尿】尿急。例：他这两天有点～，一晚上起来好几次。

【立站】站立。例：你家地方太小了，又放了那么多东西，人都没处～。

【量力】力量。例：他这人～大得很，背那么重的粮食都不挣（累）。

【侣伴】伴侣。例：你是我的好～。

【貌相】相貌。例：从～上看，这个人天庭饱满，地阁方圆，是个有福气的人。

【面情】情面。例：他这人～软，说几句好话他就饶了你了。

【齐齐整整】整整齐齐。例：你看她把屋子收拾得～的。

【气力】力气。例：他这人～大得很，能拿动一百多斤的东西。

【似像】相似。例：这两个人长得～得很。

【实确】踏实。例：你这娃一点都不～，有一点成绩就到处炫耀。

【实诚】诚实，老实厚道。例：这个人对人～得很，把心都掏给人家了。

【味气】气味。例：赶快把窗子打开，屋里～大得很。

【知不道】不知道。例：你不要问他，他啥都～。

【张声】大声说话。例：不要～，小心别人听见。

这些方言词大多和其颠倒后的意义相同，但有些词语的意义并不等同于其颠倒后的意义，如"熬煎—煎熬""愤气—气愤""实确—确实""实诚—诚实""张声—声张"。

三　逆序词产生的原因

（一）古汉语同素逆序词的保留

上古是单音节词占绝对优势，由单音词向复音词转化，是汉语词汇发展的内部规律，也是以两个语素互相颠倒为主要特征的同素异序词产生的必要条件。复合词的形成有一个长期的凝固过程，起始阶段其结合很不稳固，既可颠倒次序又可合可分，有很大的游移性。加之古代典籍双音词无规范标准，所以古汉语中有很多同素异序词。方言中的异序词有的已出现在古汉语文献中。如：

【管保】《红楼梦》第四十六回："有什么不称心的地方儿，只管说；我~你遂心如意就是了。"清代李芳桂皮影戏剧本《玉燕钗》第二回："老爷，你看外有我山精，内有我老婆，一路紧贴身，~莫差错。"《玉燕钗》第八回："今日有了好先生，~送了你的终。"

【证见】《敦煌变文集·张义潮变文》："阿耶驱来作~，阿孃也交作保知。"元关汉卿《裴度还带》第三折："山神，你便是~，我两只手便还他，也是好勾当。"《醒世姻缘传》第十回："且是那告的妇女多有诡名，~禹承先又往院里上班去了，所以耽搁了投文。"《红楼梦》第七十六回："告诉我，拿了磁瓦去交，好作~，不然，又说偷起来了。"

【熬煎】发愁。清代李芳桂皮影戏剧本《香莲佩》第四回："他还想回家去用膳，还亏你懵懂不~。"

【立站】站立。清代李芳桂皮影戏剧本《十王庙》第十四回："枉为着翰林妻人前~。真是个败门楣辱玷祖先。"

【似像】相似。清代李芳桂皮影戏剧本《白玉钿》第十一回："董寅：好好好，怕是我心邪了吗？看她两个总~得要紧。"

【张声】声张。《火焰驹》第八回："小人不敢~，细听是芸香前后周旋，约下今晚黄昏时候，在花园门外柳阴之下送些东西。"

（二）双音词凝固过程中出现的必然现象

汉语词汇在发展过程中逐渐趋向双音节化，过去的很多单音节词被双音节词代替，其中的一部分词双音节化的主要方法就是把意义相同或相近的字合起来用，组成一个联合结构的复合词，如朋友、人民、忧伤、拼搏、污染、锋利、刚才、自从等。异序词大部分是联合结构，这两个语素的位次，往往不影响结构关系，也不影响整体意义。正如孙锡信所说：

"联合式的合成词呈现另一种状况：由于这类词中两个词素在意义上是平等、并列的，因此在排列次序上就可能带有一定的选择性、灵活性。"这种同义语素并列的构词方式是古汉语从单音节词演变为双音节词的一种主要方式，两个语素存在既互相融合，又彼此制约的辩证统一关系。这恰好解决了语言发展中词义的丰富性、多样性同表达的单一性、明确性之间的矛盾。在强烈要求词汇规范化的今天，现代汉语中仍存在大量的异序词，如讲演—演讲、感情—情感、离别—别离、灵魂—魂灵、储存—存储、力气—气力、寻找—找寻、喜欢—欢喜、往来—来往、质朴—朴质等。在古汉语中复音词在结合方式或形态上并不很稳固，甚至可合而又分，分而又合，如《诗经》中的"颠而倒之"之于"倒而颠之"（《齐风·东方未明》）、"岂乐"之于"乐岂"（《小雅·鱼藻》）、《孟子》中的"子父"之于"父子"、《管子》中的"仪表"之于《韩诗外传》中的"表仪"等。尤其到了近代，随着复音词的不断增多，再加上它们在结构上尚未完全凝固，同素逆序词成倍增加。如鲍延毅先生在《金瓶梅语词溯源》一书中列举了"张主—主张、油酱—酱油、唆调—调唆、宿歇—歇宿、扎挣—挣扎、诉告—告诉、衣胞—包（胞）衣、动劳—劳动、办备—备办、欢喜—喜欢、领率—率领、作做—做作、腾倒—倒腾、嚷骂—骂嚷、日昨—昨日、闹吵—吵闹、女妇—妇女、别辨—辨别"等18组同素异序词和"压镇、告报、答报、受忍、比对、染污、承应、照依、失迷、习学、笑耻、惜怜、裁剪、生发、换兑、爱敬、念思、举保、养赡、费耗、取觅、害杀、苦甘、历日、头势、情面、业冤、躁暴"等28个逆序词。黄建宁《三国志》同素异序词研究，古籍研究，2005（卷上）分别搜集了《太平经》、《三国志》中的大量同素逆序词。在词汇缺乏规范化的时代，这些逆序词语与正序词语往往是并行不悖的。

第五节　临渭方言词的形态变化

在临渭方言中，词的形态变化有自己的地方特色。主要表现为加词缀、重叠。

一　加词缀

词缀一般指在词典中不显示但在句子中系统出现的附着于词的部分。

现代汉语中词缀的使用也是一个普遍现象，尤其是新产生的一些词，词缀化倾向更加明显，如："追星族、工薪族、打工族、上班族、飙车族""失落感、紧迫感、超脱感、优越感、自卑感""多层次、多角度、多渠道、多功能、多方位"等。在临渭方言中，词缀的使用在其形式和语法意义方面有其独特的个性色彩。

1. 前缀

临渭方言中经常在动词、形容词前加一些成分，相当于普通话的程度副词"很""非常"之类。如：

（1）"稀"（表程度，含贬义）：稀松　稀软　稀烂　稀糟

如：他病得浑身稀软（没力气）。

（2）"生"：生冷　生热　生瞎　生疼　生白　生快　生慢

如：天生热（天太热），不要穿太厚了。

饭生烧（饭太烧），等一会儿再吃。

（3）"冷"（使劲）：冷哭　冷笑　冷吃　冷喝　冷骂　冷打　冷拿

如：娃饿了，冷哭哩（哭得很厉害）。

（4）"死"（特别，含贬义）：死懒　死赖　死重　死笨　死慢

如：这东西死重（很重）。

2. 后缀

临渭方言中后缀的类型大部分与普通话相同，但还存在一些特殊的后缀。

临渭方言中在部分名词后加"子"，这一点与普通话基本相同。但是，临渭方言中的后缀"子"还有一种特殊的用法，即附着在一些重叠的名词、形容词、量词之后，表示"小"或"状态"之义。如：

盆盆子、罐罐子、缸缸子、碗碗子、碟碟子、壶壶子、杯杯子、瓶瓶子、勺勺子、管管子、虫虫子、棍棍子、房房子、窝窝子、绳绳子、锤锤子、盖盖子、本本子、眼眼子（小眼儿）、褂褂子、帕帕子、头头子、带带子、边边子、（钢笔）尖尖子、面面子、颗颗子、汤汤子、水水子、饼饼子、角角子（角落）、摊摊子（小摊）、门门子（小门儿）、（火）星星子、盘盘子（秤）、影影子（影子）、叶叶子、根根子（根）、梢梢子

（树梢）、牙牙子（嫩芽）、花花子、（门）楼楼子、毛毛子、牛牛子（小鸡鸡）、把把子（剩下的）、车车子、铲铲子。

以上是叠音名词后加"子"，多含有"小"之义。有些形容词也可以重叠后加"子"，表示事物的状态，如：

生生子（饭）、黑黑子（馍）、烂烂子（梨）、黄黄子（水）、绿绿子（葡萄）、歪歪子（树）、斜斜子（墙）、坏坏子（鸡蛋）、瞎瞎子（苹果）（坏苹果）、弯弯子（路）、黏黏子人（不讲道理的人）。

量词也可以在重叠后加"子"，表示物体的状态，如：

块块子（煤）、分分子（钱）、块块子（钱）、毛毛子（钱）、捆捆子（柴）、堆堆子（粪）、条条子（布）、箱箱子（苹果）、份份子（心）（不是一条心）、分分子（地）、根根子（椽）。

二 重叠

单音词的重叠使用，是临渭方言与普通话语法的一大差异。在临渭方言中，名词、动词、形容词、量词都可以重叠使用，其重叠后的语法意义大都比较丰富。

1. 名词的重叠形式及其语法意义

名词重叠的形式有 AA、AA 子、AAB 三种形式。

（1）AA 式，重叠后与原义基本相同，如：

本本（本子） 花花（花，如"花花布"） 壶壶（茶壶） 锅锅（锅，如"锅锅鱼"） 盆盆（盆子，如"面盆盆"） 碟碟（碟子） 柜柜（柜子） 影影（影子，如"照影影"） 筛筛（筛子）

（2）AA 式，重叠后含有小、轻的意思，如：

车车（小车） 瓶瓶（小瓶） 勺勺（小勺） 管管（细管子） 坑坑（小坑） 虫虫（小虫） 草草（小草） 棍棍（小棍子） 铲铲（锅铲） 房房（小房） 窝窝（小坑） 眼眼（小孔）

个别名词重叠是区分物品大小的重要标志，如：

绳：粗大者，如井绳；绳绳：细小者，如线绳绳（纳鞋底用的细绳）。锤：大铁锤；锤锤：小榔头。

（3）AA 式，重叠后表爱称，如小孩身体部位及其穿着，如：

脸脸（脸） 手手（手） 肉肉（肌肤） 袜袜（袜子）

（4）AAB 式，重叠后表形状：

面面盐（精细盐）　颗颗盐（粗盐）　苦苦帽（前沿帽）　帽帽鸡（头上长厚毛的鸡）

（5）"AA 子"，重叠后表示细小之义，如：

面面子（粉状的，如"面面子药"）　帘帘子（帘子）　气气子（气味，如"一股气气子"）　头头子（物体的最前端，如"线头头子"）　水水子（吃饺子时蘸的醋水）　盖盖子（盖子）

2. 动词的重叠形式及语法意义

动词重叠的形式与普通话基本相同，有 AA 式和 ABAB 式两种。重叠后有喜爱或动作轻微的意思，如：

AA 式：亲亲（亲一下）　尿尿（尿，用于小孩）　坐坐（坐一会儿）

ABAB 式：拾掇拾掇（收拾一下）　试伙试伙（试验一下）　称（chen）端称端（估量一下）

3. 形容词的重叠形式及语法意义

在临渭方言中，形容词的重叠极为丰富多样，有如下几种类型：

（1）单音节重叠

①AA 式，重叠后与原义基本相同，如：生生（生的，如"生生饭"）　烂烂（坏的，如"烂烂苹果"）　黑黑（与"白"相对，如"黑黑馍"）　黄黄（黄色）　歪歪（歪的，如"歪歪头"）　坏坏（坏的，如"坏坏门"）　斜斜（斜的，如"斜斜路"）　瓷瓷（很硬）　黏黏（很粘）

此种方式大多还可以换成"AA 子"式，如：

生生子　烂烂子　歪歪子　斜斜子　坏坏子　弯弯子　黏黏子

以上两种方式的重叠大多含有贬义，个别的有加强程度的作用。

②"AA 的"式，如：平平的　光光的　乖乖的　稠稠的　稳稳的　胖胖的　高高的　白白的

这种方式的重叠有明显的加强程度的作用。

（2）单音节形容词后缀重叠，即 ABB 式重叠

这种方式的重叠也有加强程度的作用，如：红艳艳　绿湛湛　蓝亮亮　白亮亮　新铮铮　光溜溜　软溜溜　硬邦邦　虚膨膨　慢腾腾　脏兮兮　乱糟糟

（3）双音节形容词重叠

①ABAB 式，表示"又 A 又 B"，如：

黑瘦黑瘦（"他长得黑瘦黑瘦的"）　白胖白胖　细长细长　酸臭酸臭

黑亮黑亮（"他的皮鞋黑亮黑亮的"） 黑红黑红（"他的脸黑红黑红的"）

②AABB式，这种方式与普通话双音节形容词重叠的形式相同，加强程度，如：

平平常常 明明显显 和和气气 稳稳当当 慌慌张张 明明白白

③A里AB式，含有贬义，如：

糊里糊涂 窝里窝囊 马里马虎 小里小气 土里土气

4. 量词的重叠形式及其语法意义

（1）名量词的重叠

①ABB式，如：

草堆堆 柴捆捆 布条条 纸箱箱 土块块

重叠后原词的名词性成分有所减弱，而量词性成分增加，由原来明显的特指某物加进了泛指一件某物的意思。

②BBA式，如：

块块煤 根根椽 颗颗米 分分地 份份饭 条条布

在名词之前加上重叠的量词，已不单纯表示量的含义，而主要表示物体的状态。

（2）动量词的重叠

ABB式，如：

卖根根（如：甘蔗卖根根） 称斤斤（如：鸡蛋称斤斤还是数个个?） 数个个 卖堆堆（如：西红柿卖堆堆。） 切块块（如：西瓜切块块买。） 卖箱箱（如：苹果卖箱箱。）

此种构词方式的含义是：动词所支配的对象以某一量词为基本单位，即"以××为单位进行"的意思。

（3）数量短语重叠

ABB式，如：

一双双 一件件 一碗碗 一车车

重叠后的量词由原来的个体性单数变为群体性单数，即含有"每一"的意思。

ABAB式，如：

一棵一棵 两个两个（如：你两个两个地拿。） 二斤二斤（二斤二斤地买。）

此种方式表示群体分解组合排列。其内涵是"逐一"的意思。

第六节　临渭方言中的程度副词

临渭方言中的程度副词大多与普通话相同，如"很""最""非常""稍微""过于"等，但还有一些富有地方特色的程度副词，它们既有程度副词的共性，即在句中做状语或补语，表示动作或性状的程度，又有其独特的语法特征和表现力，如"太""太太""死""死人""生""扎""捏个"等，下面分别进行讨论。

一　"太"与"太太"

"太"放在形容词前表示程度过了头，或程度高，这一点与普通话的用法是一致的，如"太高""太美了"。在临渭（乃至陕西）方言中最富有特色的用法是将"太"或"太太"用于形容词之后做补语，表示程度高，意思相当于普通话的"×得很""×极了"，其主要构形有两种：

1. 形+太（太太）

如：这西瓜甜太（太太）。

这娃长得好看太（太太）。

你媳妇钊线活做得嫽太（太太）。

今天的天气热太（太太）。

2. 形+得+太（太太）

如：他见了你高兴得太（太太）。

今天的天气冷得太（太太）。

公共汽车上挤得太（太太）。

这苹果酸得太（太太）。

这两种结构中第一种更具方言特色，是临渭南方言中使用频率很高的一种句式。这种结构中的"太"或"太太"与普遍话的程度副词"很"、"极"意思相近，但在语法功能有明显的不同。在普通话中"很"做补语，前头要加"得"，如"好得很"。"极"做补语时后头要加"了"，如"好极了"。但"太"或"太太"在临渭方言中做补语前边可以不加"得"，后边也不需要加"了"，尤其重叠式"太太"总是直接置于形容词之后。

"太"与"太太"作为程度副词在意义上和语法功能上有所区别。从意义看，"太太"比单音节"太"程度更高，如果将"太太"的读音拖长，则表示程度非常高，同时加强语气。试比较：

（1）他高兴（得）太。
（2）他高兴（得）太太。

（1）句表示他很高兴，（2）句表示他非常高兴。

从语法功能来看，"太"既可以放在形容词前做状语，也可以放在形容词之后做补语，如"他这人太好了""他这人好得太"。"太太"不能放在形容词之前做状语，只能放在形容词之后做补语。

"太"还可以和表示心理状态的动词组合，如"太想他了""太爱你了""太喜欢"，这一点临渭方言和普通话是一致的，但在临渭方言中"太"还可以和非心理状态的动词组合，这种组合一般用于否定词"不"之后，如"不太动""不太来""不太知道""不太说话""不太吃饭"，"太"表示动作的量或频率，"不太来"即很少来，不常来。"不太说话"即很少说话，不爱说话。有些地方还把否定词"不"放在"太"之后，如"太不知道""太不爱吃""太不来"，语序变了，但意思基本相同。

二 "死"与"死人"

"死"在普通话中经常做动词，表示"丧失生命"，与"活"相对。但在临渭方言中，最富有特色的用法是将"死"用于形容词前边或后边，表示程度达到了极点，相当于普通话的"极"，主要结构形式有两种：

1. 形＋死

如：他这人长得难看死了。

看把你美死了。

这两天我难受死了。

今天这顿饭香死了。

2. 死＋形

如：这人长得死难看。

这东西死重。

他走路死慢。

你丈夫死懒。

普通话中也存在这两种结构，但使用频率很低，而且只限于表达不满意的事情。这两种结构中"死"虽然都表示程度达到了极点，但在语法功能和词义的感情色彩上稍有不同。从语法功能看，第一种句式中的"死"置于形容词之后做补语，而且后边一般要加语气词"了"。第二种句式中"死"直接置于形容词之前做状语，不需要附加任何条件，而且这种结构在临渭方言中重叠使用，如："这东西死重死重。""他这人死懒死懒。""他走路死慢死慢。"从例句看，重叠的形式是 ABAB 式，表示程度加强。第一种结构不能重叠。从表意的感情色彩看，第一种结构在临渭方言中既可以表示如意的事情，如"美死了""香死了"，也可以表示不满意的事情，如"难看死了"。第二种结构主要表示不满的态度，是贬义，如"死重"、"死懒"。这里需要说明的是，"死"作为程度副词是从动词演化而来的。表示"丧失生命"这一意义是它的本义，后来通过比喻的方式演化出"程度达到极点"这一意义。在语言实践中要注意区分。试比较：

　　A. 越冬时一部分虫子被冻死了。
　　B. 我冻死了，快给我拿件衣服。

　　A 句中"死"是动词，表示丧失生命。B 句中"冻死"表示冷极了(临渭方言中"冻"有时用作形容词，与"冷"同义)，"死"表示冷的程度，是副词。

　　"死"还可以和"人"构成一种固定结构，也表示程度，如"今年的天气热死人了。""真是气死人了。""这件事笑死人了。""今天的饭香死人了。"这种结构和"形+死"在表意上基本相同。从语法功能看"死人"只能放在形容词或动词之后做补语，不能做状语。

　　最后需要说明的是"死人"作为程度副词是一个固定结构，要和动宾结构的"死人"区分开来。试比较：

　　A. 昨天这条街上死人了。
　　B. 街上人真多，挤死人了。

　　A 句的"死"和"人"分别做谓语和宾语。B 句的"死人"整个做了补语，表示挤的程度。

三　扎

"扎"（此方言有音无字，用同音字"扎"代替，后边的"捏个"与此相同），在临渭方言中经常放在动词或形容词之后，表示程度的最高级，相当于普通话的"极"。如：

> 这件衣服穿上美扎了。
> 这个主意嫽扎了。
> 旧社会把我饿扎了。
> 他过去把我家的饭吃扎啦。

运用这个程度副词有几个要求：（1）后边总是要跟语气词"了"或"啦"，"扎"不能独立置于动词或形容词之后，除非有时为了押韵而省略语气词；（2）"扎"作为程度副词时只能放在形容词或动词之后做补语，不能放在前边做状语，这一点与普通话的程度副词"很""极"不同；（3）形容词后加"扎了"既可表示不满意的事情，如"把我难受扎了"，又可表示如意的事，如"这主意嫽扎了"。动词后加"扎了"一般表示不满意的事情，如"把我饿扎了""他把我骂扎了""孩子昨天哭扎了"。

四　生

"生"在普通话中也用在少数表示感情、感觉的动词前边，表示程度加强，相当于"很"，如"生怕""生疼"。在临渭方言中，"生"可以用在很多形容词前，表示程度加强，相当于"很"。如：

> 天生热，不要穿太厚了。
> 饭生烧，等一会再吃。
> 他这人生聪明，一学就会。
> 这里人生多，另找个地方吧！

"生"作为程度副词，在运用中有以下几个特点：1.只能放在形容词或动词前做状语，这一点与普通话的"很"不同。"很"既可以放在形容词之前做状语，如"很好"，又可以在形容词之后做补语，如"好得很"；

2. 从表意上看，比"很"程度稍弱一些。试比较：

    A. 饭生烧，等一会再吃。
    B. 饭很烧，根本不能吃。
    C. 饭太烧，把嘴烫烂了。

这三例从 A 到 C，烧的程度依次加强。

五 捏个

在山西万荣县，"捏个"表示程度不深，用在动词或形容词之前，意义相当于普通话的"稍微"。在临渭方言中，也用"捏个"做程度副词，但在表意上与万荣县稍有不同。在临渭方言中，"捏个"用于动词或形容词前表示"恰好""刚刚"或"差不多"之意，言外之意是"有些少，差一点就不够"。如：

这些粮食捏个够吃一年。
这五百元捏个够买一头牛。
六尺布捏个能缝一件衬衣。
这树捏个八米高。

"捏个"在临渭方言中还有一种加中缀"里"的用法，组成"捏里捏个"。"里"和"个"都读轻声。如：

    这些钱捏里捏个够。
    咱家里捏里捏个有五千元。
    这锅馍捏里捏个能吃两天。
    一斤半毛线捏里捏个能织一件毛衣。

"捏里捏个"还可以直接做谓语，省略后面的动词或形容词。如：

    这件衣服穿上捏里捏个。
    这房子住八个人捏里捏个。
    这一百元作路费捏里捏个。
    一米布做条裤子捏里捏个。

"捏个"和"捏里捏个"意思基本相同，只是"个"的读音不同，前者读52调，后者读轻声。

第七节　民间歌谣

一　童稚篇

月亮爷，渐渐高

月亮爷，渐渐高。骑白马，挎洋刀。洋刀长，戳死狼。狼没血，变成鳖。鳖没尾巴，变成狗娃。狗娃没毛，变成铜瓢，铜瓢没把，变成瓜娃。

猴娃搬砖头

猴娃猴娃搬砖头，砸了猴娃脚趾头。猴娃猴娃你不哭，给你娶个花媳妇。娶下媳妇阿达（哪里）睡？牛槽里睡。铺啥呀？铺簸箕。盖啥呀？盖筛子。枕啥呀？枕棒槌。棒槌滚得骨碌碌，猴娃媳妇睡得呼噜噜。

笭笭，面面

笭笭面面，黑白罐罐，白的给娃吃，黑的给马吃，把马喂得肥肥的，把娃吃得胖胖的。骑着马儿看戏去。

笭笭，面面，杀公鸡，擀细面。婆一碗，爷一碗，两个小伙两半碗。

鸡鸡翎，跑马城

鸡鸡翎，跑马城。马城开，都进来。跑一圈，给一千。跑出城，是能怂（方言中指有能力的人）。

羞，羞，把脸抠

羞，羞，把脸抠，抠个窝窝种豌豆，人家豌豆打一石，咱的豌豆打一罐。

月明夜，亮晃晃

月明夜，亮晃晃，开开城门洗衣裳。洗得干干净净的，捶得邦邦硬硬的，打发哥哥穿整齐，提上馍笼（馍篮子）走亲戚。

屎巴牛点灯

屎巴牛点灯，点出先生。先生算卦，算出黑娃。黑娃敲锣，敲出她婆。她婆碾米，碾出她女。她女刮锅，刮出她哥。她哥上柜，上出他伯。他伯碾场，碾出黄狼。黄狼挖枣刺，挖出他嫂子。

谁跟我摇尾巴

谁跟我，摇尾巴，一脚踢到沟底下。沟底下，有狼哩，把娃吓得胡藏哩。

新年好

新年好，新年好，穿新衣，戴新帽，吃白馍，砸核桃。

盼新年

今日七，明日八，哪一日得到新年呀？穿新袄，戴新帽，手里拿个丁丁炮，啪里啪啦好热闹。

乞巧歌

巧牙牙，乞巧来，桃儿罢，枣儿吃，年年有个七月七，尺子量，剪子割，看谁手上拿的多。一碗水，两碗水，请下七姐洗白手；一碗茶，两碗茶，请下巧姐洗白牙；一碗油，两碗油，请来七姐梳光头；一页瓦，两页瓦，请来巧姐院中耍；一块砖，两块砖，请把巧姐送上天。

娃娃勤，爱死人

娃娃勤，爱死人；娃娃懒，黑死眼，拿起火棍往外撺。

瞎蚂蚱

瞎（坏）蚂蚱，草里生，前腿爬，后腿蹬，又吃嫩牙又啃青，祸害庄稼害人精。

东方亮，快下炕（劝学）

东方亮，快下炕，背上书包把学上，到路上，甭打晃，早上念书不肯忘。

天皇皇，地皇皇

天皇皇，地皇皇，我家有个夜哭郎，过路的君子念一遍，一觉睡到大天亮。

二　婚姻爱情篇

把我羞得难张口

梆子梆，纽子纽，要个媳妇还没有，我大（爹）我妈不言传，把我羞得难张口。

向日葵，向阳开

向日葵，向阳开，我大我妈把我卖到××村，地又远，井又深，把住辘轳骂媒人，媒人不是好媒人，吃青草，拉驴粪，死了埋在乱刺坟。

媒人真是没良心

我大爱吃山核桃，把我卖到山屹崂。桌子擀面太得（dei）高，板凳擀面折断腰。半截擀杖没牙刀，漏气风箱要我烧。我妈只图把我卖，我受的难过谁知道？天知道，地知道，剩下就是我知道。拄擀杖，骂媒人，媒人真是没良心，说下这媒烂舌根！

不管远近都给哩

刮风哩，下雨哩，我村有个好女女，不管远近都给哩，千儿八百图礼哩。

我大（爹）我妈爱银子

我大我妈爱银子，把我卖给老头子。老头子，有胡子，差点把我能奴（恶心）死。老头子给我金戒指，就给金子都没意思。

怨大（爹）妈

女子今年一十三，我大我妈急得给我寻老汉。拜了地，拜了天，揭开盖脸子偷眼观，呀呀妈！茬茬胡子一只眼，黑得像个叫驴脸。大、妈八辈子没见过钱，叫你女儿死都蒙不合眼。

千万给寻个好阿家

树上的喜鹊叫喳喳，左眼跳得扑塌塌。黄狗黄狗你卧下，媒人媒人你坐下。叫我给咱烧茶炒芝麻，吃饱喝够再说话。他大伯，你听着：咱娃没长下十七八。看不了钥匙当不了家，千万给寻个好阿家（婆婆）。

只怨棒槌不怨郎

哥在山上去放羊，妹在河边洗衣裳。棒槌打了奴的手，只怨棒槌不怨郎。

等女婿

手里拿着袜底底，我坐到门前等女婿。东来的，西去的，都是扛锄下地的。就是不见心近的。

找个工人刚对向（合意）

手表车子加皮鞋，门上要挂军属牌；一工二干三教员，死活不跟庄稼汉。找个农民嫌穷光，找个军人怕打仗，找个干部怕下放，找个工人刚对向。

三　家庭关系篇

娶了媳妇不爱娘

麻鸦雀（灰喜鹊），尾巴长，娶了媳妇忘了娘，吃白馍，喝肉汤，把娘背到河岸上。蹬一脚，轱辘当（滚下去的样子），哎呀呀，我的娘，你不死了你命长。

父母苦

儿大咧，女嫁咧，娶了媳妇有娃咧，银钱花得刷刷刷，三天逢个新邻家（比喻像邻家人一样），几天和你不说话，走时给你丢（留下）个娃，婆婆米汤熬黏咧（好了），孙子锅台围严咧，婆婆在家纺线哩，媳妇抱娃胡转哩。婆婆身上挂套子（旧棉絮），媳妇身上穿料子。

娶下媳妇昧良心

软枣枣树，毛毛根，吃娘奶，跟娘亲，取下媳妇昧良心。把娘哄到沟儿畔，踢一脚，轳辘当，打破鸡蛋流了黄，再不得见我那亲光娘（亲生母亲）。

见了老娘像豹子

见了媳妇像孝子，见了老娘像豹子。年轻媳妇穿料子，老汉老婆穿套子。

见面不答话

媳妇娶全啦，儿子跑完啦。米汤熬黏啦，孙子围严啦。花了两千八，娶个新邻家。见面不答话，地上撂个娃。

隔窗看见儿抱孙

隔窗看见儿抱孙，我儿抱着他儿亲，等到他儿长大了，他儿忘了我儿恩。

分家

一家四口人，都来把家分。老大胡子长，分了一间房；老二胡子短，分了一个碗；老三没胡子，分了个驴蹄子；老四爱喳喳，分了个烂刷刷。大家不要妈，后院把猪拉。四个都是狼，长大忘了娘。

娃他婆

媳妇娶进三天多，紧跟就买尺八锅。听起亲着哩，实际分着呢。见面不说话，出门撂个娃。叫个妈，划不着，口口声声娃他婆。

第十章

民间传说

民间传说属于民间口头叙事文学。由历史事件、历史人物、地方风物及神话人物有关的故事组成，是广大劳动人民在长期生活实践中所积累的智慧的结晶，是本土民间文化精华部分。

民间传说往往以故事的形式出现，包括故事发生的时间、地点、人物、过程、结果甚或意义；古时的许多民间故事往往是以传说的形式流传下来和传播出去。或记录事件，或诠释现象，或除恶扬善，或寄托情感，内容丰富，体系庞大，情节感人，可读性强，大多具有正面的教育意义。

临渭区由于其特殊的区位优势，是中华民族汉文化的主要发祥地之一，民间传说尤其丰富，表现出体量大、内容多、时间跨度久远、涵盖范围广泛等特征。故事主角以当地山水形胜、村庄名称来历、神话传说人物故事、帝王将相、才子佳人、历史名人逸闻轶事为主。是当地民俗文化不可或缺的一部分。

在"山水形胜"方面，流传较多的有《天留山》《石鼓山》《黄狗峪》《断岭》等传说。

在"地方风物"方面，流传较广的有《来化塔》《慧照寺》《孝义涝池》等的传说。

在"人物故事"方面，流传较多的有刘秀传说系列，涉及石鼓山、黄狗峪、信义等；还有关于当地名人，如长寿塬三皇后（刘秀阴皇后，隋文帝的独孤皇后，宋仁宗的曹娥皇后，每一个皇后，都留着一个美丽的传说）、寇准、白居易、南大吉、王忠嗣等。

在"神话传说"方面有《七仙女的传说》《八仙故事的传说》《牛郎织女的传说》《二郎神杨戬的传说》等。

在"村庄名称来历"方面有《阿杆村》《孝村》《屈驾村》《信义村》《李十三村》《厚子镇》《牛寺庙》等，内容非常丰富。

　　因篇幅所限，本书只收集了由杨志贵先生、赵发民先生等整理的部分民间传说。

一　长稔塬

　　关中东府的人，都知道这么一句话："华州华阴水浇田，不及渭南长稔塬。"那么，这句话和长稔塬这个名字是怎样来的呢？

　　据说光绪二十六年，八国联军侵略中国，慈禧、光绪向西窜逃。当他们穿山西、过黄河、入潼关，进关中，到了赤水，渭南县令张世英早在那里恭候迎接。他们交谈了几句，慈禧说："秦川之地，人常说平展无际。这北面还差不多，怎么南边尽是山坡？"张世英说："太后有所不知，眼前山坡，乃是塬边，上了塬仍和塬下一样，一翅平展，广阔无际。"慈禧说："既是平地，有土无水，也是个旱塬，能长个什么？"旧时传说，皇上、皇后金口玉言，说啥是啥。慈禧如此一说，塬上便啥也长不成了。张世英一见跪下说："禀太后，这塬上可住着几万人呀，他们的衣食住行，都靠这块地供给，那可是个宝塬啊！"光绪见张世英求告，便说："那就叫长稔塬吧！"张世英讨了个"上上大吉"，便一路步行，陪着慈禧、光绪进了县城，并把他们安顿在府衙内最好的地方居住。

　　慈禧、光绪住下后，梳洗一毕，张世英捧茶献果，拿出渭南的土特产核桃、柿子、梨、枣伺候招待。每天早点是时辰包子、水晶饼。午饭做20多样菜肴，主食是面皮、水饺、油桶底、臊子面、锅盔馍等。慈禧、光绪见饭食虽不如宫廷丰盛，但风味独特，味美可口，较宫廷内有过之而无不及，便称赞起来。张世英说："禀太后、皇上，这些东西是城南那个大塬上所产。那塬上，地平坦，土肥沃，雨水适时，种啥成啥，产高质优，是本县粮棉主要产区。"慈禧一听说："想不到这塬还是个物产丰富的宝地呢！"光绪对南塬深有好感，趁机对慈禧说："华州华阴水浇田，不及渭南长稔塬。"慈禧笑着点了点头。听了慈禧、光绪的话，张世英非常高兴。后来慈禧、光绪一行西行了，但这句话和"长稔塬"这个名字，便从此流传下来，成了东塬人对自己住地自豪的赞语。

二　独孤庄

　　渭南东塬有个崇凝镇，这个镇所在地过去叫"独孤庄"，据说这个村在南北朝时期出过一个叫独孤伽罗的皇后，村名便由此流传下来。

北朝传到西魏时，有个叫杨坚的小伙，有一天从长安出发，回老家华阴探亲。当他沿着山根，进入渭南，过了酒河，上到东塬时，天下起雨来。他见四周无处藏身，便继续前行，走了二里多路，发现前头有个村庄，紧走了几步，便站在一家大户人家的屋檐下躲起雨来。谁料这雨越下越大，眼看天黑了，还没有任何停歇的意思。杨坚一想：看来今晚不在这里过夜是不可能了。此时，他全身衣服湿透，雨中又刮着风，冷得他不住发抖。无奈，大着胆敲起门来。

这家主人名叫独孤信，是个鲜卑人，在京城长安任职，因太太和儿子们那几天在京城居住，家中只留下了女儿独孤伽罗一人。这伽罗，时年十五，不仅生得貌若天仙，针线活也做得十分精细，加上常读诗书，知书达礼，与邻居们都处得和和气气，关系密切，一提起她，大家无不夸奖赞美。

她听了丫鬟的报告后，很怜悯这个淋雨的夜行人，遂让丫鬟做饭给他吃。

丫鬟做饭期间，杨坚仍不忘读书，深受伽罗赞许，顿时充满好感。

大雨之后的次日，倒是个大晴天。杨坚却额头滚烫，出气粗短，处于昏迷状态，病得不省人事了。伽罗得知后，便拿起自己的银针，用酒擦了擦，在杨坚的头、手、身上，一连扎了五六处。过了会儿，杨坚体温降了。当他睁开眼，见是一位貌若天仙的妙龄少女坐在床边为自己治病时，感动得想下床向她拜谢，但被伽罗婉拒。杨坚在伽罗的细心照料下，很快恢复了健康。

几天后，他要离去，想当面向伽罗致谢，碍于男女有别，杨坚托丫鬟向伽罗道谢，伽罗托丫鬟回答说："你的好意，姑娘领了，用不着感谢"。杨坚见伽罗如此，便向着她的绣楼，深鞠三躬，才上了路。

到了北周，杨坚掌了朝权后，率兵灭了北齐，统一了北方，不久，改国号周为隋，自称隋文帝，娶伽罗为妻，封为皇后娘娘。八年后又灭了陈，使分裂了270多年的大好河山，终归一统。

伽罗当了皇后，尊重朝臣，爱护百姓，协助杨坚作了许多益事，深得文武百官和百姓爱戴。人以事名，地以人名。伽罗的名声传遍各地后，她的故居——独孤庄，也成了人们心目中的圣地。

三　黄狗峪

黄狗峪，是秦岭北麓的一条大峪，据说"黄狗峪"这个山名，还是汉光武帝刘秀起的，这是怎么回事呢?

据说当年王莽追赶刘秀时，刘秀逃到石鼓山，无奈中以石作鼓，祈卜测命，说道："我敲此鼓，鸣则生，不鸣则死，请天地示知。"由于用力过猛，将鼓槌击断，声响如雷。刘秀知继承皇位有望，便继续逃匿，并在各地组织人马，以图东山再起。

刘秀敲响了石鼓，震得凌霄宝殿的玉皇大帝都知道了此事，命托塔天王李靖派天将下凡协助，以复汉室。李靖领旨出了南天门，返回途中，正巧碰上了游猎而归的二郎神杨戬。杨问李上殿何事，李讲了原因，二人寒暄了一阵儿，便揖手告别。

李靖与杨戬的一番闲聊，被站在身旁的哮天犬听得一清二楚。它想，王莽作乱，刘秀受难，连玉皇大帝都非常重视，差李靖派天神协助。自己一天到晚，无所事事，跟着个杨戬东游西转，多么无聊，何不也下界做点好事，让百姓早点平安。想到此，它见杨戬已回府衙，遂纵身一跳，降下凡来。不料，性子太急，又粗心大意，结果投错了胎，上得世来，竟是一只黄狗。这黄狗长成后，身体高大，聪明过人，加之异常凶猛，简直是只雄狮。因这峪套中清水河旁的陡峭石崖上，有孔石洞，内供玉皇大帝金身，它便在这洞旁住了下来，一边替玉帝看守门户，一边打听刘秀下落。

一日，它正在洞前转悠，忽见一人纵马提刀从峪口奔来，正追赶着一个十五六岁的孩子。那孩子边跑边喊："救命! 救命!"黄狗一见，正义感满胸，迎着奔马扑了上去，挡住追赶人的去路，使孩子向右一拐，钻到附近山坡的丛林里去了。

追赶人见孩子逃匿林中，气得持刀向黄狗砍来，并骂道："该死的恶犬! 老子正要捉住刘秀，偏叫你这东西坏了大事。今天不将你斩为肉酱，誓不回马长安。"尽管他向黄狗乱挥乱砍，但这狗因是神犬，忽前忽后，忽左忽右，跳来跳去，行动如飞。他不但砍不着，反被咬伤数处。

黄狗听了追赶人的骂话，意识到这孩子便是刘秀，此人就是王莽，更加死死缠住不放，以拖延时间，让刘秀跑得更远，藏得更好。王莽见黄狗死拦自己，知捉拿刘秀无望，便跳下马背，走到山根，放起火来。他想，即使捉不住你刘秀，就凭这把火，也要把你烧死在山里。秋后的草木，干枯易燃，刹那间，大火熊熊。山风中，火借风势，风助火威，越烧越旺，满坡成了一片火海。王莽看火势大起，料谁也无法扑灭，大马一骑，悻悻地走了。

黄狗见王莽烧着了山林，知这座山只有一条出路，且在悬崖峭壁上，还不知刘秀找到了没有。急忙中，它纵身一跃，穿过火海，向山坡奔去。它跑遍了全山的旮旮旯旯、坑坑洼洼，终于在一个石崖下的小窝中找到了刘秀。它见刘秀蹴在那儿，凭着周围密密麻麻的草木遮掩着身体，便上前用嘴去拉。刘秀见黄狗拉扯自己，以为它要噬他，吓得缩成一团，更是拖拉不动。黄狗看看无法，遂向山下跑去。到了河边，往一个大水潭中一跳，饱蘸河水，又急忙向山上跑来。到了刘秀跟前，用尽全力把身上的水筛落在石窝前，使每棵草木都沾上河水。如此这般，无数次地反复，刘秀身旁的草木终于都成了湿漉漉的，似在水中泡过的样子，等大火烧到那儿，果然不燃自灭了。

刘秀得救了，卧在石崖下的全身湿透、水汗难分的黄狗却累死了。临死，还以自己的身躯，为他筑着最后一道屏障——横躺在石窝的窝口，护卫着刘秀。

刘秀见黄狗为自己献出了生命，流着泪，用手指挖了个土坑把它埋掉。他深恐其他野兽加害它的遗体，又在墓周围搬压了许多石块，这才一步三回头，依依不舍地离去。

刘秀在洛阳当了皇帝后，没有忘记黄狗的大恩，他下旨为它制作了一副雕刻细致、丰厚无比的棺椁，令车马拉着，亲自来到黄狗坟前举行仪式，重新安葬，并为它树了碑记，曰：义犬黄狗之墓。他将自己遇难的山坡，取名好汉坡；把王莽走过的沟，叫奸贼沟；黄狗居住的峪套，命名为黄狗峪。自此，这个峪名就一直流传到现在。

四　牛寺庙

在大王街北三公里处，有一个村子名叫"牛寺庙"，关于这个村名的来历，据说与刘秀有关。

西汉末年，王莽篡位后，对刘姓宗亲实施灭门政策。当时正在长安游学的刘秀，得到这个消息后，连夜逃离。

一路上，到处都是王莽派的追兵。当刘秀被追到现在的临渭区大王乡附近一片空旷的田野时。顿时只听见追兵喊杀声响成一片，眼看着快要追到刘秀时，刘秀焦急万分，猛然间抬头一看，只见一位衣着朴素的农夫吆喝着一头老黄牛，正在田间犁地，刘秀灵机一动急忙上前求救，农夫看到眼前的刘秀一身书生气，并非凡人，也没顾得多问，急忙向牛身上使劲地抽了一鞭子，只见农夫手中的犁左右晃动，牛很费力气地耕出了一条又大又深的犁沟，农夫忙招手示意刘秀将身藏于犁沟之中避一避，当刘秀将身藏于犁沟后，在地面上还是能看得见他的身影。正当刘秀和农夫急得不知所措时，心有灵性的老黄牛，俯下身来将刘秀藏于自己身下。

王莽追兵追赶到农夫身边后，气势汹汹地问道："刚才有位眉清目秀的男子从此经过，你可曾见到过？"农夫淡定地回答道："我忙于耕地，从未见到过任何人"。追兵听到此言，便立刻继续前行追杀刘秀去了。

刘秀躲过了追兵之后，老黄牛便站起身来，让刘秀从犁沟里爬起来。刘秀感激地叹道："真是老天爷保佑，不灭我刘秀也。"

刘秀躲过了王莽的追杀，向农人和老黄牛分别鞠了一躬后，继续钻秦岭回河南老家去了。就在刘秀走后不久，那头可怜的老黄牛，由于当时用力过猛累死了。

刘秀灭了王莽后，得了天下，做了皇上。刘秀时刻不忘那位农夫和那头老黄牛的救命之恩，便差人打听老人和黄牛的下落，当刘秀得知那头老黄牛为了救自己累死的消息后，便立即派大臣前往那里修了一座庙，还供奉了一头耕牛，称此庙为"牛死庙"，以此庙来纪念那头救命的耕牛。久而久之，当地人叫转音后，就将"牛死庙"叫成了"牛寺庙"，"牛寺庙"所在村子便成了"牛寺庙村"。

五　二蛋

在渭南，在陕西，在西北乃至全国，"二蛋"这个骂人的俚语好像是通用的。

现实生活中，人们把做事不动脑筋、不计后果的人或者脑子不好用的人称为"二蛋"。标准的一个贬义词。

由"二蛋"这个词汇又衍生出了许多同义词。例如："二述""二货""二锤子""二杆子""二得很""看你二成啥啦？""看你二的外样子"等等。

但是，许多人并不知道"二蛋"这个词的来历。

其实，"二蛋"这个词最早是个褒义词。这个词的来历与蒲松龄有关，或者说与蒲松龄笔下的一个人物有关。

蒲松龄在《聊斋志异》卷二第五篇《陆判》中描写的一个人物叫"朱尔旦"，是一个天不怕地不怕的人。

民间骂人的话"二蛋"就与《陆判》中朱尔旦有关。

朱尔旦是安徽陵阳（旧县名。今为陵阳镇，属安徽省青阳县）人，字小明，性格豪放，因生性迟钝，虽然学业认真，但并不出名。

一天，文社里众书生在饮酒。有人戏弄他说："你有豪放的名声，要是能在深夜到十王殿，背来左廊下的判官，我们就凑钱请他喝酒。"

原来陵阳有座十王殿，里面的神鬼塑像都是用木头雕刻，装饰打扮得栩栩如生。东边走廊有个站着的生死判官，长着绿色的而庞红色的胡须，面貌尤其狰狞、凶恶可怖。有人在夜里听见十王殿的两廊下有拷打问讯犯人的声音。进去的人，寒毛都齐齐竖起来了。所以众人用这个来向朱尔旦发难。朱尔旦笑着起身，径直去了。没过多久，门外有人大呼说："我请来了髯宗师了！"众人都起身来。一会儿，朱尔旦背着判官进来，放在几子上，拿起酒杯，敬了三次酒。众人看见，在座位上害怕地颤抖，就请朱尔旦背走。朱尔旦又向地上倒酒，拜祝说："门生狂放不拘礼节，大宗师想必不会见怪。我的寒舍不远，你有兴致要来找我喝酒，希望不要客气。"于是背着判官走了。

这个判官姓陆，有姓无名，因是判官，故人们称为陆判。

朱尔旦背走陆判之后，陆判不但没有怪罪朱尔旦，反而和朱尔旦成了朋友，隔三岔五两人在一起喝酒。

自从朱尔旦背了陆判之后，朱尔旦的名声一下子变大了，人们都从内心佩服朱尔旦的胆量，把朱尔旦当英雄看。每当见到有人做了别人不敢做的事情，就会和朱尔旦联系起来，赞扬他的作为像朱尔旦："厉害，像个朱尔旦。""看你厉害得像朱尔旦一样。"

随着民间传说的流传、时间的推移，人们逐渐在口语中就省略了朱尔旦的姓，直接说："看你厉害得像个尔旦。"

再随时间推移，就没有人知道"尔旦"的写法和意义了，以讹传讹就成了"二蛋"了。词的感情色彩也发生了根本性的变化，由过去的褒义词变成了今天的贬义词，成了骂人的一句粗话。

这就是民间俚语"二蛋"的来历。

一家之言，欢迎批评。

六 跪草

在渭南乃至整个关中，家里老了人后，孝子守灵要"跪草"，即在膝下垫一些柔软的麦草，跪在灵前。

来了客人祭奠赔礼也要"跪草"，并行叩首礼。

那么，你可知道"跪草"的来历吗？

大多数人认为膝下跪草没什么讲究，只是为了跪着柔软舒适而已。其实大谬也。"跪草"是大有来历的。

要知道"跪草"的来历，还得从"落草"说起。

远古时期，社会发展程度很低，物质极其匮乏，棉织物基本没有或者很少，人们连穿的衣服都没有，更不能用作其他。

女人生产时，身下都要铺些柔软的麦草。

麦草既柔软又暖和还不会划伤胎儿，是女人生产时最理想的铺垫物。另外，妇女生产时流出的体液顺便流到麦草中，又不会污染了身体，是一举多得的事情。

因此，在渭南民间，人们把生孩子叫"落草"。

待孩子满月后，母亲就要将生产时污染了体液的麦草用绳子捆好存起来。

待母亲去世后，儿女们便将这些麦草拿出来跪在膝下长跪不起，以示不忘母亲的养育之恩。

其他长辈去世后，孝子"跪草"也是从这里演变来的。

随着社会的发展，物质的丰富，女人生产时不再用麦草了。但"跪草"的习俗还是保存了下来，只是绝大多数人已经不知其含义了。

总之，"跪草"是一种仪式，是表达对父母养育之恩的一种非常庄重的仪式。

这就是"跪草"的来历。

七 神没穿衣服

很久很久以前，有个秀才，早年丧父，靠母亲拉扯成人。

母亲是个贤惠之人。虽然没有多少文化，但明事达理，知道生活的艰辛，知道做人的不易。经常告诫儿子要好好学习、善待他人、孝敬长辈、和亲睦邻、勤俭持家、读书而仕。

　　儿子果然孝顺，很听母亲教诲，从此，勤奋耕作之余发愤读书，名扬方圆几十里。虽未及第，但也落得一个秀才之名。

　　秀才好学多思。常常一个人苦思冥想，思考天际间、人世间的一切可疑之问。

　　有一天，秀才想：人常说，世间神最大。也有人说人也是神造的。他觉得好奇，便决定去寻找神。

　　秀才问母亲："神长什么样？"

　　母亲说："神没穿衣服。"

　　听了母亲这句话，秀才知道自己理解了，便决定去找神。

　　母亲表示支持，并给儿子准备了半年的盘缠，拿了几件换洗的衣服。

　　秀才拿了母亲准备好的盘缠，穿了母亲亲手缝的衣服，向母亲行跪拜之礼，出门寻神去了。

　　秀才出了门，一路南行，逢人便问："哪里有神？"

　　有人表示不知。有人说："神在庙里。"也有人说："神在大山里。"

　　秀才先去庙里寻神。

　　秀才问庙里的和尚，和尚摇头表示不知。

　　秀才在庙里没有找到神，便又去山里寻。

　　不知走了多少里路，不知问了多少个人，不知进了多少个庙宇，不知进了多少座大山，虔诚执着的秀才依然没有见到神。

　　屈指一算，时间已过半年，行程已逾千里，盘缠已经花光，衣服也已破败不堪。

　　想想自己辛苦半年，行程千里，见神未果，家里还有孤母一人担惊受怕。秀才怀着落寞的心情决定返回自己的家乡。

　　儿行千里母担忧。自从儿子出门寻神之后，母亲每日都生活在担惊受怕之中，食不甘味，夜不能寐。老在想："我的儿不会出事吧？""我的儿盘缠是否已经用完？""我的儿是否还有换洗的衣服可穿？""我的儿何时才能回到自己的身边？"

　　思儿心切的母亲，半年光景竟然全白了头，枯瘦得不像个人形。

　　秀才寻神未果，盘缠已尽，衣服仅剩一身且已破败不堪，难以遮体，只能一路沿途乞讨，昼伏夜出，走上了返乡之途。

　　又半年过去了。母亲思儿心切，日日想，夜夜盼，整日以泪洗面。

　　一年后的一天夜晚，终于等来了久违的敲门声。

一听到敲门声，难以入眠的母亲知道是自己的儿子回来了，一骨碌爬起来下了炕，连衣服都没顾上穿，就给儿子开门去了。

门一打开，见到一丝不挂的母亲，秀才羞愧难当，在母亲面前长跪不起，像个婴儿似的竟然十分伤心地哭了起来。

想想母亲说的话："神没穿衣服。"秀才恍然大悟，如梦方醒，想不到神离自己是这么的近。

秀才对自己的寻神行为十分后悔，决心从此不再远行，在家安心劳作，孝敬母亲，尽到一个儿子应尽的孝道。

八　算黄算割

每当大麦发黄的时候，渭河平原、山区、川道，便到处响起了清脆的杜鹃鸟的叫声，这种鸟儿当地人称之为"算黄算割"。一到傍晚，这声音随着鸟儿的飞翔，在村庄、在田野，到处回响，这时，老人们会说："夏收工具该准备了，'算黄算割'都来了。""算黄算割"也是临渭区的一个方言词，义即"边黄边割"，即成熟一片收割一片，提醒人们龙口夺食。

传说在很早以前，这山沟里住着户姓辛的老农。一天，他对儿子说："孩子，听人说，山外大平原上的麦子已经熟了。因雨水适时，今年长势特别好，收割价钱也不错。咱家贫寒，你也大了，还没成家哩，况坡上的麦子还绿，我想和你一起出去，下几天麦场，挣几个钱，不知你心意如何？"儿子觉得父亲说得在理，便磨了几张刀片，拿了镰床和准备过夜的夹衣，就一起出发了。

出了山，一眼望不到边的平原，那麦子啊，杆粗穗大，微风下，金水般的麦波，一浪赶着一浪，涌向无际的天边。在这龙口夺食的季节，户主们套马拉车，日夜在田间奔忙。好多人怕天气干扰，影响夏收，都纷纷到人市上找短工帮忙，把往年收一亩麦两吊钱的价钱，一下子抬高到三四吊。辛老汉一下麦场，饭都顾不上吃，水都顾不上喝，背着火红的太阳，一镰一镰，一个劲地往前赶割。就是晚上，也只是打个呼噜就下地了。五天下来，父子俩一合计，挣了三四十吊钱，喜得辛老汉脸上像开了花。

"爹，现在回吧！咱家的麦子也快熟了。"儿子说。

辛老汉说："傻娃子，这么好的价钱，不好好干几天，还等啥哩！再说，咱家的麦子绿着哩！回到家还不是白住着，没事干。"

听了父亲的话，儿子也没说什么，两个人一起又干开了。

过了三四天，儿子又对父亲说："现在该回家了。我们的麦子肯定熟了，不能再等了。"

"好娃哩，再坚持几天吧！"辛老汉又劝到："现在人家在打场，更忙得很，一天能挣五、六吊呢！回家后给你定亲，礼钱是不成问题了。咱家的麦子迟收几天也不要紧，咱再干它几天吧！"儿子无奈，只好跟着父亲再给人家干活。

又过了几天，儿子实在耐不住了，一而再，再而三地催父亲道："大（爹），再不回，咱家的麦子就落完了。到那时，后悔都来不及了。"经儿子三番五次催促，辛老汉想继续挣钱的心总算死了，当晚拾掇好行李，第二天天不亮，就和儿子一起踏上了回家的路。

回到家，脚还没挨地，辛老汉就往坡上的麦田里跑。到了地头一看，大吃一惊，长时间的风吹日晒，鸟雀糟蹋，满坡的麦子，颗粒全落光了。就连麦秆，倒的倒，折的折，铺了一地，根本都没法收拾。他后悔没听儿子的话，使整个麦田都成了这种目不忍睹的惨状。

辛老汉跑回家，叫上儿子，拿了簸箕和小笤帚，在山坡上，从麦行的缝隙中，把麦粒一点一点地往簸箕里扫。忙得他俩饭都顾不上吃，觉都顾不上睡，夜以继日地苦干。辛老汉终因年纪大了，身体难支，被累得吐了血，昏死在麦田里。后来，他化作一只鸟，腾空而去。飞时，口中不断地叫道："算黄算割，算黄算割……"

沉重的打击，虽使辛老汉一命呜呼，但他没有忘记把这血的教训传给后人。每逢夏收将临，他不失时机地来到这里，告诫子孙和乡亲们："算黄算割，算黄算割。"希望人们不要重蹈自己的覆辙，落得个大意失荆州的惨痛下场。

九 "孝义"的由来

孝义镇位于渭南市区东北约 25 公里，是一座交通便利、商业发达、历史文化源远流长的古镇，东接大荔，南隔渭河与华县侯坊相对，北与交斜相连，西邻南师、信义两乡。据渭南县志光绪二十年记载，因明代初年，严邦佐的"孝子义犬"之说而改名孝义。

从前，和家庄有个孝子，叫和万财，30 多岁了，还没成家。他除了种田打柴，还经营着一块不大的栽有多种果木的小园。在他的家中，有位七十多岁的老娘，再就是养着一条体躯高大的黄狗，名曰"黄子"。

这黄子，聪明异常，平日从不在巷中游申，老是卧在荆门旁的小窝中或蹲在窝门口。要是来了生人，没有主人招呼，你休想进这个家；若是拿了东西走出，同样，没主家送，挡得你连门都出不了。春种夏管秋收之季，万财上地，它卧在农具衣物之旁；到了饭时，它会主动回家把万财娘做好的饭挂在脖项或驮在背上，小心翼翼地送到田头，等万财吃毕后，把给它的那一份，干干净净地舔食光；收打晾晒时，则卧在场边的树荫下，伸着脖子把头放在挺直的两腿中，一眼不眨地看着晒场的四周，不管鸡鸭牛羊还是鸟雀燕鹰，只要来到场中，它会把它们撵得远走高飞。果子成熟季节，它日夜守在园中，那些小偷小摸的孩子们，谁都不敢来园边观望。万财上街卖果，黄子蹲在筐旁，张着嘴，瞪着眼，监视着那些转来转去光看不买的人。有个无赖，仗着自己是街里人，无人敢惹，竟拿了几个桃子要走，却被黄子挡住了。它一会儿扑在他的身上，一会儿爪子搭在他的肩上，逗得赶集的人都围着看稀奇。无赖看看无法，只好放下桃子，灰溜溜地走了。

有一次，万财卖完梨回家，走到半途，因天热，在道旁不远处一棵树下休息，黄子也蹲在一旁。它见田野里有只兔子在跑，一高兴，追了上去，当返回时，万财已经离去。这时，一个行人向他们休息过的地方急急走去，黄子一看，原是万财的钱包丢在那里，便上前去抢，但那人已拣在了手中。黄子一急，立起身，两只爪抱住那人的手腕，咬住钱包狠狠一抻，夺了回来，撒腿就跑。那人怔了半天，不解其故。

万财回到家中，欲把卖梨的钱交老娘保管，提起衣服一摸，不由急出了一身冷汗。他正要出门寻找，黄子噙着钱包回来了，喜得他抱住黄子又亲又摸，不知如何说好。原来万财在树下休息时，因身上太热，便脱了布衫拿在手中，走时，顺便向果筐一扔，结果钱包溜出了衣袋，掉在地上。他没看见，竟头也不回地走了。要不是黄子夺回，贫穷的家境，又多了一层冰霜。

农闲，万财上山打柴，黄子跟着相伴，蹲在绳担干粮旁看守。一年冬，万财在山坡上忽然叫喊着走来，黄子一听，急急奔去，原是只老虎扑向万财。黄子一见，朝着虎的后部猛袭过去。那虎觉得后腿被什么咬了一下，回头一看，见是黄子，便丢了万财，向它扑去。黄子机灵，赶忙躲过，老虎扑了个空。这时万财见有黄子相助，胆子也大了，持着斧赶忙去救，照准虎臀就是一斧。那虎受了伤，返回身扑向万财，黄子又从后边袭去。如此这般，老虎在忽前忽后地来回搏斗中，终因不敌，最后死去，但万财和黄子也都受了重伤。黄子挣扎着走到万财身旁，见他昏迷，便守在旁边看护。万财清醒后，黄子扯他的衣服，他终于明白了黄子的意思，便双手搂住它的脖子，在它一步三歇地拖拉下，由小沟转移到了大沟。黄子希望有人来救万财，拼着全力吠叫，但到底没唤来一个人。

天晚了，万财没有回家，急得老娘在家里团团转。她看实在等不着了，便打发了几个人入山找寻。折腾了半晚，天明时才将他们找到。此时，万财已昏了过去，黄子则安静地躺在草地上，不知从什么时候就已经停止了呼吸。人们把他们抬回家后，根据万财的嘱咐，把黄子埋在了地头它常睡卧的那棵大榆树下。

万财伤好后，在黄子的坟前立了块石碑，上写"义犬黄子之墓"。后来他举了孝廉，当了县令，为官清正廉洁，深受万民爱戴。病逝后，百姓感其以孝成官，家中又有过义犬，便将此地取名"孝义"。

十 "坐席"的来历

过去在农村，不论谁家过红白喜事，客人来后，到了吃饭时间，接待宾客的经管人员，在门里门外叫喊着说："出门（走亲戚）的客人，坐席啦，赶快给桌前围。"若要问，既是在桌前坐，为啥又叫"坐席"哩？老人们的说法是这样的——

春秋时有个叫公输班的人，因生在鲁国，人们都叫他鲁班。鲁班的父亲是个木匠，但在鲁班八九岁时，不幸去世了。因他年纪幼小，家里的活，里里外外都靠母亲一人操劳。母亲善于编织，是方圆三四十里内有名的巧匠。她常编些篮篮囤囤拿到集上去卖，换些米面油盐回来过日子。她编得最好的是苇席，破篾细，织得密，样式新颖，结实耐用，只要一到集上，便被抢购一空。有些大户人家，因招待客人需要，还专门到她家来订购席子。古时，没有桌凳，来客吃饭饮酒，都是席地而坐，故人们把这样的场面，叫作"坐席"。

由于父亲是个木匠，聪明好学的鲁班，在父亲生前干活时，常站在旁边观看。父亲干活需要什么工具，他都能及时地拿来递给父亲。有时还帮父亲做一些简单的木活。父亲去世后，他一边上学，一边帮母亲干活。长到十二三岁时，看到母亲太劳累了，便拿起父亲的工具，也学着做起木活来。在母亲的指导下，渐渐地有了长进。据说，纺线车子、织布机，都是他发明的。

在木匠活上，由于鲁班不断地进行技术革新和工具改革，他的木活，越做越细，越细越巧，越巧越妙，越妙越奇。制成的鸟会飞，做成的马会跑。只要人们提出要求，他都会使你满意。有一次，母亲拉着他的胳膊说："班儿呀，你看咱家来了客人，铺席坐在地上，端饭不方便，要弯腰；吃饭也不舒服，弓腰屈腿，时间长了，酸痛得难受。你能不能做个什么代替席子，让大家吃起来舒服一些。"鲁班一听说："妈，让我想想。"不久，一张图案设计出来了，他拿给母亲看，母亲看后说："行，行！"过了几天，一副吃饭用的家具便制作成了。恰巧两天后给鲁班的儿子过满月，母亲叫他把制作成的家具摆在屋中，以供客人使用。

宾客来了，鲁班让大家围坐在他制作的家具旁吃起饭来。就餐中，人们都觉得他设计的这套用具，让人坐着舒服，吃饭也舒服；端饭的人，也感到行动方便。吃毕，宾客赞不绝口。有位老者更是高兴，他捋着白胡子，笑盈盈地说："班儿呀，你做的这个东西，吃饭用起来就是好！这叫什么名字呀？以后我们要制作要使用，总得有个叫法。"鲁班想起制作家具时母亲捉着他的胳膊的情景，便说："这大家具叫捉子（桌子）。"老者又问："那这坐的呢？"鲁班想起昨日外出干活，很晚才回来，急得母亲在大门外转来转去的情景，顺口说："这坐的叫'等子'（凳子）。"这便是桌子、凳子名称的来历。老者还问："那么以后按这种办法招待宾客，又如何称呼呢？总不能说'围着桌子，坐在凳子上吃饭'吧？这样多拗口，多啰嗦！"鲁班想起母亲是编席的，自己是个木匠，况且以前待客吃饭都叫"坐席"，便说："这样吃饭，还是叫'坐席'。"此后，不管是招待宾客，还是举行宴会，人们都沿用了这个名字，叫作"坐席"。

农村中的五花匠人是非常多的，如果相遇，都是对等相待，唯有席匠与木匠，却有上下之分，这大概是出于鲁班对母亲的尊重。受祖师影响，木匠见了席匠，不是退避三舍，便是礼让三分。现在，在一些偏僻农村，这种风俗，还依然存在。

主要参考文献

黄世东:《砀山民俗文化》,合肥工业大学出版社 2014 年版。

李十三史料研究组:《李十三评传》,陕西人民出版社 1987 年版。

蔺振杰:《李十三研究》,三秦出版社 2013 年版。

刘亦农:《千年古镇 多彩赤水》,西北大学出版社 2016 年版。

史新民、梁玉珍:《临渭历史图鉴》,陕内图,2007 年第 26 号。

田晓荣:《李芳桂皮影戏剧本语言研究》,西北大学出版社 2013 年版。

田晓荣:《临渭方言调查研究》,陕西师范大学出版社 2009 年版。

王相民:《李芳桂剧作全集校注》,三秦出版社 2011 年版。

渭南市临渭区地方志编撰委员会:《渭南市临渭区志》,陕西人民出版社 2014 年版。

渭南县志编纂委员会:《渭南县志》,三秦出版社 1987 年版。

杨继国、何克俭:《宁夏民俗大观》,宁夏人民出版社 2008 年版。

杨景震:《陕西民俗》,甘肃人民出版社 2003 年版。

杨志贵:《临渭民间传说》,陕内资,2008 年第 4 号。

政协渭南市临渭区委员会:《临渭人文揽胜》,2018 年。

政协渭南市临渭区委员会:《临渭文史资料》,陕内资,2017 年第 0040 号。

后　记

　　我是土生土长的渭南市临渭区人，大学毕业后又一直在这块土地上耕耘着。这里有我面朝黄土背朝天的父母兄妹，有掰不开、扯不断的亲戚朋友，有关心我爱护我的老师同学，有淳朴善良的邻里乡亲。这里不仅有温暖、有家，更是我心灵的寄托。无论我站在神圣的讲台上还是行走在繁华的街道里，耳边总是萦绕着浓浓的乡音，心里总有抹不去的乡情。虽然几十年来我主要从事教学科研工作，但无论是教学内容还是科研项目，总是要想方设法渗透当地乡土文化的内容。我第一次获得的教学奖项——"陕西省优秀教学成果奖"，题目是"语音理论的地域性实践"，内容是渭南方言和普通话语音的对应规律；第一次独立出版的两部著作是《临渭方言调查研究》和《李芳桂皮影戏剧本语言研究》；第一次获得的两个省部级项目是"渭南方言俗语研究"和"秦东皮影戏剧本语言研究"。渭南的乡土文化已经深深地渗透进我的骨血里，烙在我永远的记忆里。渭南的土地滋养了我，渭南的乡土文化成就了我。

　　赵发民，我的高中同学，也是土生土长的60后临渭区人。跟我的经历一样，中师毕业后回到家乡工作。更可贵的是，他的工作经历多是在乡村，在基层，工作对象主要是淳朴的乡民。刚毕业时被分配到渭南市丰原乡的一个中学，后来又担任多年的乡镇领导职务。长期的农村工作使他和当地的乡民融为一体，正如他所说："几乎见证、亲历了当地所有的生产生活、文化娱乐等方面的民俗活动，亲自参与、主持了多场婚庆、丧葬、三周年祭等大型民俗活动，长期的行政工作经历又增添了许多宴会宴请、待人接物等方面的知识，历练完整丰富。"还有一点更令我钦佩，那就是他对写作的痴爱，对乡土文化的深情。近年来，他不顾眼疾的困扰，在繁忙的工作之余创作了四五十万字的作品，有诗歌、散文、小说，很多作品见诸报章和电子平台。目前赵发民先生是渭南诗词学会会员、渭南市迷胡协会特邀顾问、临渭区作家协会会员。

几十年的岁月匆匆而过，如今我们都已年过半百，即将步入退休生活。面对养育我们的父老乡亲，厚重深沉的渭南大地，总觉得还有很多事情要做，很多乡情未了。正不知如何表现自己的乡土情结时，我们渭南师范学院人文学院准备组织编写一套"秦东民俗调查研究"丛书，我们承担临渭卷的编写任务。终于有机会为痴爱的渭南文化做一点力所能及的工作了，我们别提有多兴奋、多自豪了。一年多来，我们多次深入乡村农户调查核实，征询当地老人以及对民俗有深入了解和研究者的意见，还仔细查阅了有关临渭民俗的资料，阅读了近年来新修的《临渭区志》和临渭区政协编写的《临渭文史资料》。为了记录临渭区人衣食住行方面的生活细节，我们乐此不疲。初稿成型后，我们还邀请了渭南市颇有影响的资深人士审阅。几经修改，几易书稿，终成此书。

临渭区民俗文化斑斓多姿，在长期的演进过程中，对陕西文化兼收并蓄，形成了关中东部民俗文化独特的内涵。这里介绍的仅仅是渭南市临渭区民俗文化的一斑。然而，窥一斑而知全豹，临渭区优秀的民俗文化，同样是中华民俗文化长廊中一朵绚丽的奇葩，值得我们去用心挖掘，使之得以健康传承，发扬壮大。

本书在写作过程中，得到众多临渭区文化界德高望重的同志的大力帮助和支持，如临渭区政协副主席权佩亮先生、临渭区文化馆馆长李红女士、临渭区下邽镇民俗专家屈世文、下邽镇红高钞村薛冠江等；更重要的是我们走访了很多世代生活在这块土地上的普通老百姓，如亍店镇程曹村胡树建、刁刘村刘春友、瓦子店村王焕龙、丰原镇赵慧琴、田会荣女士、丰原镇教师东永以及阳郭镇杨焕房等，都在我们调研时给我们提供了很多难得的一手资料；另外，中国诗词学会会员、陕西省作家协会会员、渭南诗词协会秘书长邢福和先生，陕西省散文学会会员、渭南市作协会员、临渭区作协主席王晓飞先生，《陕西广播电视报》专题部主任王重信先生，在百忙之中阅读书稿并提出了宝贵的修改意见；陕西省摄影家协会会员、渭南市摄影家协会理事刘渭林先生为本书提供了主要的图片；渭南市临渭区建筑规划设计处处长吴孟虎先生为本书插了专业性图纸，渭南市南塘小学教师田红艳、市林业局干部李莉女士参与了本书的校对工作，在此一并表示感谢！

本书有的材料参阅了其他方面的著述，这些文献都在书后作了附录，在正文部分并未一一指出。

囿于个人的学养，疏漏难免，尚祈方家赐教。

田晓荣

2019 年 6 月